지역사회복지와 사회복지시설

이 병 록 저 / 최 경 석 감수

청목출판사

추천의 글

사회복지에 있어서 시설보호에 대한 논란은 오늘날에도 많은 문제를 둘러싸고 계속되는 중요한 논쟁거리의 하나임이 분명합니다. 우리는 흔히 시설보호는 사회복지 발전의 초기 단계에 있었던 비정상적인 사람들을 위한, 비인도적이고, 비효율적이며, 비합리적인, 보호방법이라고 생각하고, 그래서 되도록 빠른 시일 내에 지양하여야 한다는 사람이 사회복지 학계에도 의외로 많습니다.

그러나 세계 어느 나라를 막론하고 지금도 시설보호를 하지 않는 나라가 없으며, 대부분의 경우 시설보호가 사회복지에서 차지하는 비중은 무시할 수 없이 큰 것이 사실입니다. 스스로 자립하기 어려운 장애인이나 노인, 영유아를 막론하고 사회복지 대상자의 상당수가 시설에서 보호를 받을 수밖에 없도록 우리 사회가 변화하고 있는 것이 현실입니다.

사회복지의 역사가 오래지 않은 우리 한국의 사회복지에서 시설복지의 비중과 위상은 두말할 나위가 없습니다. 우리나라의 최초의 사회복지 사업은 시설보호가 그 시작이었으며, 특히 6・25 전란 중에는 시설보호를 통하여 많은 인명이 구제를 받았으며, 우리나라 사회복지에서 그 비중은 실로 막중하였습니다. 당시에는 시설보호 외에 별다른 방법이 없었던 것이 그 이유이기도 합니다. 그러나 우리가 서양의 새로운 사회복지제도를 받아들이며 시설보호가 백안시되기 시작하였습니다. 사회복지를 전공하는 사람들은 개별사회사업이나 집단사회사업 같은 과학적인 사회사업 방법만이 전문 사회복지로 생각하고, 시설보호는 사회복지로 인정하지 않으려 하고 그런 전 근대적인 구제사업 때문에 사회복지의 품위가 떨어지고 사회복지에 대한 사회적 인식까지 좋지 않아지는 것으로 간주하기도 하였습니다.

물론 그렇게 된 데에는 시설보호 사업을 담당하였던 일부 운영자들의 잘못된 시설 운영 탓도 있었습니다. 특히 사회복지가 지역사회를 기반으로 하며 지역사회 주민들을 위한 것이어야 함에도 불구하고 이들 시설이 지역사회와는 담을 쌓고 격리되어 있었던 데에도 원인이 있었습니다. 지역사회 주민들은 사회복지시설이 지역사회 주민 자신들을 위한 것이라는 생각보다는 사회복지시설은 어떤 면에서든 특수한 문제를 가진, 자신들과는 다른 종류의 사람들이 모여 사는 곳으로 여기고, 심지어는 사회적 혐오 시설이라고 생각하여 자기 동네에 사회복지 시설이 들어서는 것조차 결사반대할 정도의 인식을 가지고 있는 것이 우리의 현실입니다. 사회복지시설이 이런 오해의 대상이 되어버린 까닭은 여러 가지이겠지만 나의 개인적인 생각으로는 사회복지시설이 지역사회와 원만한 관계를 맺지 못하고 폐쇄적으로 운영되었던 것이 가장 큰 원인이 아닌가 생각됩니다.

이병록 교수도 나와 비슷한 생각을 가지고 있었던 듯합니다. 이 교수는 자신의 실무경험을 통하여 이런 사회복지 시설의 문제점을 일찍이 파악하였고, 이를 개선하기 위한 방법에 관심을 가지고 연구하기 시작하였던 것 같습니다. 실무경험과 학문적 연구를 통하여 이 교수는 이런 사회복지의 실제적이고, 해결이 절실한 문제에 접근하여 그의 박사학위 논문의 주제로 삼는 용기를 내었습니다. 어찌 보면 사회복지에서 인기도 없고, 뜨거운 감자와도 같은 시설보호 문제를 자신의 연구 영역으로 택하였고, 그 중에서도 날로 비중이 커져갈 수밖에 없는 노인복지시설의 문제에 도전하는 용기를 내었습니다. 그의 연구 내용 중에는 시설보호를 둘러싸고 자주 인구에 회자되는 시설보호의 서비스 수준과 예산의 불법적 집행, 인권침해와 폐쇄적 운영 같은 민감한 문제에서부터 이런 문제들을 극복하기 위하여 영국과 미국, 일본 등 외국에서 사회복지 시설들이 어떻게 지역사회에 문을 열고 개방되었는가를 천착(穿鑿)하여 우리 사회복지의 타산지석(他山之石)으로 삼고자 하였습니다.

앞으로 우리가 사회복지시설의 신세를 지는 일이 더 많아질 것으로 예상됩니다. 사회가 그렇게 변하여 가고 있으며, 이를 해결하기 위한 방법으로 시설보호가 가장 우선하는 대안이 될 수밖에 없는 듯합니다. 맞벌이 부부가 늘어나면서 이제 어린아이들은 탁아소를 비롯한 아동보육시설에서 자라는 것이 보편화될 가능성이 크고, 자녀들이 노약한 부모를 모실 가능성이 점점 희박해지는 여건을 감안할 때, 노인들은 일생의 마지막 부분을 양로원에서 생활하다가 그곳에서 생을 마칠 가능성이 적어도 지금보다는 훨씬 더 커질 것으로 생각됩니다. 장애인의 재활이나 보호도 일반 가정에서 감당하기 쉽지 않아 시설보호가 불가피할 것이고 사회의 요구도 증가할 것이 분명합니다. 시설보호가 바람직스럽지 않다는 생각이 보편화되는 반면, 시설보호가 늘어날 수밖에 없는 현실을 쉽사리 극복하기 어려울 것으로 예상됩니다. 시설보호가 증가하면서 보호 서비스의 수준을 높이고 개선하는데 대한 요구도 증가하리라 예상됩니다. 그렇다면 우리는 시설보호의 부정적인 점을 극복하고 개선하는 방안을 모색하여야 할 것이 자명해집니다.

이렇게 불가피한 시설보호와 관련하여 우리가 해야 할 일은 잘못된 점을 개선하여 시설보호 서비스의 질을 향상시키는 것이 급선무일 것입니다. 그 중에서도 시설보호의 불가피성과 필요성을 이해하고, 사회복지 시설을 우리 생활의 한 부분으로 받아들이는 인식의 개선이며, 그러기 위해서는 사회복지시설이 지역사회 주민들에게 개방되고, 지역사회 주민들의 것이 되어야 하고, 지역사회 주민들이 운영에 참여하는, 사회복지 시설의 사회화가 절실하게 필요하며, 사회복지 학계는 그런 문제에 대하여 보다 실제적이고 구체적인 방안을 연구해야 할 것입니다.

이병록 교수가 우리나라에서 이러한 점에 가장 먼저 주목한 사회복지 학자인 것으로 생각됩니다. 그는 우리나라 모든 사회복지 시설의 사회화 방안을 다각도로 분석하고 그 개선 방안을 제시하고 있습니다. 그는 또한 최근 사회복지에서 그 중요성과 비중이 커져 가고 있는 지역사회복지에 관심을 가지고 사회복지시설의 사회화와 지역사회복지를 연계하여 그 개선방안을 모색하고 있습니다. 그의 사회복지시설의 사회화 방안과 지역사회복지에 대한 연구에도 관심을 가지고 사회복지시설의 사회화와 지역사회복지를 추진해 나가는 것이 사회복지 연구자들이 함께 힘써야 할 중요한 과제라고 생각합니다. 필시 앞으로 우리들의 대부분이 자신의 일생 중의 한 기간을 사회복지시설과 인연을 맺어 살게 될 것이고, 그런 사회복지시설을 지금부터 우리가 살기 좋은 곳으로 개선해 나가는 일이 우리나라 사회복지의 발전에 기여하는 일이고, 우리들의 삶의 질의 향상을 앞당기는 일이 되리라 생각하며, 그러한 일은 지역사회복지 차원에서 추진하여야 할 것으로 생각됩니다. 그래서 우리나라의 사회복지에 관심을 가지고 있는 사람이면 누구나 그의 연구가 집약되어 있는 이 책을 읽어 보기를 권합니다.

2007년 6월

최 경 석

머 리 말

사회복지시설이 사회복지의 출발이라고 할 수 있다. 사회복지시설은 가정과 지역사회에서 생활하기 어려운 사람들에게 의식주 등 기초생활서비스와 복지서비스를 제공해 온 주요한 복지 자원이다. 그러나 우리 나라에서는 사회복지시설이 사회복지 자원으로 인정받지 못하고 있으며, 대신 재가복지라는 새로운 보호방식만을 선호하는 경향이다.

그 까닭은 그동안 사회복지시설과 관련하여 드러난 많은 문제들 때문이다. 사회복지시설의 문제는 다양하고도 뿌리 깊게 자리잡고 있다. 영국의 구빈법 역사까지 들추어 보지 않더라도 한국사회에서 사회복지시설의 문제는 언론을 통해서, 그리고 정부의 감사결과를 통해서 폭로되어 왔다. 누구도 사회복지시설에 문제가 없다거나 심각한 문제가 아니라고 할 수 없을 것이다.

그러나 사회복지시설은 사회복지의 출발점이자 주요한 복지자원이라는 부정할 수 없는 의미를 가지고 있다. 특히 한국사회의 전반적인 생활환경은 사회복지시설을 더욱 필요로 한다. 노인 부양의식은 서구 산업사회를 능가할 정도로 약해지고 있고 가족형태와 기능이 변하고 이혼과 재혼이 급속히 증가하고 있어 자녀들이 노부모를 부양하기 어려운 상황에 와 있다. 그리고 현재 한국의 노인세대는 노후생활을 위한 준비가 극히 미약한데, 이는 경제활동 기간의 소득수준이 낮고 자녀양육과 지원에 소득의 대부분을 소비했기 때문이다.

그리고 사회복지시설의 문제를 근거로 사회복지시설의 중요성과 의의를 무시하고 재가보호와 같은 대안만을 고집하는 것도 숙고할 문제이다. 재가보호를 비롯한 사회복지의 대안들도 절대로 완벽할 수는 없으며 현실적으로 가능하지도 않고 저마다 문제를 안고 있는 것이 사실이다. 그리고 사회복지의 전반적인 서비스 수준이 발전해 가는 것처럼 사회복지시설도 마찬가지이다. 이러한 관점에서 사회복지시설을 인식하고 그 역할을 규정해야 할 것이다.

최근 우리나라에서도 지역사회복지가 주요한 사회복지의 분야이자 효과적이고 우리 여건에 적합한 방법으로 인식되어 자리잡고 있는데, 여기에서도 사회복지시설이 배제되고 있는 것이 사실이다. 지역사회복지도 궁극적으로 각 지역사회의 복지수준을 향상시키려는 목적을 가지고 있다. 그런데 자신의 가정에서 생활하기 어려운 사람들의 최후의 삶의 근거지라고 할 수 있는 사회복지시설의 기능과 역할을 고양하지 않고서는 그러한 목적을 달성할 수 없을 것이다. 특히 한국사회의 사회복지시설의 서비스 수준이 아직 낮다는 점과 사회변화와 발전에 따라 시설보호의 요구가 더욱 커지고 있다는 점을 감안할 때 시설보호의 개선 요구가 더욱 커지고 있다고 할 수 있다. 이러한 맥락에서 최근 공급이 급격히 증가하고 있는 노인복지시설의 서비스 개선에 대한 연구가 필요한 것으로 생각된다.

사회복지시설의 근본적 기능과 역할, 그리고 시설보호의 사회적 필요성이 내포하고 있는 이론과 실천이념이 바로 "사회복지시설의 사회화"이다. 시설사회화에 관한 논의는 일본에서 먼저 시작되었는데, 10여년 전부터 국내에서도 그 필요성이 급속히 제기되기 시작하였다. 그리고 국내의 사회복지시설에 대해서 주기적으로 시설평가를 받아야 하는데, 평가항목에 시설사회화와 관련된 내용이 증가하고 있다.

이 책은 시설사회화에 대하여 논의하고 있다. 이 책은 크게 시설사회화와 관련된 이론적 부분과 실증분석으로 구성되어 있다. 전반에서는 사회복지시설, 사회복지시설과 지역사회복지, 사회복지시설의 사회화에 대한 이론적 접근을 시도하였고, 후반에서는 이론적 기반에 입각하여 우리 나라 사회복지시설의 시설사회화의 정도, 시설사회화의 차이, 상관관계, 영향요인 등을 실증적으로 분석하고자 하였다.

이 책이 나오는 데 많은 분들의 가르침이 있었습니다. 이 책은 필자의 박사학위논문을 재정리한 것인데, 부족한 점이 많은 제자를 오랜 기간동안 헌신적으로 훌륭한 지도를 해 주신 중앙대학교의 최경석 교수님께 진심으로 감사드립니다. 최경석 교수님께서는 학문적인 면에서도 탁월하시지만, 교육자로서의 자세와 인간적인 면에서도 많은 가르침을 주셨습니다. 그리고 석·박사 과정 동안 많은 가르침을 주시고 논문심사에서 지도해 주신 중앙대학교의 김성천 교수님, 김연명 교수님, 김교성 교수님, 공주대학교의 이재완 교수님께도 마음 깊이 감사드립니다. 논문작성 초기부터 마무리하는 단계에까지 많은 도움과 가르침을 주신 숭실대학교의 유서구 교수님께도 깊은 감사를 드립니다.

평소 말씀은 없으셨지만 이 책이 나오는 것을 보셨더라면 누구보다 기뻐하셨을 아버님이 한없이 그립습니다. 한평생 고생을 안고 살아오셨지만, 현명하고 인자하신 존경하는 어머님께 이 책을 바칩니다. 그리고 남편으로서 제 역할을 다하지 못하는 나를 변함없이 지혜롭게 내조해 준 아내에게 진심으로 감사드립니다. 일을 핑계삼아 아빠로서 사랑과 시간을 많이 주지 못한 사랑하는 세 딸 채원, 규원, 진원에게 미안함을 전한다.

마지막으로 부족한 필자의 원고를 흔쾌히 책으로 출판해 주신 유성렬 사장님과 최명성 부장님을 비롯한 청목출판사의 관계자 여러분께 감사의 말을 전하고 싶습니다.

2007년 6월

이 병 록

차 례

제1장

사회복지시설보호의 필요성

제1절 사회복지시설과 사회화

한국의 근대적인 사회복지시설은 8·15 광복으로 인한 급격한 사회 변동과 한국전쟁 이후 급증한 고아·미망인·노인·장애인·부랑인등 사회복지 대상자들을 수용보호하기 위해 설립된 육아원, 양로원, 모자원 등 생활시설이 급격히 증가하면서 사회복지의 주요 방안으로 대두되었다.[1] 이 시기의 사회복지시설은 외국 민간단체의 원조나 일부 독지가의 후원으로 운영되었으며, 정부의 재정지원은 매우 미흡하였다. 그러나 1960년대 이후 사회복지사업법, 아동복지법, 노인복지법 등 각종 사회복지 관련법들이 제·개정되고 정부의 재정보조가 증가하면서 시설의 보호수준이 향상되고 있다(이가옥, 1999a:56).

1) 최초의 사회복지시설은 1885년 불란서 신부가 건립한 가톨릭 보육원으로 기록되고 있다. 8·15 광복 이후 1948년 3월말까지 총 시설수는 47개소에서 127개소로 3배 가량 증가하였으며, 특히 한국전쟁 이후에는 전쟁으로 인해 대량으로 발생한 요보호자들을 보호하기 위하여 고아원, 양로시설, 모자원 등의 각종 사회복지시설이 급증하였다. 그 결과 1956년에는 총 686개소의 사회복지시설이 운영되기에 이르렀다(구종회, 2000:540-558).

사회복지시설의 주요한 역할은 경제·사회·신체·정신상의 결여나 장애 때문에 자택에서 정상적으로 일상생활을 영위하기 어려운 사람들을 보호하며, 이들에게 의식주를 비롯한 각종 생활서비스와 복지서비스를 제공하는 것이다(Barker, 2000; 허준수, 2000:1; 전광현, 2000:17). 최근에는 이에 더하여 사회복지시설이 시설생활자의 인권을 존중하고 가정과 유사한 환경 속에서 전문적인 보호를 제공하여야 한다는 주장이 확산되고 있으며, 이를 위해 시설과 지역사회와의 관계가 더욱 강조되고 있다(박태영, 2003a:20-22). 더 나아가 사회복지시설은 시설생활자 뿐만 아니라 모든 사회구성원들이 쾌적한 생활을 영위할 수 있는 서비스를 제공하는 것이 본연의 역할로 강조되고 있다(小松幸男, 2003:35). 이와 더불어 시설 직원들은 시설생활자에게 보호, 간호, 보건·의료, 재활 및 일상생활 서비스를 제공하고 해당 지역주민들의 복지향상을 위해서도 노력해야 한다고 한다. 결국 사회복지시설이 시설생활자는 물론 사회구성원 전체에 대해 복지서비스를 제공하는 중요한 주체로 간주되고 있다(坪山 孝, 2000:63).

한편, 사회복지시설의 역할이 확대되는 추세에도 불구하고 시설의 문제점이 지속적으로 제기되고 있다. 이는 그동안 언론매체, 각종 연구결과, 감사보고서 등을 통해서 지적되어 왔다(황인권·김광욱, 2000, 이용교, 2001; 임성택, 2001; 박태영, 2003a). 이렇게 시설문제가 발생하는 원인을 전재일·이성희(1999:312-314)는 다음과 같이 지적하고 있다. 첫째, 시설 직원의 전문성의 부족과 높은 이직률로 인한 시설보호 전문성의 부족, 둘째, 사회변화에 따른 시설수급과 기능의 한계, 셋째, 시설 주거환경의 폐쇄성, 넷째, 시설관리운영의 폐쇄성, 다섯째, 예산의 부족이다.

다른 연구자들도 이와 유사한 문제점들을 제기하고 있는데(박태영, 1987; 이가옥, 1999a; 김수영, 2000; 김범수, 2000; 김형길, 2000; 박태영, 2000b; 최영욱, 2000; 채구묵, 2003), 이 중에서 가장 심각한 것이 폐쇄적인 운영이다. 이로 인해 사회복지시설과 지역사회의 교류가 단절되고 지역사회의 시설에 대한 편견과 심리적 장벽이 발생하며, 시설생활자에 대한 비인간적인 처우·이들의 자립능력 약화·지역사회 내 시설건립 반대 등 다양한 문제들이 발생한다는 것이다(박태영, 1995:11-14).

사회복지시설의 폐쇄성을 비롯한 시설문제로 인해 시설에 대한 부정적인 인식이 확산되어 있다. 즉, 시설보호는 부득이한 필요악이고 시설서비스의 수준과 관계없이 가정보호가 최선이라는 사고이다. 또한 시설서비스는 열악하고 보호대상자들의 문화적 생활을 충족시키기 어려우며, 시설생활자의 자유·인권·사생활을 침해할 뿐만 아니라 시설은 관료적이고 비민주적이기 때문에 시설생활자의 주체성이 훼손된다는 것이다(秋山智久, 1988:59-61; 김범수, 1994:299).

이러한 문제점들을 해결하는 대표적인 대안으로 제시되고 있는 것이 탈시설화와 정상화이다(허준수, 2000:224). 탈시설화(deinstitutionalization)는 시설문제를 근거로 가능하면 요보호대상자가 시설에 입소하는 것을 막고 지역사회 내에서 생활하면서 보호받게 하자는 것이 핵심이다. 이에 대한 대안으로 제시되고 있는 것이 재가보호이다.

이러한 입장이 최근 강조되고 있는 한국의 지역사회복지 분야에도 그대로 반영되고 있다. 즉 지역사회복지의 영역에서 사회복지시설을 논외로 하거나(김태진 외, 2000; 최일섭·류진석, 2003), 시설보호를 지양해야 할 대상으로 다루거나(김진이, 2002:121-122), 재가복지와 대립되는 대상으로 규정하고 있는 것이다(유형만, 1997:142; 류기형 외, 1998; 전재일·모지환, 2000:143).

그러나 사회복지시설의 본질적 기능, 그리고 최근 시설의 기능에 대한 발전적 논의에 비추어 볼 때 시설에 대한 비판적 시각들은 적절하다고 보기 어렵다. 이러한 관점들은 시설문제를 근거로 재가보호 등 다른 대안을 모색하는데 주력하고 있기 때문에 시설보호의 중요성과 사회복지시설의 근본적인 목적이나 역할을 간과하는 오류를 범하고 있는 것이다.[2]

일본에서는 사회복지시설이 요보호대상자를 보호하는 주요한 주체로 인정되고 있다. 물론, 일본에서도 시설문제에 대한 비판이 없는 것은 아니다. 그러나 사회복지시설은 역사적으로 오랫동안 지역사회에 보호서비스를 제공해 온 주체이기 때문에 지역사회복지에서 사회복지시설을 배제시켜서는 안 된다는 주장이 제기된 바 있다(岡村重夫, 1974:44-45). 또한 시설문제를 근거로 재가보호로의 이행을 강조하는 것은 국가의 사회복지 예산을 삭감하려는 목적이 강하게 내포된 것이라는 비판이 제기되기도 했다(井岡 勉, 1984a:366-369). 그리고 일본의 지역사회복지 분야에서도 사회복지시설을 중요하게 다루고 있으며, 재가복지와 대립적인 것으로 간주하지 않는다. 오히려 사회복지시설을 지역사회복지의 범주 내에 포함시키는 주요한 실천이념인 '사회복지시설의 사회화'가 강조되고 있다(後藤卓郎, 2000:66; 高山直樹, 2000:81-83).

따라서 일본의 사회복지시설에 대한 관점은 한국과 영미 등 서구 복지국가와는 매우 다르다고 평가할 수 있다. 물론 1970년대 일본의 복지시책 또한 서구의 급진적인 시설비판에 근거한 탈시설화 및 정상화의 영향을 받아 재가보호정책이 강조된 측면이 있지만, 서구와는 다르게 개혁이 진행되었다. 즉 가족의 보호기능이 약화되면서 사회적 보호요구가 증가되고 시설이 절대적으로 부족한 상황에서 이를 보충하는 방안으로 지역사회보호가 정비된 것이다. 결국 일본은 사회복지시설을 소홀히 다루거나 배제시키는 차원이 아니라, 시설을 지역사회보호의 주요한 자원으로 간주하고 시설의 문제점을 해결하고 보완하는

2) 이러한 시각에서 접근하고 있는 연구자들은 대부분 사회복지시설을 수용시설로 지칭하고 있다. 수용시설이라는 개념을 사용하는 연구는 김범수(1994), 전재일 외(2000), 김정우(1995), 김치영(1999) 등이 있다. 반면, 사회복지시설을 생활시설로 지칭하는 대표적인 연구로는 허준수(2000)가 있다. 수용시설이라는 개념을 사용하는 연구들은 생활시설이라는 용어를 사용하는 연구에 비해서 사회복지시설을 소홀히 다루거나 지역사회복지의 주변부적 범주로 간주하는 측면이 있다. 허준수는 사회복지 생활시설이라는 용어를 사용하면서 사회복지시설이 사회복지전달체계에서 매우 중요한 위치를 차지하고 있기 때문에, 과소평가해서는 안 된다고 주장하고 있다.

차원에서 질적 발전을 촉진한 것이다(武田祐子, 2000:116-117).

이렇게 일본에서는 사회복지시설을 주요한 복지자원으로, 그리고 지역사회복지의 주요한 영역으로 간주하고 있고 이러한 관점에서 시설사회화가 논의되고 있다. 일본에서 시설사회화는 1970년대 이후에 논의되기 시작한 것으로 볼 수 있는데, 한국에서는 1990년대에 들어서야 시설사회화에 대한 소개와 연구가 진행되었다(박태영, 1991; 박태영, 1994; 최영욱, 1996; 감정기·진재문, 2000; 김종해, 2000; 박태영, 2003b).

하지만, 국내의 시설사회화에 관한 연구들은 대부분 시설문제를 해결하기 위한 방안의 하나로 시설사회화를 소개하거나 시설과 지역사회의 교류를 활성화시키기 위한 조사연구가 대부분이다. 반면, 사회복지시설을 근본적이고 발전적인 차원에서 그 기능이나 역할을 재규정하거나 사회복지의 큰 흐름에서 시설을 재조명하는 차원에서 시설사회화를 규정하고 있는 연구는 거의 없는 실정이다. 이러한 문제의식은 시설문제에 대한 비판적 관점이 주류를 이루고 있는 한국 상황에서 매우 중요하다고 생각된다.

그런데 다른 분야와 마찬가지로 사회복지에서도 특정 문제를 해결하거나 제도를 발전시키기 위해서는 이와 관련된 영향요인을 밝혀내는 연구가 필요하다. 시설사회화에 미치는 영향요인을 밝혀내는 것이 앞으로 시설사회화를 발전시키는데 필요한 대안을 명확하게 제시해 줄 수 있기 때문이다.

국내에서도 박태영(1995)과 감정기·진재문(1999) 등이 시설사회화(시설-지역사회 관계)의 영향(차이)요인을 규명하는 조사연구를 진행한 바 있다. 그러나 그들의 연구는 시설사회화에 영향요인을 설정하는데 있어서 문제점을 가지고 있다. 종속변수가 되어야 할 시설사회화의 실천내용을 독립변수로 제시하는 문제를 발견할 수 있다. 그리고 종속변수인 시설사회화의 내용을 제시하는데 있어서도 한계를 드러내고 있다. 그리고 국내의 연구들은 1980년대 중반까지 일본 시설사회화의 연구성과만을 반영하고 있다. 그런데 일본에서 시설사회화의 논의는 1980년대 후반 이후 사회복지시설과 지역사회와의 교류의 차원을 넘어서 시설이 지역사회복지의 중추적인 역할을 하고 더 나아가 지역사회복지의 거점으로 기능할 수 있게 하는 수준에서 이루어지고 있다. 그리고 이러한 맥락에서 일본에서는 시설사회화의 범주와 실천사항들이 훨씬 폭넓게 제시되고 있다.

이러한 국내의 사회복지시설에 대한 비판적 관점과 시설사회화에 대한 연구의 제반 문제점들을 고려할 때, 사회복지시설의 사회화에 관한 포괄적이면서도 체계적인 연구가 필요한 시점이라고 할 수 있다.

이러한 문제의식 하에서 본 연구는 노인복지시설을 조사대상으로 하여 사회복지시설 사회화에 영향을 미치는 요인을 파악하고자 한다. 세부적으로 연구목적을 제시하면 다음과 같다.

첫째, 사회복지시설의 사회화 정도를 분석한다. 이를 위해 각 부분별 시설사회화를 합산한 전체 시설사회화의 정도를 살펴보고 시설사회화의 세부영역인 처우의 사회화, 기능의 사회화, 운영의 사회화, 문제의 사회화, 공공행정과의 연계 정도를 분석하고자 한다.

둘째, 사회복지시설의 사회화에 차이를 가져오는 요인이 무엇인지를 분석한다. 전체 시설사회화와 각 부분별 시설사회화에 차이를 가져오는 요인이 무엇인지를 살펴보고자 한다.

셋째, 본 연구에서 설정한 독립변수와 종속변수 간에 상관관계가 있는지를 분석한다. 전체 시설사회화 및 각 부분별 시설사회화와 독립변수 간에 어떠한 상관관계가 있는지를 살펴보고자 한다.

넷째, 사회복지시설 사회화에 영향을 미치는 요인을 분석한다. 본 연구에서 제시하는 독립변수가 전체 시설사회화 및 각 부분별 시설사회화에 영향을 미치는지의 여부와 그 정도를 살펴보고자 한다.

아울러 본 연구에서는 사회복지시설의 다양한 문제점을 해결하기 위해 '사회복지시설의 사회화'라는 새로운 관점을 제시하고자 한다. 더 나아가 사회복지실천의 기초적 · 중추적 역할을 담당해야 할 사회복지시설이 그동안 지역사회복지를 비롯한 사회복지의 논의에서 소홀히 다루어지고 배제되는 경향이 강했는데, 이에 대한 관점의 변화도 시도하고자 한다.

제2절 본서의 구성과 내용

본 서의 구성과 내용을 살펴보면 다음과 같다.

'제1장 사회복지 시설보호의 필요성'에서는 본 서를 쓰게 된 문제의식과 연구목적을 제시하였다. 기술된 문제의식과 연구목적의 전제는 현재 사회복지시설 문제에 대한 비판과 이를 근거로 한 재가복지(보호) 중심의 논의에 대한 반론이라고 할 수 있다.

'제2장 사회복지시설의 의의와 현황'에서는 사회복지시설의 의의, 유형, 현황, 문제 등을 간략하게 정리하였다. 이 장은 시설문제가 있는 것은 부인할 수 없는 것이 현실이지만, 사회복지시설의 의의를 재고하기 위한 것이다. 현재 사회복지시설의 문제는 시설문제에 국한되어서는 안 되고 사회복지 전체, 더 나아가서는 한국사회 전반의 문제와도 관련된 것이라고 생각한다. 사회복지시설의 문제가 사회복지시설의 무용론으로 확대되는 것이 문제이다. 시설문제를 개선하고 시설의 서비스 수준을 더욱 발전시켜 사회복지 수준의 향상이라는 방향으로 나아가야 할 것이다.

'제3장 지역사회복지와 사회복지시설'은 본 서의 문제의식에 직결되고 본 서에서 가장 핵심적인 부분이라고 할 수 있다. 현재 한국에서는 사회복지시설과 관련하여 주로 영미 지역사회복지의 관점이라고 할 수 있는 비판적인 시설인식과 거의 동일하다고 해도 과언이 아니다. 그리고 이러한 시설인식의 바탕에서 정상화와 탈시설화라는 원리와

방법이 자리잡고 있다. 이 장에서는 먼저 이러한 내용들을 정리하여 제시하였고, 정상화와 탈시설화의 논리에 대한 반론을 제기하였다. 그리고 영미의 관점과는 다른 일본의 지역사회복지와 사회복지시설에 대한 시각을 제시하였다.

'제4장 사회복지시설의 사회화'에서는 시설사회화의 필요성, 배경, 개념, 내용, 영향요인 등을 정리하였다. '제4절 사회복지시설 사회화의 영향요인'에서는 실증분석을 위한 논의로서 일본과 국내의 시설사회화에 대한 연구들을 분석하여 시설사회화에 대한 영향요인을 제시하였다. 본 서에서는 크게 시설운영자 요인, 재정 요인, 인력 요인, 시설특성 요인, 주민참여 요인을 시설사회화 영향요인으로 제시하였다. 이 중에서 주민참여 요인은 국내의 연구에서 전혀 제시하지 못한 것으로 일본에서 이론적으로 제시된 바 있다. 주민참여 요인은 시설사회화가 지역사회복지의 범주 내에서 논의되고 있고 지역사회복지에서 주민참여가 매우 중요시되고 있기 때문에 주요한 요인으로 제시되어야 한다. 본 서의 실증분석 결과에서도 주민참여 요인이 모든 시설사회화 영역에 유의미한 영향을 미치며 영향의 정도도 가장 큰 것으로 나타났다.

'제5장 연구방법'에서는 본 서의 실증분석을 위한 내용으로 구성되어 있다. 설문조사를 위한 조사설계(조사대상, 분석자료, 자료분석 방법), 가설정립, 변수정의 등으로 구성되어 있다. 변수정의에서 필자가 비판적으로 제시한 독립변수의 타당도와 종속변수의 신뢰도를 분석하여 제시하였다.

'제6장 연구대상의 일반적 특성'에서는 독립변수와 종속변수를 중심으로 빈도분석한 결과를 정리하였다. '제7장 사회복지시설의 사회화 정도'에서는 각 부문별 시설사회화와 이를 합산한 전체 시설사회화의 정도를 빈도분석한 결과를 제시하였다. '제8장 사회복지시설 사회화의 차이'에서는 분산분석과 T검증을 이용하여 각 요인별 시설사회화의 차이를 분석한 결과를 기술하였다. '제9장 변수간 상관관계'에서는 독립변수와 종속변수의 상관관계를 분석한 결과를 정리하였다. '제10장

사회복지시설 사회화의 영향요인'에서는 회귀분석을 활용하여 독립변수가 종속변수인 각 시설사회화에 영향을 미치는지의 여부와 그 정도를 분석한 결과를 제시하였다.

'제11장 사회복지시설의 의의와 사회화 방안'에서는 본 연구의 결과를 간략하게 요약하고 여기에서 몇 가지 논의할 점을 제시하였다. 그리고 사회복지시설에 대한 인식의 변화가 필요하다는 점과 본 연구의 분석결과를 토대로 시설사회화를 발전시키기 위한 몇 가지 제언을 하였다.

제2장

사회복지시설의 의의와 현황

제 1 절 사회복지시설의 의의

사회복지시설에 대한 행정적 개념은 사회복지사업법의 규정에서 볼 수 있다. 국내의 사회복지사업법 제2조에서 사회복지시설을 사회복지사업을 행할 목적으로 설치된 시설로 규정하고 있다. 사회복지사업은 국민기초생활보장법, 아동복지법, 노인복지법 등을 비롯한 각종 복지법에 의한 보호, 선도, 복지에 관한 사업과 사회복지상담, 부랑인과 노숙인의 보호, 직업보도, 무료숙박, 지역사회복지, 의료복지, 재가복지, 사회복지관운영, 정신질환자와 한센병력자의 사회복귀에 관한 사업 등 각종 복지사업 및 이와 관련된 자원봉사활동과 복지시설의 운영이나 지원을 의미하고 있다.

小笠原祐次(1999:4)는 사회복지시설이 심신의 미발달과 미성숙·노화·질병 등에 따른 심신의 장애로 인해 자립생활이 곤란한 사람들을 보호하며, 가족이 없거나 그 기능이 약화되어 있는 사람들을 대상으로 그 가족을 대신하여 생활서비스·전문적 치료와 교육·상담원조 등의 서비스를 제공하는 시설을 의미한다고 하였다. 그러한 시설의 형태는 입소시설, 이용시설 등을 모두 포함한다. 그의 사회복지시설 개념을 단순화하면, 기능적으로 자립곤란한 사람들에게 전문적인 복지서비스를 제공하는 장이라고 할 수 있다.

전광현(2000:17)은 사회복지시설을 공적 사회복지 서비스의 일부로서 다양한 장애로 인해 자립이 곤란한 사람들에게 가족을 대신하여 모든 장애에 대응하는 서비스를 제공하여 생존권을 보장하는 건물·설비·직원 등 시설운영조직을 총칭하는 개념으로 보고 있다. 박태영(2003a:14-15)은 사회복지사업법의 사회복지시설에 대한 규정과 NASW(1987:15) 및 전광현(2000:17) 등 국내외 개념들을 검토하여 다음과 같이 사회복지시설의 의미를 제시하고 있다. 즉, 사회복지시설은 사회문제가 있거나 그러한 가능성이 있는 사람들에게 생활 및 이용 등의 방식으로 일정한 사회복지 서비스를 제공하는 물리적·기능적인 자원의 총체라고 하였다.

국내의 사회복지사업법의 행정적 규정이나 학자들의 견해는 매우 포괄적이라는 것을 발견할 수 있다. 사실 박태영(2003a:16)의 주장처럼 일반적으로 사회복지시설이라고 할 경우에는 노인요양시설 등의 생활시설, 사회복지관 등의 이용시설, 협회나 협의회 등의 사회복지기관 모두를 의미한다. 하지만, 본고에서는 전통적인 의미에서의 사회복지시설이라고 할 수 있는 생활시설을 사회복지시설로 규정한다. 따라서 이용시설, 사회복지기관, 재가시설, 각종 협회 및 협의회 등은 제외된다.

이러한 사회복지시설은 인권존중, 가정보호중심, 전문적 보호전개의 이념상의 원리에서 운영되어야 한다(박태영, 2000a:19-21). 먼저, 시설생활자는 사회적 약자로 취급되고 인권이 무시되기 쉽다. 따라서 시설생활자가 시설의 주체라는 관점에서 그들의 인간다운 삶을 추구하는 방향으로 운영되어야 한다. 그리고 사회복지시설은 가정을 대신하여 생활서비스를 제공하기 때문에 시설생활자와 직원의 관계, 그리고 시설생활자와 그 가족의 관계에 지속적인 신뢰가 형성되고 유지되도록 하여야 한다. 또한 전문적인 보호서비스를 제공해야 한다.

사회복지시설의 개념과 운영상의 원리를 토대로 한 사회복지시설의 역할은 다음과 같이 제시될 수 있겠다(小笠原祐次, 1999:5-7; 全國社會福祉協議會, 2000:22-24; 박태영, 2003a:19-20).

첫째, 시설생활자의 생활유지와 지원이다. 사회적 자립이 곤란한 요보호자가 자신의 가정에서 보호를 받기 어려울 경우에 사회복지시설에 입소하여 생활전반에 필요한 서비스를 제공받는다. 시설생활자는 시설보호 서비스를 받아서 자신의 문제와 장애를 치료・훈련・회복하게 된다.

둘째, 가정생활에 대한 지원이다. 요보호자가 시설보호 서비스를 이용하여 그 가족의 생활을 직・간접적으로 지원하고 가족관계를 조정하며, 가족의 부양기능을 안정시킨다. 이를 위하여 가족상담, 가족상황에 적합한 지원체계의 구축 등 가족관계를 강화하기 위한 조치를 통하여 가정생활을 지원한다.

셋째, 지역사회복지의 증진이다. 최근까지 사회복지시설은 주로 시설생활자에 대한 서비스만을 제공해 왔다. 그러나 시설은 지역사회와의 긴밀한 연계가 이루어지지 않고서는 그 역할을 충분히 수행한다고 볼 수 없다. 따라서 사회복지시설은 시설보호에 충실하면서 지역사회와의 관계를 면밀히 하기 위해 지역사회의 요구를 충족시키는 복지서비스도 제공해야 한다.

넷째, 지역주민에 대한 복지교육이다. 사회복지시설은 복지교육을 체험할 수 있는 교육의 장이다. 그리고 사회복지시설이 속해 있는 지역의 주민들이 복지문제를 제대로 인식하지 않고서는 적절한 복지재원의 확보나 시설에 대한 편견의 극복은 기대하기 어렵다. 사회복지시설은 이러한 지역주민의 복지교육의 장을 제공하는 기능을 담당해야 한다.

결국 사회복지시설은 요보호자에 대한 기본적인 생활서비스 제공의 기관으로서, 전문적인 사회복지 서비스 제공의 기관으로서, 그리고 지역사회의 전반적인 복지수준을 향상시키는 기관으로서 매우 중요한 위치와 의미를 가지고 있다고 할 수 있다.

제 2 절 사회복지시설의 유형과 현황

1. 사회복지시설의 유형

사회복지시설은 운영주체, 이용자의 부담여부와 정도, 시설규모, 사회복지 서비스법의 규정, 시설서비스의 기능 등 그 기준에 따라서 다양하게 분류되고 있다(전재일 · 이성희, 2000:19).

시설의 운영주체에 따라서 사회복지시설은 공립공영시설, 공립민영시설, 사립공영시설, 사립민영시설로 분류된다. 공립공영시설은 국가나 지방자치단체가 설립하여 직접 운영하는 시설을 의미하고 공립민영시설은 국가나 지방자치단체가 설립하여 민간법인 등에 위탁하여 운영하는 시설을 말한다. 사립공영시설은 민간이 설립하여 국가나 지방자치단체에 운영을 위탁하거나 헌납한 시설을 말한다. 민간법인이 설립하여 직접 운영하는 시설은 사립민영시설이다. 현재 국내에서 운영되고 있는 대부분의 사회복지시설은 사립민영시설에 속한다고 할 수 있다(김종해, 2000:19).

사회복지시설은 비용부담을 기준으로 하여 무료시설, 실비시설, 유료시설로 구분할 수 있다(박태영, 2003a:25). 국내의 시설은 대부분 시설생활자나 그 가족이 시설생활에 필요한 비용을 전혀 지불하지 않는 무료시설에 속한다. 실비시설은 시설생활자나 그 가족이 시설서비스를 받는데 소요되는 직접적인 보호비만 지불하는 형태이다. 유료시설은 시설운영에 필요한 비용 전액을 시설입소자가 지불하는 형태로 운영되는 시설이다.

시설규모에 따라서도 사회복지시설을 분류할 수 있다. 소규모시설, 중간규모시설, 대규모시설 등이 있는데, 보통 소규모시설은 입소인원 50인 이하의 시설을 말하며 중간규모시설은 100인 전후의 시설을 가리킨다. 대규모시설은 150인 이상의 시설이 포함된다(정길홍, 1998 : 461; 전재일 · 이성희, 2000:20).

이렇게 다양하게 사회복지시설의 유형을 분류할 수 있지만, 대부분 사회복지서비스의 관련법에서 규정하고 있는 기준, 즉 시설생활자의 특성과 그 기능에 따라서 사회복지시설의 유형을 분류하는 방법을 선호하고 있다(서동우 외, 1999; 전재일 · 이성희, 2000; 최영욱 외, 2000; 허준수, 2000).

사회복지서비스 관련법에 의한 사회복지시설의 설치근거와 유형을 정리하면 다음의 〈표 2-1〉과 같다(보건복지부, 2006a; 보건복지부, 2007a:2). 이외에도 '성매매방지 및 피해자보호 등에 관한 법률'에 의한 성매매피해지원시설(일반지원시설, 청소년지원시설, 외국인여성지원시설)이 있으며, '성폭력범죄의 처벌 및 피해자보호 등에 관한 법률'에 의한 성폭력피해자보호시설과 '가정폭력방지 및 피해자보호 등에 관한 법률'에 의한 가정폭력피해자보호시설 등이 있다.

부랑인시설, 아동복지시설, 노인복지시설, 장애인복지시설, 정신보건시설은 보건복지부 소관으로 되어 있고, 나머지 사회복지시설은 여성가족부의 소관으로 되어 있다.

〈표 2-1〉 사회복지서비스 관련법의 사회복지시설 규정

시설구분	법적근거	시설유형
아동복지 시설	아동복지법 제14조 및 제16조 등	아동양육시설, 아동일시보호시설, 아동보호치료시설, 아동직업훈련시설, 자립지원시설, 아동단기보호시설, 공동생활가정
부랑인 시설	사회복지사업법 제34조	부랑인시설
노인복지 시설	노인복지법 제31조 ~제35조 등	노인주거복지시설 : 무료양로시설, 실비양로시설, 유료양로시설, 실비노인복지주택, 유료복지주택
		노인의료복지시설 : 무료요양시설, 실비요양시설, 유료요양시설, 무료전문요양시설, 유료전문요양시설, 노인전문병원
장애인 복지시설	장애인복지법 제48조 및 제49조 등	장애인생활시설, 장애인유료복지시설 중 생활시설
정신보건 시설	정신보건법 제10조 및 제12조	정신요양시설, 사회복귀시설 중 생활(주거)시설
여성복지 시설	모부자복지법 제19조 및 제20조 등	모(부)자복지시설, 모(부)자자립시설, 미혼모시설, 미혼모자공동생활가정, 모·부자공동생활가정, 미혼모공동생활가정, 일시보호시설

2. 사회복지시설의 현황

1) 사회복지시설의 현황

사회복지시설 전체의 시설수와 입소현황에 관한 내용이 아래의 〈표 2-2〉에 제시되어 있다. 1985년부터 2005년까지의 사회복지시설의 수, 시설생활자수, 그리고 종사자수를 기준으로 정리된 것이다. 1985년부터 2005년까지 시설수는 전체적으로 증가하는 추세에 있다. 시설생활자수와 종사자수도 이에 따라서 증가하고 있는 것을 알 수 있다.

〈표 2-2〉 연도별 사회복지생활시설의 현황

구 분	시설수	생활인원			종사자수
	개소	계	남	여	
1985	588	73,518	42,036	31,482	-
1990	664	80,548	44,568	35,980	-
1995	778	76,860	42,058	34,802	-
2000	879	78,625	41,107	37,518	13,443
2001	933	81,306	43,075	38,231	19,239
2002	945	81,384	41,093	40,291	20,514
2003	1,021	83,675	41,828	41,848	24,872
2004	950	80,861	40,752	40,109	23,993
2005	1,471	94,463	44,488	49,975	29,989
아동복지	282	19,151	10,865	8,286	4,837
노인복지	825	33,457	8,214	25,243	13,461
장애인복지	265	19,668	11,878	7,790	9,038
여성복지 (모자보호시설)	40	2,654	825	1,045	-
정신질환자요양	56	12,478	7,069	5,409	1,713
부랑인복지	38	9,055	6,159	2,896	839
결핵 및 나장애	5	654	303	351	101

자료 : 보건복지부(2003a · 2006b), 「보건복지통계연보」와 여성가족부 가족지원팀(2006), 「모부자보호 생활시설수 및 생활현황」.
주: 2004년과 2005년의 경우, 여성복지시설이 제외된 수치임.

시설수는 1985년 588개소에서 2003년 1,000개소를 넘었고 2005년에는 1,500개소에 가깝게 증가했다. 한편, 2004년에는 2003년에 비해 71개소가 감소한 것으로 나타났는데, 이것은 보건복지부의 여성관련 업무가 대폭 여성가족부로 이관되면서 2004년 이후에는 여성복지시설이 제외되었기 때문이다.

생활인원수도 시설수의 증가 경향에 따라서 지속적으로 증가하고 있다. 1985년 73,518명에서 2000년 78,860명으로 소폭 증가한 반면, 2005년에는 95,000명 가량으로 훨씬 큰 폭으로 증가하였다. 생활인원수를 성별로 보면, 1985년부터 2002년까지, 그리고 2004년의 경우에는 남성 생활자수가 더 많은 것으로 나타나고 있지만, 2003년과 2005년에는 여성 생활자수가 더 많게 나타나고 있다.

사회복지시설 종사자수도 시설수 및 생활인원수와 마찬가지로 지속적으로 증가하고 있는 것을 알 수 있다. 2000년 종사자수는 13,443명에서 2001년 19,239명으로 6천명 가량 증가하였고 2005년에는 3만명 가량으로 4년 동안 1만명 이상 증가하였다.

시설종별로 그 특성을 살펴보면, 개소수에 있어서는 노인복지시설이 총 시설수 1,471개소 중 825개소(56.1%)를 차지하여 가장 높은 비율을 보이고 있다. 그 다음은 아동복지시설 282개소, 장애인복지시설 265개소, 정신질환자요양시설 56개소, 여성복지시설 40개소, 부랑인시설 38개소, 결핵 및 나장애시설 5개소 등의 순으로 나타나고 있다.

시설생활자수에 있어서는 노인복지시설이 33,457명으로 가장 높고 그 다음은 장애인복지시설 19,668명, 아동복지시설 19,151명, 정신질환자요양시설이 12,478명, 부랑인복지시설 9,055명, 여성복지시설 2,654명, 결핵 및 나장애시설 654명의 순서로 나타나고 있다. 여기에서 알 수 있는 것은 평균적으로 노인복지시설, 장애인복지시설, 아동복지시설은 100명 이내의 규모인데 비해, 정신질환자요양시설, 부랑인복지시설, 결핵 및 나장애시설은 100명 이상의 대규모라는 점이다. 특히 정신질환자요양시설과 부랑인시설은 평균 200명 이상으로 나타나고 있다.

시설종사자 수는 노인복지시설이 13,461명으로 가장 높고 그 다음은 장애인복지시설 9,038명, 아동복지시설 4,837명, 정신질환자요양시설 1,713명, 부랑인복지시설 938명, 결핵 및 나장애시설 101명의 순서로 나타났다. 한편 생활인원 1인당 시설종사자수를 보면, 시설종사자 절대수의 순서와는 다른 결과를 보인다. 장애인복지시설이 1.16명으로 가장 높게 나타나고 있고 그 다음은 아동복지시설 0.59명, 노인복지시설 0.53명, 정신질환자요양시설 0.32명, 부랑인복지시설과 결핵 및 나장애시설 0.29명의 순서로 나타나고 있다.

2) 아동복지시설의 유형과 현황

(1) 아동복지시설의 유형과 보호대상

아동복지시설에는 아동양육시설, 아동자립지원시설, 아동보호치료시설, 아동일시보호시설, 아동직업훈련시설이 포함된다.

아동복지시설 중 아동양육시설은 보호를 필요로 하는 아동을 입소시켜 보호나 양육서비스를 제공하는 시설이다. 아동자립지원시설은 아동복지시설에서 퇴소한 자에게 취업준비기간 또는 취업후 일정기간 보호하며 자립서비스를 지원하는 시설이다. 아동자립지원시설(이 시설이 있는 종합시설을 포함)의 보호기간은 1년 이내로 한다. 다만, 당해 시설의 장이 1년을 초과하여 보호하여야 할 특별한 사유가 있다고 인정되는 경우 시장·군수·구청장의 승인을 얻어 그 사유가 종료한 날까지 보호기간을 연장할 수 있다. 보호기간을 연장하고자 하는 시설장은 보호기간연장승인신청서에 연장사유를 증명하는 서류를 첨부하여 시장·군수·구청장에게 제출하여야 한다.

아동보호치료시설은 불량행위를 하거나 그러한 우려가 있는 아동으로 보호자가 없거나 친권자나 후견인이 입소를 신청한 아동 또는 가정법원이나 지방법원소년부지원에서 보호위탁한 아동을 입소시켜 그들을 선도하여 건전한 사회인으로 육성하는 시설이다.

아동일시보호시설은 보호를 필요로 하는 아동을 일시 보호하고 아동에 대한 향후의 양육대책수립과 보호조치를 행하는 시설이다. 아동일시보호시설(이 시설이 있는 종합시설 포함)에서의 보호기간은 3개월 이내로 한다. 다만, 당해 시설장이 3개월을 초과하여 보호하여야 할 특별한 사유가 있다고 인정되는 경우 시장·군수·구청장의 승인을 얻어 그 보호기간을 3개월의 범위 내에서 1회에 한하여 연장할 수 있다. 보호기간을 연장하고자 하는 시설장은 보호기간 연장승인 신청서에 연장사유를 증명하는 서류를 첨부하여 시장・군수・구청장에게 제출하여야 한다.

아동직업훈련시설은 아동복지시설에 입소되어 있는 만 15세 이상의 아동과 생활이 어려운 가정의 아동에 대하여 자활에 필요한 지식과 기능을 습득하게 하는 시설이다.

지방자치단체의 장은 그 관할구역 안에서 보호를 필요로 하는 아동을 발견하거나 보호자의 의뢰를 받은 때에는 아동의 최상의 이익을 위해 적합한 아동복지시설에 입소시켜야 한다. 이 때 "아동"은 18세 미만의 자를 말하며, "보호를 필요로 하는 아동"은 보호자가 없거나 보호자로부터 이탈된 아동, 또는 보호자가 아동을 학대하는 경우 등 그 보호자가 아동을 양육하기에 부적당하거나 양육할 능력이 없는 경우의 아동을 의미한다.

아동복지시설 아동의 연령이 18세에 달하였거나, 보호의 목적을 달성하였다고 인정될 때에는 당해 시설의 장은 그 보호중인 아동을 퇴소시켜야 한다. 그러나 그 시설에서 계속 보호양육이 필요하다고 인정되는 때에는 대통령령이 정하는 바에 따라 시설장이 그 보호기간을 연장할 수 있다.

아동복지시설에서 보호기간을 연장 받을 수 있는 자는 ① 고등교육법에 의한 대학 이하의 학교에 재학중인 자, ② 아동직업훈련시설 또는 근로자직업훈련촉진법에 의한 직업능력개발훈련시설에서 교육・훈련중인 자, ③ '학원의 설립・운영 및 과외교습에 관한 법률'에 의하여 등록된 학원에서 교육중인 20세 미만의 자, ④ 시・도지사 또는 시장・군수・구청장이 장애・질병 등의 이유로 보호기간의 연장을 요청하는 자 등으로 되어 있다.

(2) 아동복지시설의 현황

〈표 2-3〉에 2000년~2005년의 아동복지시설과 생활인원 현황이 제시되어 있다.

아동복지시설의 전체 시설수는 2000년 269개소에서 2005년 282개소로 5년 동안 13개소 증가했고 2004년에 전년도와 동일한 시설수를 보이는 것을 제외하면, 매년 소폭으로 증가한 것을 알 수 있다. 생활인원수도 이와 유사하게 매년 증가하였는데, 2000년 17,720명에서 2005년 19,151명으로 5년 동안 1,431명 증가한 것으로 나타났다. 한편 2002년에는 2001년 18,808명에 비해 132명이 감소한 18,676명이다.

아동복지시설 중 아동양육시설의 시설수는 2000년 235개소에서 2005년 242개소로 7개소 증가한 것으로 나타났다. 생활인원수도 이와 유사하게 2000년 16,293명에서 2005년 17,729명으로 436명 증가했다. 아동양육시설의 시설수와 생활인원수는 크게 증가하지 않았지만, 아동복지시설 중에서 가장 많은 비율을 차지하고 있는 것을 알 수 있다.

아동자립지원시설은 2000년 시설수 12개소에서 2005년 13개소로 불과 1개소 증가에 그치고 있다. 생활인원수도 2000년 222명에서 2005년 229명으로 소폭 증가했다. 아동보호치료시설의 시설수는 2000년 6개소에서 2004년까지 이 수치를 유지하다가 2005년에 2개소가 증가한 8개소로 나타났다. 한편, 생활인원수는 2000년 460명에서 2005년 457명으로 오히려 3명이 감소하였다.

아동일시보호시설은 2000년 8개소에서 매년 소폭으로 증가하는 추이를 보이는 가운데, 2005년 13개소로 5년간 5개소 증가하였다. 생활인원수도 이와 유사하게 2000년 387명에서 2005년 457명으로 소폭 증가했다. 한편, 2001년, 2002년, 2004년에는 전년도에 비해 각각 소폭으로 감소한 것을 알 수 있다.

아동직업훈련시설은 2000년 시설수 5개소에서 2005년 4개소로 1개소 감소하였다. 생활인원수는 매년 감소하는 추이를 보이는 가운데, 2000년 184명에서 2005년 110명으로 74명이 감소했다.

〈표 2-3〉 아동복지시설의 현황

구분	총 시설수	총 생활인원	아동양육 시설	아동자립 지원시설	아동보호 치료시설	아동일시 보호시설	아동직업 훈련시설
	개소	명	개소(명)	개소(명)	개소(명)	개소(명)	개소(명)
2000	269	17,720	235(16,293)	12(222)	6(460)	8(387)	5(184)
2001	275	18,808	238(17,437)	13(252)	6(367)	9(380)	5(179)
2002	277	18,676	239(17,342)	13(243)	6(397)	9(343)	5(162)
2003	279	18,818	239(17,437)	13(244)	6(373)	10(437)	5(158)
2004	279	19,014	239(17,675)	13(246)	6(376)	11(432)	4(130)
2005	282	19,151	242(17,729)	13(229)	8(457)	13(457)	4(110)

자료 : 보건복지부(2006b), 「보건복지통계연보」.

3) 노인복지시설의 유형과 현황

(1) 노인복지시설의 유형과 보호대상

노인복지법상 노인복지시설은 노인주거복지시설과 노인의료복지시설로 분류되어 있다. 노인주거복지시설에는 무료양로시설, 실비양로시설, 유료양로시설, 실비노인복지주택, 유료노인복지주택 등이 있다.

무료양로시설은 노인을 입소시켜 무료 또는 저렴한 요금으로 급식 및 기타 일상생활에 필요한 편의를 제공하는 시설이다. 무료양로시설의 입소대상자는 생활보장대상노인 또는 생활보장대상노인이 아닌 65세 이상의 자중 그 부양의무자로부터 적절한 부양을 받지 못하는 자로서 일상생활에 지장이 없는 자로 규정되어 있다.

한편, 무료양로시설의 입소인원이 정원의 100분의 95미만인 경우에는 정원의 100분의 95에 달할 때까지 실비양로시설 입소대상자도 당사자간의 계약에 의하여 양로시설에 입소할 수 있다. 다만, 실비양로시설 입소대상자의 입소인원이 당해 무료양로시설 정원의 100분의 30을 초과해서는 안 된다. 그리고 입소대상자가 계약을 체결할 수 없는 부득이한 사유가 있다고 시장·군수·구청장이 인정하는 때에는 입소대상자의 부양의무자가 대신하여 계약당사자가 될 수 있다. 그리고 입소대상자의 배우자는 65세 미만인 때에도 입소대상자와 함께 입소할 수 있다.

실비양로시설은 노인을 입소시켜 저렴한 요금으로 급식 및 기타 일상생활에 필요한 편의를 제공하는 시설이다. 실비양로시설의 입소대상자는 본인 및 본인과 생계를 같이 하고 있는 부양의무자의 월소득을 합산한 금액을 가구원수로 나눈 1인당 월평균 소득액이 통계청장이 고시하는 전년도의 도시근로자가구 1인당 월평균 소득액 이하인 자(실비보호대상자)로서 일상생활에 지장이 없는 65세 이상의 자이다.

유료양로시설은 노인을 입소시켜 급식 기타 일상생활에 필요한 편의를 제공하고 이에 소요되는 일체의 비용을 입소자로부터 수납하여 운영하는 시설이다. 유료양로시설의 입소대상자는 일상생활에 지장이 없는 60세 이상의 자로 되어 있다. 단, 입소대상자의 배우자는 60세 미만인 때에도 입소대상자와 함께 입소할 수 있다.

실비노인복지주택은 보건복지부장관이 정하는 일정소득 이하의 노인에게 저렴한 비용으로 분양 또는 임대 등을 통하여 주거의 편의·생활지도·상담 및 안전관리 등 일상생활에 필요한 편의를 제공함을 목적으로 하는 시설이다. 실비노인복지주택의 입소대상자는 실비보호대상자로서 단독취사 등 독립된 주거생활을 하는 데 지장이 없는 65세 이상의 자로 되어 있다.

유료노인복지주택은 노인에게 유료로 분양 또는 임대 등을 통하여 주거의 편의·생활지도·상담 및 안전관리 등 일상생활에 필요한 편의를 제공하는 시설이다. 유료노인복지주택의 입소대상자는 단독취사 등 독립된 주거생활을 하는데 지장이 없는 60세 이상의 자이다. 단, 입소대상자의 배우자는 60세 미만인 때에도 입소대상자와 함께 입소할 수 있다.

무료요양시설의 입소는 당사자의 신청에 의한다. 무료요양시설 입소대상자가 당해시설에 입소하고자 하는 때에는 입소신청서, 입소신청사유서, 관련 증빙자료 등을 첨부하여 주소지를 관할하는 시장・군수・구청장에게 제출하여야 한다. 다만, 생활보장대상노인은 입소신청사유서 및 관련 증빙자료를 첨부하지 아니한다. 신청을 받은 시장・군수・구청장은 신청일부터 10일 이내에 입소대상자의 건강상태와 부양의무자의 부양능력 등을 심사하여 입소여부와 입소시설을 결정한 후 이를 신청인 및 당해 시설장에게 통지하여야 한다.

생활보장대상노인이 아닌 65세 이상의 자 중 그 부양의무자로부터 적절한 부양을 받지 못하는 자에 대해서는 시장・군수・구청장이 6개월마다 부양의무자의 부양능력 등을 심사하여 입소여부를 재결정하여야 한다.

시장・군수・구청장은 입소자의 건강상태를 참작하여 필요하다고 인정하는 경우에는 무료양로시설 입소자를 무료요양시설 또는 무료전문요양시설에 입소시킬 수 있다. 시장・군수・구청장은 이러한 조치를 할 때에는 입소자의 건강상태에 대하여 시설장 및 의사(한의사 포함)의 의견을 들어야 한다.

실비양로시설과 유료양로시설의 입소는 당사자 간의 계약(분양계약 제외)에 의한다. 실비노인복지주택과 유료노인복지주택의 입소는 임대 또는 분양계약에 의한다. 임대 또는 분양계약 신청자가 당해 시설의 정원을 초과할 때에는 부양의무자가 없는 자→ 주민등록법상 연령이 많은 자→ 배우자와 함께 입소하는 자의 순위에 의하되, 동순위자가 있을 때에는 신청순위에 의한다. 유료양로시설의 설치자는 시설을 설치할 토지의 소유권이나 사용권을 확보하고 시설의 건축공정이 노인복지법령에 규정되어 있는 기준공정에 도달한 후에 입소자를 모집할 수 있다.

노인의료복지시설에는 무료요양시설, 실비요양시설, 유료요양시설, 무료전문요양시설, 유료전문요양시설, 노인전문병원 등이 있다.

무료요양시설은 노인을 입소시켜 무료 또는 저렴한 요금으로 급식,

요양 및 기타 일상생활에 필요한 편의를 제공하는 시설이다. 무료요양시설의 입소대상자는 생활보장대상노인 또는 생활보장대상노인이 아닌 65세 이상의 자 중 그 부양의무자로부터 적절한 부양을 받지 못하는 자로서 노인성질환 등으로 요양을 필요로 하는 자이다.

한편, 무료요양시설의 입소인원이 정원의 100분의 95 미만인 경우에는 정원의 100분의 95에 달할 때까지 당사자 간의 계약에 의하여 실비요양시설 입소대상자에 한하여 무료요양시설에 입소할 수 있다. 다만, 실비요양시설 입소대상자의 입소인원이 각각 당해 노인요양시설 또는 노인전문요양시설 정원의 100분의 30을 초과해서는 안 된다. 입소대상자가 계약을 체결할 수 없는 부득이한 사유가 있다고 시장 · 군수 · 구청장이 인정하는 때에는 입소대상자의 부양의무자가 계약당사자가 될 수 있다. 그리고 입소대상자의 배우자는 65세 미만인 때에도 입소대상자와 함께 입소할 수 있다.

실비요양시설은 노인을 입소시켜 저렴한 요금으로 급식, 요양 및 기타 일상생활에 필요한 편의를 제공하는 시설이다. 실비요양시설의 입소대상자는 실비보호대상자로서 노인성질환 등으로 요양을 필요로 하는 65세 이상의 자이다.

유료요양시설은 노인을 입소시켜 급식, 요양 및 기타 일상생활에 필요한 편의를 제공하고 이에 소요되는 일체의 비용을 입소한 자로부터 수납하여 운영하는 시설이다. 유료요양시설의 입소대상자는 노인성질환 등으로 요양을 필요로 하는 60세 이상의 자이다. 한편, 입소대상자의 배우자는 60세 미만인 때에도 입소대상자와 함께 입소할 수 있다.

무료전문요양시설은 치매 · 중풍 등 중증의 질환노인을 입소시켜 무료 또는 저렴한 요금으로 급식 · 요양 기타 일상생활에 필요한 편의를 제공하는 시설을 의미한다. 무료전문요양시설의 입소대상자는 생활보장대상노인 또는 생활보장대상노인이 아닌 65세 이상의 자 중 그 부양의무자로부터 적절한 부양을 받지 못하는 자로서 치매 · 중풍등 중증 노인성질환으로 요양을 필요로 하는 자로 규정되어 있다.

한편, 무료전문요양시설의 입소인원이 정원의 100분의 95미만인 경우에는 정원의 100분의 95에 달할 때까지 당사자 간의 계약에 의해 유료노인전문요양시설 입소대상자(실비보호대상자에 한해서)의 경우에는 무료전문요양시설에 입소할 수 있다. 다만, 유료노인전문요양시설 입소대상자의 입소인원이 각각 당해 무료전문요양시설 정원의 100분의 30을 초과해서는 안 된다. 입소대상자가 계약을 체결할 수 없는 부득이한 사유가 있다고 시장 · 군수 · 구청장이 인정하는 때에는 입소대상자의 부양의무자가 계약당사자가 될 수 있다.

유료전문요양시설은 치매 · 중풍 등 중증의 질환노인을 입소시켜 급식, 요양 및 기타 일상생활에 필요한 편의를 제공하고 이에 소요되는 일체의 비용을 입소한 자로부터 수납하여 운영하는 시설이다. 유료노인전문요양시설의 입소대상자는 치매 · 중풍 등 중증 노인성질환으로 요양을 필요로 하는 60세 이상의 자이다. 한편, 입소대상자의 배우자는 60세 미만인 때에도 입소대상자와 함께 입소할 수 있다.

노인전문병원은 주로 노인을 대상으로 의료를 행하는 시설이다. 노인전문병원의 입소대상자는 노인성질환으로 치료 및 요양을 필요로 하는 자 및 임종을 앞둔 환자이다.

무료요양시설과 무료전문요양시설의 입소는 당사자의 신청에 의한다. 무료요양시설과 무료노인전문요양시설 입소대상자가 당해 시설에 입소하고자 할 때에는 입소신청서, 건강진단서, 입소신청사유서, 관련 증빙자료(생활보장대상노인은 제외) 등을 첨부하여 주소지를 관할하는 시장 · 군수 · 구청장에게 제출하여야 한다.

신청을 받은 시장 · 군수 · 구청장은 신청일부터 10일 이내에 입소대상자의 건강상태와 부양의무자의 부양능력 등을 심사하여 입소여부와 입소시설을 결정한 후 이를 신청인 및 당해 시설장에게 통지해야 한다. 시장 · 군수 · 구청장은 무료요양시설과 무료전문요양시설 입소자 중 생활보장대상노인이 아닌 자(실비보호대상자는 제외)에 대해서는 6개월마다 입소자의 건강상태와 부양의무자의 부양능력 등을 심사하여 입소여부를 재결정하여야 한다.

그리고 시장·군수·구청장은 입소자의 건강상태를 참작하여 필요하다고 인정하는 경우에는 무료요양시설 또는 무료전문요양시설의 입소자를 양로시설에 입소시킬 수 있다. 이 경우 시장·군수·구청장은 입소자의 건강상태에 대하여 시설장 및 의사(한의사 포함)의 의견을 들어야 한다.

실비요양시설, 유료요양시설, 유료전문요양시설의 입소는 당사자 간의 계약(분양계약 제외)에 의한다. 유료요양시설과 유료전문요양시설의 설치자는 시설을 설치할 토지의 소유권이나 사용권을 확보하고 시설의 건축공정이 노인복지법에 규정된 기준공정에 도달한 이후 입소자를 모집하여야 한다.

실비노인요양시설, 유료노인요양시설, 유료노인전문요양시설에 입소하고자 하는 자는 국·공립병원, 보건소 등의 건강진단기관이 발행한 건강진단서를 당해 시설장에게 제출하여야 한다.

(2) 노인복지시설의 현황

노인복지시설을 분류하는 가장 대표적인 방법은 두 가지가 있다. 첫째 비용부담을 기준으로 하여 무료시설, 실비시설, 유료시설로 구분하는 방식이 있다. 둘째, 시설기능을 기준으로 양로시설, 요양시설, 전문요양시설로 구분하는 방식이다. 실비노인복지주택과 유료노인복지주택은 상당부분 주택법의 규정에 적용을 받고 있으며, 노인전문병원은 그 관리운영이 의료법의 규정에 상당부분 관련되어 있기 때문에 노인복지시설의 현황에서 제외하기로 한다.

이러한 두 가지 노인복지시설의 분류방식을 적용한 노인복지시설의 현황을 제시하고 있는 아래의 〈표 2-4〉의 노인복지시설수와 생활인원 현황을 살펴보기로 한다.

전체적으로 볼 때, 노인복지시설은 2000년 247개소에서 2005년 813

개소로 5년 동안 3배 이상 대폭 증가하였다. 2001년에 비해 2002년에는 8개소가 감소한 것을 제외하면 계속적으로 증가추세에 있고 2003부터는 큰 폭으로 증가하였다. 2003년에는 전년도에 비해 111개소가 증가하였고 2004년에는 137개소 증가했으며, 2005년에는 무려 325개소 증가하였다. 생활인원수 또한 시설수의 증가경향과 유사한 것을 알 수 있다.

무료양로시설은 2000년 시설수 93개소에서 2004년 78개소까지 점차 감소하는 추세를 보이다가 2005년에 137개소로 전년도에 비해 59개소 증가했다. 생활인원수도 이와 유사한 추이를 보이고 있다. 2000년 생활인원수는 4,872명에서 2004년 3,835명으로 매년 감소추이를 보이다가 2005년에는 4,638명으로 전년도에 비해 약 800명 가량 증가했다.

실비양로시설은 2000년 4개소에서 2003년 5개소로 1개소 증가했을 뿐 거의 변동이 없다. 그러나 2004년에는 12개소로 전년도에 비해 7개소가 증가했고 2005년에는 64개소로 전년도에 비해 무려 5배 이상 증가했다. 생활인원수도 시설수의 추이와 유사한 양상을 보이고 있다. 2000년 120명에서 2003년 156명으로 소폭 증가한 반면, 2004년에는 230명으로 74명 증가했고, 2005년에는 905명으로 전년도에 비해 무려 4배에 가까운 증가율을 보이고 있다.

유료양로시설도 실비시설과 유사한 변화양상을 보이고 있다. 2000년 시설수 22개소에서 2003년 29개소로 3년 동안 7개소가 증가했지만, 2004년에는 41개소로 전년도에 비해 12개소가 증가했다. 2005년에는 69개소로 전년도에 비해 무려 28개소가 증가했다. 생활인원수의 변화추이도 시설수의 변화양상과 유사하다. 2000년 702명에서 2004년에는 1,959명으로 4년 동안 1,257명이 증가한 반면, 2005년에는 2,490명으로 1년 동안 530명 가량 증가한 것으로 나타났다.

2005년말 현재 양로시설 중 무료시설이 137개소(4,636명)로 실비시설 64개소(905명)와 유료시설 69개소(2,490명)에 비해 매우 높은 비율을 차지하고 있다. 한편, 현재 실비시설과 유료시설의 비율이 무료시설에 비해서 낮지만 2004년 이후의 실비시설과 유료시설의 증가속도가 매우 빠른 것을 알 수 있다.

무료요양시설의 2000년 시설수가 77개소에서 2005년 149개소로 2배 가량 증가했다. 2002년 전년도에 비해 41개소가 감소된 것을 제외하면, 매년 무료요양시설의 수는 계속해서 증가하고 있는데, 특히 2003년에는 113개소로 전년도에 비해 2배 이상 증가했다. 생활인원수도 이와 유사한 추이를 보이고 있다. 2000년 4,692명에서 2005년 8,686명으로 2배에 가까운 증가율을 보이고 있는 가운데, 2002년에는 시설수의 감소와 동일하게 생활인원수도 감소한 것을 알 수 있다. 2003년에는 전년도에 비해 2배에 가까운 증가율을 보이고 있다.

실비요양시설의 시설수는 2000년 13개소에서 2005년 123개소로 약 10배 가량 급증했다. 2003년까지 소폭의 증가를 보이지만 큰 변동이 없는 가운데, 2004년 이후 급증한 것을 알 수 있다. 2004년 42개소로 전년도에 비해 2배 이상 증가했고 2005년에는 약 3배 가량 증가했다. 생활인원수도 이러한 시설수의 변화추이와 유사하다. 2000년 711명에서 2005년 3,344명으로 5배에 가까운 증가율을 보이고 있다. 특히 2004년과 2005년의 경우 전년도에 비해 크게 증가한 것을 알 수 있다.

유료요양시설의 시설수는 2000년 13개소에서 2005년 84개소로 6배 이상 증가했다. 한편, 2001년과 2002년의 경우 전년도에 비해 감소한 것으로 나타났다. 2003년 이후에는 실비요양시설과 마찬가지로 다시 증가추세를 보이고 있으며, 특히 2004년과 2005년에는 전년도에 비해 각각 2배 이상 증가한 것으로 나타났다. 생활인원수의 변화추이도 시설수의 양상과 유사한 것을 알 수 있다. 2000년 356명에서 2005년 1,301명으로 4배에 가까운 증가율을 보이고 있다.

2005년 현재 요양시설의 시설수와 생활인원수에서 무료시설이 149개소(8,868명)로 가장 높은 것으로 나타났으며, 그 다음은 실비시설 123개소(3,344명)와 유료시설 84개소(1,301명)인 것을 알 수 있다.

무료전문요양시설도 매년 증가하는 경향을 보이고 있는데, 2000년

25개소에서 2005년 139개소로 5배가 넘는 증가율을 보이고 있다. 생활인원수의 변화추이도 시설수와 유사하게 매년 증가하고 있는 것으로 나타났다. 2000년 2,105명에서 매년 증가하였는데, 2005년에는 9,143명으로 5년 동안 4배 이상 증가한 것을 알 수 있다.

실비전문요양시설은 2004년 1개소가 운영되었고 2005년에는 5개소로 4개소 증가했다. 생활인원수는 2004년 100명에서 2005년 400여명으로 300명 증가한 것으로 나타났다.

유료전문요양시설은 2001년 시설수 7개소에서 2005년에는 43개소로 6배 이상 증가했다. 한편, 2002년에는 전년도에 비해 오히려 감소하여 3개소가 운영된 것으로 나타났다. 생활인원수도 시설수의 증가추이와 유사하게 증가하고 있다. 2002년에 시설수의 감소와 함께 생활인원수가 감소한 것을 제외하면, 매년 생활인원수가 증가한 것으로 나타나고 있다. 2001년 391명에서 2005년 1,040명으로 3배 가량 증가한 것을 알 수 있다.

2005년 말 현재 기능별 시설유형으로 보면, 양로시설은 270개소(8,033명), 요양시설은 356개소(13,513명), 전문요양시설은 187개소(11,582명)로 나타났다. 시설수의 측면에서 요양시설이 가장 많은 비중을 차지하고 있으며, 그 다음은 양로시설과 전문요양시설인 것으로 나타났다. 한편, 생활인원수에서는 요양시설이 가장 높게 나타나고 있으며, 그 다음은 전문요양시설과 양로시설의 순으로 나타났다. 이를 시설당 평균 생활인원수의 측면에서 살펴보면, 전문요양시설이 61.94명으로 가장 높고, 그 다음은 요양시설 37.96명, 양로시설 29.75명의 순서인 것으로 나타났다.

비용별 시설유형으로 살펴보면, 무료시설이 425개소(22,649명), 실비시설 192개소(4,648명), 유료시설 196개소(4,831명)로 나타났다. 시설수와 생활인원수에서 무료시설이 가장 높은 비중을 차지하고 있으며, 그 다음은 유료시설과 실비시설의 순서인 것을 알 수 있다. 시설당 평균 생활인원수의 측면에서 살펴보면, 무료시설이 53.29명으로 가장 높고, 그 다음은 유료시설 24.65명과 실비시설 24.21명의 순서로 나타났다.

전체 사회복지시설 중 노인복지시설이 가장 큰 폭으로 증가하였다(이병록, 2006:159-161). 2003년도 노인복지시설은 노인전문병원과 노인복지주택을 포함하여 379개소인데, 2004년에는 521개소로 142개소가 증가하였고 이는 37.5%의 증가율에 해당된다. 2005년에는 865개소로 증가하였는데, 무려 60.2%의 증가율을 기록하고 있다.

그동안 사회복지시설에 대한 비판적 시각이 주류를 이루고 있는 가운데, 최근 노인복지시설이 급격히 증가하고 있는 것은 2008년에 도입하기 위해 준비과정 중에 있는 노인수발보험제도 때문이다(보건복지부, 2006c:129-131). 정부에서 추계하고 있는 시설보호 노인의 비율은 2.0%이다. 그러나 최근 지속적으로 노인복지시설을 증설해 왔음에도 불구하고 2005년말 현재 노인인구의 시설보호율은 0.6%에 불과하다. 이 수치는 주요 선진국의 시설보호 노인비율인 5~6%에 훨씬 미치지 못하는 것이다. 여하튼 노인수발보험제도를 시행하기 위해 정부는 '노인의료복지시설 10개년 확충계획'을 세웠고 이에 따라 2011년 완전한 시설수요 충족을 위해 최근 매년 100개소 이상의 노인복지시설을 확충해 왔고 앞으로도 노인복지시설을 지속적으로 증설할 것으로 예측되고 있다.

그리고 최근 보건복지부는 노인수발보험제도의 도입을 위해 다음과 같이 노인복지시설의 개편을 추진하기로 하였다(보건복지부, 2006d). 첫째, 노인생활시설의 비용에 따른 분류를 폐지한다. 지금까지 노인복지시설은 비용을 기준으로 하여 무료, 실비, 유료로 구분되었는데, 이러한 비용분류를 폐지하는 것이다. 따라서 노인복지시설은 다양한 요금체계를 적용하여 융통성 있게 시설을 운영하고 시설이용자의 선택권이 확대될 것이다. 둘째, 노인복지시설은 시설기능을 기준으로 하여 양로시설, 요양시설, 전문요양시설 등으로 구분되었는데, 이러한 분류방법을 일부 조정한다. 즉, 노인복지시설의 유형 중 요양시설과 전문요양시설을 통합하여 요양시설로 규정한다. 이것은 노인수발보험 도입시 수발급여의 수가를 적용하는 근거를 만들기 위함이다. 셋째, 지역사회보호를 위한 새로운 유형의 노인복지시설, 즉 가정형그룹홈(노인공동생활가정) 시설을 도입한다. 이는 노인들이 자신이 생활하던 지역사회와 최대한 가까운 장소의 시설에서 생활하도록 하여 정서적으로 안정되게 하는 노인친화적인 복지시설을 도입하기 위함이다.

〈표 2-4〉 노인복지시설의 현황

구분		2000년	2001년	2002년	2003년	2004년	2005년
양로시설	무료	93(4,872)	93(4,726)	89(4,354)	85(4,160)	78(3,835)	137(4,638)
	실비	4(120)	4(131)	3(80)	5(156)	12(230)	64(905)
	유료	22(702)	25(1,257)	28(1,563)	29(1,571)	41(1,959)	69(2,490)
요양시설	무료	77(4,692)	89(5,541)	48(3,729)	113(7,096)	131(7,880)	149(8,868)
	실비	13(711)	14(875)	14(730)	19(840)	42(1,498)	123(3,344)
	유료	13(356)	11(234)	7(315)	19(448)	41(640)	84(1,301)
전문요양시설	무료	25(2,105)	41(3,106)	48(3,729)	68(4,898)	108(7,207)	139(9,143)
	실비	-	-	-	-	1(100)	5(399)
	유료	-	7(391)	3(127)	13(499)	34(925)	43(1,040)
합 계		247(13,558)	248(16,261)	240(14,627)	351(19,641)	488(24,094)	813(32,228)

자료 : 보건복지부(2006b), 「보건복지통계연보」.

4) 장애인복지시설 현황

(1) 장애인복지시설의 유형과 보호대상

장애인복지법상 장애인복지시설은 크게 장애유형별 생활시설, 중증장애인요양시설, 장애영유아시설로 분류되고 있다. 장애유형별 생활시설에는 지체장애인시설, 시각장애인시설, 청각언어장애인시설, 정신지체인시설이 있다.

장애유형별 생활시설은 장애유형이 같거나 또는 유사한 장애를 가진 사람들을 입소 또는 통원하게 하여 그들의 장애유형에 적합한 의료 · 교육 · 직업 · 심리 · 사회 등 재활서비스와 주거서비스를 제공하는 시설이다.

지체장애인시설은 지체장애인 및 뇌병변장애인을 위한 시설로서 의료재활(의학적 진단과 재활치료의 병행), 심리 · 사회적 재활(심리 · 사회적 진단, 심리 · 사회적 재활조치), 직업재활, 교육재활 등의 서비스를 제공하도록 되어 있다.

시각장애인시설은 시각장애인을 위한 시설로서 의학적 진단 및 재활, 심리 · 사회적 재활, 직업재활(생활훈련, 보행훈련, 의사소통훈련, CCTV 사용훈련)등의 서비스를 제공한다.

청각언어장애인시설은 청각 · 언어장애인을 위한 시설로서 의학적 진단 및 치료, 청력검사 및 어음명료도 검사, 청각훈련(보청기 사용훈련, 청능훈련, 독화훈련, 운동기능훈련 등), 음성 · 언어기능 재활훈련 , 심리 · 사회적 재활, 직업재활 등의 서비스를 제공한다.

정신지체인시설은 정신지체인 및 발달장애인을 위한 시설로서 생활지도, 작업지도, 심리 · 사회적 재활 및 의료적 재활(심리 · 사회적 진단, 심리 · 사회적 재활조치), 직업생활지도 등의 서비스를 제공한다.

중증장애인요양시설은 장애정도가 심하여 항상 도움이 필요한 사람을 입소시켜 상담 · 치료 또는 요양서비스를 제공하는 시설을 말한다. 중증장애인요양시설은 보호조치(응급상황대처 및 격리보호실 등 마련, 시설거주자의 장애와 특성에 맞는 개별프로그램 실시, 사생활보장 및 시설운영에 입소자 의견반영), 의료재활(잔존기능의 퇴화 방지와 기능향상을 위한 재활의학치료, 소아과치료, 물리치료, 언어치료, 작업치료 등, 질병에 대한 예방 및 치료사업, 특수 보장구의 이용과 활용), 생활지도(정서안정과 자립생활을 위한 일상생활동작훈련과 감각훈련 등, 전인적 생활을 위한 사회적응훈련, 일상생활에 있어 좋은 습관을 형성하고 다양한 경험과 정서적 안정을 위한 생활지도 사업, 시설거주자 및 보호자 가족의 심리·사회재활을 위한 상담서비스), 특수교육 등의 서비스를 제공한다. 그리고 시설거주자 중 잔존능력의 향상으로 재활의 가능성이 있을 때에는 그에 적합한 다른 시설로의 전원 등 필요한 조치를 행하여야 한다.

장애영유아생활시설은 6세 미만의 장애영유아를 입소 또는 통원하게 하여 보호함과 동시에 재활에 필요한 의료·교육·심리·사회 등 재활서비스를 제공하는 시설이다. 장애영유아생활시설은 보호조치(응급상황대처 및 격리보호실, 시설거주자의 장애와 특성에 맞는 개별프로그램 실시), 의료재활 및 생활지도, 3세 미만의 영유아에 대한 조기특수교육 등의 서비스를 제공한다. 그리고 장애영유아의 잔존능력이 향상되어 재활의 가능성이 있을 때, 또는 유아기가 지나 7세 이상이 된 때에는 장애유형에 알맞은 다른 생활시설로의 전원 등 필요한 조치를 행하여야 한다.

국가와 지방자치단체는 장애인의 연령 및 장애의 종별과 정도를 고려하여 장애인복지시설에서 적절한 보호, 의료, 생활지도와 기능회복훈련 등의 서비스를 제공함으로써 장애인이 기능회복과 향상을 도모할 수 있도록 필요한 시책을 강구하도록 되어 있다.

장애인복지시설의 입소조건은 국민기초생활보장법에 의한 수급자로서 장애인이어야 한다. 그리고 국민기초생활보장법에 의한 수급자가 아닌 경우에는 장애인복지법 제2조의 규정에 의한 장애인으로 부양의무자가 없거나, 부양의무자가 있어도 부양능력이 없거나 부양을 받을 수 없는 자여야 한다. 입소대상 시설은 장애유형·장애정도 및 연령 등을 감안하여 결정되어야 한다. 여기에서 장애인은 신체적·정신적 장애로 인해 장기간 일상생활 또는 사회생활에 상당한 제약을 받는 자를 말한다. 장애인은 크게 신체장애인과 정신장애인으로 분류할 수 있는데, 신체장애인은 주요 외부 신체기능의 장애나 내부기관의 장애 등을 가진 사람을 말한다. 정신장애인은 정신지체 또는 정신적 질환으로 발생하는 장애를 가진 사람을 말한다.

시장·군수·구청장은 장애인이 장애인복지시설에 위탁하여 주거편의·상담·치료 및 훈련 등의 서비스를 받도록 하고자 하는 때에는 의뢰서를 당해 시설장에게 송부하여야 한다.

(2) 장애인복지시설의 현황

아래의 〈표 2-5〉에 제시된 내용을 중심으로 장애인복지시설과 생활인원 현황을 설명하면 다음과 같다.

장애인복지시설의 시설수와 생활인원수는 전체적으로 소폭의 증가추이를 보이고 있다. 2000년 시설수는 195개소에서 매년 소폭으로 증가하여 2005년에는 265개소로 나타나고 있다. 2005년에는 2004년 237개소에서 29개소 증가한 것으로 나타나 다른 연도에 비해 높은 증가추이를 보이고 있다. 생활인원수도 2002년에 100여명 가량 감소한 것을 제외하면, 전체적으로 소폭의 증가추이를 보이고 있다. 2000년 2,595명에서 2005년 2,654명으로 60여명 가량 증가한 것으로 나타나고 있다.

지체장애인시설은 매년 감소추이를 보이고 있는데, 2000년 시설수 39개소에서 2005년 31개소로 5년 동안 8개소 감소했다. 생활인원수도 이와 유사하게 감소경향을 보이고 있는데, 2000년 3,765명에서 2005년 2,332명으로 1,400여명 가량 감소한 것으로 나타났다.

시각장애인시설은 2000년 11개소에서 2005년 13개소로 2개소 증가했는데, 2001년에는 전년도에 비해 1개소 감소한 것으로 나타나고 있다. 생활인원수도 2000년 675명에서 2005년 632명으로 소폭 감소했다.

청각언어장애인시설은 2000년 13개소에서 2005년 12개소로 1개소 감소한 것으로 나타났다. 반면, 생활인원수는 2000년 587명에서 2005년 735명으로 증가했다.

정신지체인시설은 2000년 73개소에서 매년 소폭으로 증가하는 추이를 보이고 있는데, 2005년에는 110개소로 37개소 증가한 것으로 나타나고 있다. 생활인원수도 2001년에 전년도 대비 400여명 가량 감소한 것을 제외하면, 전체적으로 증가추이를 보이고 있다.

중증장애인요양시설도 정신지체인시설과 마찬가지로 매년 증가추세를 보이고 있다. 2000년 59개소에서 2005년 93개소로 5년 동안 34개소 증가한 것으로 나타났다. 생활인원수는 2004년에 전년도 대비 50명이 감소한 것을 제외하고는 매년 증가한 것을 알 수 있다.

장애영유아시설은 2003년 4개소를 시작으로 매년 1개소씩 증가하여 2005년에 6개소가 운영된 것으로 나타났다. 생활인원수도 매년 소폭으로 증가한 것을 알 수 있는데, 2003년 264명에서 2005년 297명으로 2년 동안 33명이 증가한 것으로 나타났다.

〈표 2-5〉 장애인복지시설의 현황

구분	총 시설수	총 생활인원	지체장애인 시설	시각장애인 시설	청각언어장애인시설	정신지체인 시설	중증장애인 요양시설	장애영유아 시설
	개소	명	개소(명)	개소(명)	개소(명)	개소(명)	개소(명)	개소(명)
2000	195	17,215	39(3,765)	11(675)	13(587)	73(7,884)	59(4,340)	-
2001	203	17,720	34(2,710)	10(623)	11(784)	75(7,490)	73(6,113)	-
2002	213	17,959	32(2,355)	11(708)	13(776)	86(7,512)	71(6,608)	-
2003	225	18,432	32(2,374)	12(708)	13(778)	90(7,685)	74(6,558)	4(264)
2004	237	18,906	31(2,357)	12(717)	11(674)	96(7,750)	82(7,117)	5(291)
2005	265	19,668	31(2,332)	13(632)	12(735)	110(8,015)	93(7,657)	6(297)

자료 : 보건복지부(2006b), 「보건복지통계연보」.

5) 여성복지시설 현황

(1) 여성복지시설의 유형과 보호대상

모부자복지법에 의한 모부자복지시설 중 여성복지시설은 모자보호시설, 모자자립시설, 미혼모시설, 미혼모자 공동생활가정, 모자 공동생활가정, 미혼모 공동생활가정, 일시보호시설 등이 있다.

모부자복지법상 모자보호시설은 생활이 어려운 모자가정을 일시 또는 일정기간 보호하여 생계를 지원하고 퇴소 후의 자립기반을 조성하도록 지원하는 것을 목적으로 하는 시설이다. 모자보호시설의 보호기간은 3년 이내로 되어 있지만, 보호기관이 필요하다고 인정하는 경우에는 1년 미만의 기간을 단위로 하여 그 기간을 연장할 수 있는데, 총 연장기간은 2년 이내이다.

모자자립시설은 자립이 어려운 모자가정에 대하여 일정기간 주택편의만을 제공하는 시설이다. 모자자립시설의 보호기간은 모자보호시설과 동일한 규정의 적용을 받는다.

미혼모시설은 미혼여성이 임신을 하였거나 출산을 하였을 경우 안전하게 분만하게 하고 심신의 건강을 회복할 때까지 일정기간 보호하는 시설이다. 미혼모시설의 보호기간은 미혼모의 출산 전·후 6개월 이내로 규정되어 있는데, 보호기관이 필요하다고 인정하는 경우에는 6개월의 범위 내에서 그 기간을 연장할 수 있다.

일시보호시설은 배우자(사실혼관계에 있는 자 포함)가 있으나 배우자의 물리적·정신적 학대로 인해 아동의 건전양육 또는 모의 건강에 지장을 초래할 우려가 있을 경우 일시적으로 또는 일정기간 그 모와 아동 또는 모를 보호하는 시설이다. 일시보호시설의 보호기간은 6개월 이내로 되어 있는데, 보호기관이 필요하다고 인정하는 경우에는 3개월의 범위 내에서 연장할 수 있다.

모부자복지법상의 '모'는 다음에 해당하는 자로서 아동을 양육하는 자를 말한다. 첫째, 배우자와 사별 또는 이혼하거나 배우자로부터 유기된 모, 둘째, 정신 또는 신체의 장애로 인하여 장기간 노동능력을 상실한 배우자를 가진 모, 셋째, 미혼자(사실혼관계에 있는 모는 제외), 넷째, 첫째와 셋째에 규정된 자에 준하는 자로서 매년 최저생계비, 소득, 재산 등을 고려하여 결정한다. '모자가정'이라 함은 모가 세대주(세대주가 아니더라도 세대원을 사실상 부양하는 자 포함)인 가정을 말한다. '아동'이라 함은 모 또는 부에 의하여 양육되는 18세 미만(취학중인 때에는 20세 미만)의 자녀를 말한다. 모자복지법상의 보호대상자는 앞에서 설명한 '모'와 '아동'으로 여성가족부장관이 매년 보호대상자의 최저생계비, 소득수준, 재산정도 등을 고려하여 보호의 종류별로 정하는 기준에 해당하는 모자가정으로 한다.

(2) 여성복지시설의 현황

아래의 <표 2-6>에 여성복지시설 중 모자보호시설의 현황이 제시되어 있다.

모자보호시설은 2000년 시설수 39개소에서 2005년 50개소로 1개소 증가에 그치고 있으며, 거의 변화가 없는 것으로 나타났다. 생활인원수도 2000년 2,595명에서 2005년 2,654명으로 59명의 증가에 그치고 있다. 생활인원수가 모, 부양자녀(남/여), 노령부양자로 구분되어 있다. 이 중에서 모는 2005년에 955명, 부양자녀 1,696명(남:825명, 여:871명), 노령부양자 3명으로 부양자녀가 가장 많은 것으로 나타나고 있다. 노령부양자는 3명으로 극히 일부에 지나지 않는다.

<표 2-6> 모자보호시설수 및 생활인원

구분	총 시설수	총 생활인원	생활인원(명)				
	개소	명	모	부양자녀		노령부양자	
				남	여	남	여
2000	39	2,595	943	807	832	-	13
2001	39	2,533	931	781	808	0	13
2002	39	2,434	898	746	783	1	6
2003	40	2,559	914	786	837	19	3
2004	40	2,643	958	820	862	-	3
2005	40	2,654	955	825	871	0	3

자료 : 보건복지부(2006b), 「보건복지통계연보」.

6) 부랑인복지시설의 현황

(1) 부랑인복지시설의 정의와 보호대상

부랑인복지시설은 부랑인을 입소시켜 숙식제공, 재활 및 자활 프로그램 운영 등의 서비스를 제공하는 보호시설이다. 여기에서 '부랑인'은 일정한 주거와 생업수단이 없는 18세 이상의 자를 말한다. 그리고 입소대상자는 보호기관에서 시설에서의 보호가 필요하다고 인정하는 부랑인과 시설에서 보호를 받고자 하는 부랑인이다(보건복지부, 2006a:122-125).

부랑인은 다음과 같은 요건에 해당하는 경우 보호기관의 장이 이를 부랑인 입·퇴소심사위원회에 회부하여 입소결정이 있을 경우 입소조치한다. 첫째, 당사자의 입소요청이 있어 시설장이 이를 보호기관에 요청한 경우, 둘째, 상담보호센터에서 부랑인시설의 장에게 시설 보호요청을 하고 당해 시설장이 이를 보호기관에 요청한 경우, 셋째, 보호기관이 부랑인시설의 장에게 부랑인의 입소요청을 한 경우, 넷째, 관계기관이 부랑인시설의 장에게 부랑인의 입소요청을 한 경우이다.

단, 시설장에게 입소요청을 하기 전에 보호기관의 "시설보호가 필요"하다는 결정을 얻어야 한다. 그리고 보호기관은 부랑인 입·퇴소심사위원회가 부랑인의 시설입소여부를 결정할 때까지 부랑인을 시설에 위탁보호하되 그 기간은 특별한 사유가 없는 한 20일을 초과해서는 안 된다.

부랑인시설의 장은 생활자에 대해 월 1회 이상의 상담을 통해 사회복귀가 가능한 자를 파악한 후 사회복귀가 가능하다고 인정되는 자의 경우 보호기관에 보고한 후 심사위원회 결정에 따라 조치해야 한다. 그리고 부랑인복지시설의 장은 생활자가 퇴소를 원하거나 연고자가 생활자의 인계를 요구하는 경우 퇴소조치해야 한다.

(2) 부랑인복지시설의 현황

아래의 〈표 2-7〉에 부랑인복지시설과 생활인원의 현황이 제시되어 있다.

부랑인복지시설은 2000년 시설수 46개소에서 2005년 38개소로 8개소 감소한 것으로 나타났다. 생활인원수도 시설수의 감소추세와 유사하게 2000년 13,062명에서 9,055명으로 4,000여명 가량 감소했다. 생활인원수를 성별로 보면, 2005년 현재 남성이 6,159명으로 여성 2,896명으로 2배 이상 높은 것을 알 수 있다. 시설당 평균 생활인원수를 보면 2005년 현재 238명 정도로 매우 높게 나타나고 있다.

생활인원을 상태별로 살펴보면, 2005년 현재 정신질환자가 4,063명으로 가장 높게 나타나고 있다. 그 다음은 정신박약자 1,638명, 기타 1,318명, 정상인 926명, 지체장애인 868명, 언어청각장애인 150명, 시각장애인 92명의 순서인 것으로 나타났다.

〈표 2-7〉 부랑인복지시설의 현황

구분	총 시설수	총 생활인원	생활인원								
	개소	명	성별		상태별						
			남	여	정상인	정신 질환	지체 장애	시각 장애	언어 청각	정신 박약	기타
2000	46	13,062	8,309	4,753	1,976	4,214	1,254	120	296	164	5,038
2001	43	11,494	7,428	4,066	1,891	4,675	1,155	118	248	1,639	1,768
2002	37	10,239	6,682	3,557	1,060	4,109	1,235	153	232	1,592	1,858
2003	37	9,783	6,528	3,255	1,007	3,965	1,137	110	355	1,590	1,619
2004	37	9,371	6,278	3,093	869	3,524	1,200	103	336	1,755	1,584
2005	38	9,055	6,159	2,896	926	4,063	868	92	150	1,638	1,318

자료 : 보건복지부(2006b), 「보건복지통계연보」.

제 3 절 사회복지시설의 문제

사회복지시설의 문제는 다양하게 지적되고 있지만, 크게 시설생활자에 대한 부적절한 처우, 시설운영의 비리, 보호대상자의 인권침해 시설의 폐쇄적 운영 등으로 제시될 수 있다(박태영, 1995; 김종해, 2000:22). 시설생활자에 대한 부적절한 처우는 낮은 수준의 비전문적 서비스의 제공과 지역사회로부터의 격리된 생활을 의미하며, 시설운영의 비리는 주로 재정과 관련된 측면을 의미한다.

1. 사회복지시설 서비스의 수준

시설서비스와 관련하여 가장 심각한 문제는 시설보호가 시설생활자의 의사가 아니라 서비스 공급자의 결정에 의하여 일방적으로 제공된다는 점이다(서동우 외, 1999:71-72). 시설생활자들은 대부분 자신의 의견을 충분히 표현하지 못하는 아동, 장애인, 노인, 정신질환자이기 때문에 담당 행정기관, 시설직원, 특히 시설장의 의견에 따라서 서비스가 제공되는 상황에 있다.

특히 국내의 경우 사회복지시설이 매우 폐쇄적이기 때문에, 사회복지시설과 지역사회와의 연계가 부족하고, 재단, 시설장 등 관리자와 시설직원이 친인척인 관계에 있는 경우가 많으며, 시설생활자들의 입장이 반영되지 않고 있다.

또한 재정지원이 제대로 이루어지지 않아서 시설보호의 수준이 아주 낮다는 점이 문제이다. 2003년 현재 사회복지시설의 시설생활자 1인당 1개월 생계보호비가 노인복지시설 100,750원, 아동복지시설 101,948원, 장애인복지시설 101,815원인데, 이것은 시설생활자의 최저생활도 유지하기 어려운 수준이다(채구묵, 2003:91-92). 물론 관리운영비가 시설생활인원별로 책정되어 있긴 하지만, 그 관리운영비는 생계보호 수준보다 더 열악한 실정이다.[1)]

1) 2007년 현재 노인복지시설에 대한 생계비지원 수준은 생활인원 1인에 대해 1년간 주부식비는 1,302,025원이고 피복비는 183,810원이다. 시설 관리운영비는 1인당 요양시설을 기준으로 883,000원이다. 주부식비와 피복비가 생계비에 해당하는데, 1개월 평균 123,820원 가량이다. 2003년에 비해서는 다소 증가했다고 볼 수 있지만 여전히 1인당 생계비로는 매우 적은 금액이다. 그리고 매년 물가상승률을 감안하면, 증가했다고 평가하기도 어렵다.
또한 생계비 액수가 적은 것도 문제이지만, 생계비항목으로 난방비, 위생재료비, 기초 의료비 등이 전혀 지원되지 않고 있고 관리운영비에서 지출하도록 되어 있는 것도 큰 문제점이라고 할 수 있다(보건복지부, 2007b:41).

2. 사회복지시설의 관리

사회복지시설의 재정관리와 관련하여 제기되는 문제가 재정집행상에 나타나는 불법, 탈법의 문제이다. 사회복지시설 재정의 불법적 집행은 크게 정부보조금이나 후원금의 유용, 수익사업의 불법전개, 수익금의 부당취득, 자활사업장의 수익금과 노임의 전용 등으로 지적된다(이태수, 1999; 김종해, 2000:29).

시설재정과 관련된 문제는 이전의 정부 감사보고에 자세하게 기술되어 있다(황인권·김광욱, 2000). 이 감사보고서는 1개월 가량 전국의 60개 시설을 대상으로 감사한 결과를 제시하고 있다. 여기에서 전체적으로 주부식비, 난방연료비, 입소자 수탁료, 시설 임대보증금, 후원금 등 시설재정 전반에 걸쳐서 13개 시설에서 16억원 가량의 횡령사실이 밝혀졌다. 또한 30개 시설에서 총 41건의 회계와 관련된 위법사항과 부당사항을 지적하였다.

주부식비 등 정부보조금 횡령의 수법도 다양하게 나타나고 있다. 실제 구입한 물품보다 많은 금액을 지출한 것으로 처리하고 위조된 지출증빙서를 첨부하였다. 또한 물품구입처의 입금계좌를 2개로 개설하여 일단 1개의 계좌에 회계 처리한 금액을 입금하고 물품구입처에서 소지하고 있는 나머지 1개의 계좌에 횡령하고 남은 금액을 입금시켰다. 청소계약서를 허위로 작성하여 매달 용역비를 횡령한 수법도 드러났다. 부랑인시설의 경우에는 입소비용을 징수해서는 안 되는데, 입소자의 가족에게 입소비를 받아서 횡령하였다. 시설직원의 급여명세서를 이중으로 작성하여 그 차액을 횡령하고, 직원이 퇴직하였음에도 불구하고 근무 중인 것으로 처리하여 횡령하였다.

이외에도 후원금을 동일 재단의 다른 시설의 건물공사비에 유용하거나 부당하게 집행한 사실도 드러나고 있으며, 시설생활자에게 노역을 시키고 임금을 지급하지 않거나 일부의 금액만을 임금으로 지급하기도 하였다.

이러한 감사보고 자료 이외에도 E재단 등 여러 시설에서 시설재정과 관련된 문제들이 언론매체를 통해서 문제로 제기되고 있다. 이용교(2001:136)는 이러한 문제의 가장 큰 원인을 시설의 폐쇄성, 즉 재단과 시설의 운영이 오랫동안 혈족족벌체제로 운영되어 오면서 지역토착비리로 굳어진 데서 찾고 있다.

3. 보호대상의 인권침해

사회복지시설의 인권침해 문제는 언론매체를 통해서 자주 공개되었다. 대표적인 예로 E재단사태, Y마을사건, S마을사건, H복지원사건 등을 들 수 있다. 이러한 사회복지시설의 인권침해 문제는 크게 폭행, 성폭력, 강제노역 등의 형태로 나타나고 있다(이용교, 2001:126-134).

폭행은 사회복지시설에서 흔하게 발생하고 있다. P시설에서 시설생활자들을 상습적으로 폭행하여 형사입건 되었고, P시설의 한 원생은 대통령에게 보낸 탄원서에서 자신이 초등학생 때 냉장고를 허락없이 사용했다는 이유로 몽둥이에 맞아 며칠간 등교하지 못했고, 한동안 긴팔 옷을 입고 다녀야 했다는 점을 밝히고 있다. E재단에서는 지체장애아들이 말귀를 알아듣지 못한다고 마구 폭행하였고, 줄로 묶어서 파출소까지 200여 미터를 끌고 가면서 지속적으로 구타하였다. 그 결과로 시설의 아동들이 입원하게 되었다.

성폭행 또한 폭행과 마찬가지로 지속적으로 문제시 되고 있다. S시설의 원장 P씨는 수년에 걸쳐 미성년자인 시설원생들을 상습적으로 성폭행하였으며, 거부시에는 곡괭이 등을 이용해서 폭행을 가했다. 심지어는 시설원생이 초등학교 시절부터 성폭행을 당했다. 앞에서 살펴본 P시설 원생이 대통령에게 보낸 탄원서에는 강제노역에 관한 내용도 포함되어 있다. 건물공사 시에 시설의 아동들을 공사에 참여시켰는데, 한겨울임에도 불구하고 장갑도 착용시키지 않은 채로 벽돌운반 작업을 시켜 손이 성한 데가 없었다는 것이다.

이외에도 시설생활자에 대한 인권침해 문제는 시설생활자에 대한 강제불임시술, 종교활동 강요 등의 다양한 형태로 나타나고 있다. 한편, 인권침해의 근본적인 원인도 시설운영의 폐쇄성으로 인한 지역사회와의 단절에서 찾을 수 있다(서동우 외, 1999:76).

4. 시설의 폐쇄적 운영

위의 사회복지시설 문제의 원인이 대부분 시설의 폐쇄적 운영에서 비롯되었다는 점을 여러 연구자들이 지적하고 있다. 박태영(1995:11-14) 또한 시설의 폐쇄적인 운영을 사회복지시설의 핵심적 문제로 인식하고 이를 해결하기 위한 대안으로 시설과 지역사회 간의 교류를 해결책으로 제시하는 연구를 수행한 바 있다.

그는 시설생활자의 생활방식을 폐쇄적, 획일적, 집단적, 강제적인 것으로 규정하였고 이로 인해 다양한 문제들이 파생되는 것으로 보았다. 그는 위의 문제들 이외에도 다음과 같은 문제들을 지적하고 있다. 첫째, 사회복지시설에 대한 지역사회의 편견과 심리적 장벽이 발생한다. 둘째, 시설생활자의 자립능력이 약화되는데, 이것은 부랑인시설의 생활자 중 30%가 아동복지시설에서 생활했던 사람이라는 자료에서 확인할 수 있다. 셋째, 이러한 결과로 인해 사회복지시설의 건립에 대해 지역사회에서 반대운동을 전개하게 된다는 것이다.

감정기·진재문(2000:46-47)도 시설의 폐쇄적 운영으로 인해 시설과 지역사회와의 관계 단절, 시설생활자의 인권침해, 시설생활자의 퇴소 이후 사회적응 실패, 시설병의 발생 등 다양한 부작용들이 발생하는 것으로 보았다.

제3장

지역사회복지와 사회복지시설

최근 한국 사회복지학계의 지역사회복지에 대한 관심이 높아지고 있는데,[1] 이는 미국의 지역사회조직(community organization), 영국의 지역사회보호(community care), 일본의 지역복지(地域福祉)에서 각각 영향을 받은 것이다.

지역사회복지를 포괄적으로 규정하면, 이상적인 지역사회를 실현하기 위한 모든 사회적 노력이라고 할 수 있다(박태영, 2003b:27-34). 여기에서 말하는 이상적인 지역사회란 지역주민에게 질서유지, 경제적 안녕, 보건위생 서비스, 여가의 건전한 활용, 윤리기준, 교육서비스, 자유로운 의사표현의 통로, 민주적 조직체계, 신앙적 동기 등을 제공하는 사회를 말한다(최일섭 · 류진석, 2003:35-36).

1) 최근 국내에서 지역사회복지에 대한 많은 연구가 진행되었는데, 정규서 · 봉민근(1995), 이윤화 · 권중돈(1999), 김태수(1997), 박태영(2000c), 김영환(2001) 등의 연구에서 지역복지란 용어를 사용하고 있는 것을 제외하면, 대부분 지역사회복지란 용어를 사용하고 있다.

제 1 절 영·미의 지역사회복지와 사회복지시설

미국의 경우 지역사회조직이란 용어를 사용하는데, 지역사회조직은 개별사회사업 및 집단사회사업과 함께 전문 사회사업방법의 하나로 간주된다. McNeil과 Dunham은 각각 지역사회조직을 지리적 범위나 기능적 측면에서 사회복지 자원과 사회복지 요구 간의 발전적이고 효율적인 조정을 행하고 유지하는 과정이라고 정의하였다. Ross는 지역사회가 요구를 스스로 발견하고 이것을 확인하고 충족하기 위하여 각종 자원을 동원하여 지역사회에서 협동적 태도와 실천을 증진시키는 과정을 의미한다고 하였다(김영모, 2002:10-11).

지역사회조직을 지역사회복지의 개념으로 규정한 최일섭·류진석(2003:38)의 연구에서는 지역사회조직을 지역사회를 구성하는 개인, 집단, 이웃의 사회적 복리를 향상시키기 위해 지역사회 수준에서 전개하는 일련의 활동으로 정의하였다. 지역사회조직의 목표는 과업중심의 목표와 과정중심의 목표로 구분된다. 과업중심의 목표는 지역사회가 장기간에 걸쳐서 제 기능을 발휘하도록 일반적인 능력의 향상에 초점을 두는 반면, 과업중심의 목표는 지역사회에 존재하는 문제를 해결하는데 중점을 둔다(최일섭·류진석, 2003:41-42).

영국의 경우 지역사회복지에 해당하는 개념은 지역사회보호이다. 지역사회보호는 사회복지의 문제를 소득보장만으로 해결할 수 없다는 인식과 의료보장의 효율성을 제고하기 위한 목적에서 출발하였는데, Seebohm보고서에 의해 정책화되었다(박태영, 2003b:31). 지역사회보호는 지역에서 생활하는 것을 가장 바람직한 삶의 방식으로 간주하며, 자력으로 지역사회에서 생활하기 어려운 사람들에게 가족이나 친척을 비롯한 지역주민들이 공식적·비공식적으로 제공하는 보호와 지원망을 통해 자립하도록 돕는 방법이다. 따라서 시설보호에 우선하여 가정과 지역사회에 거주하게 하면서 필요한 서비스를 제공하는 방법이다(박태영, 2003b:31-32).

이러한 지역사회보호는 주로 정신보건 분야에서 출발하였는데, 정신장애인이 병원에 격리되어 치료받는 것보다는 지역사회에서 생활하면서 치료받는 것이 더 효과적이라는 것이다. 이러한 논리는 거동이 불편하여 자립생활을 할 수 없는 장애인이나 노인에게도 마찬가지로 적용되고 있다(김영모, 2002:13).

Payne(1995:7)은 지역사회보호의 정책적 의미를 다음과 같이 제시하고 있다. 첫째, 장기요양보호가 필요한 사람들을 대상으로 하며, 탈시설화를 주요한 목표로 삼는다.[2] 둘째, 보호의 혼합경제(the mixed economy of care)를 창출해 내는데 중점을 둔다. 즉 공적(public)·자발적(voluntary)·비영리적(not-for-profit)·비공식적(informal)·사적(private) 보호를 통합적으로 제공하지만, 비공식적 보호가 중심이 된다. 셋째, 시민의 참여와 선택을 증가시키려는 목표를 가지고 있으며, 요구에 대한 평가를 통하여 보호와 서비스를 제공하는 것을 강조한다. 넷째, 보다 많은 사람들에게 서비스를 제공하면서도 사회적 보호비용의 증가를 억제하는데 중요한 목표를 둔다.[3]

이렇게 영국의 지역사회보호가 탈시설화를 주요한 목표로 삼고 있는 것은 사회복지시설에 대한 부정적 인식에 기초한다. 영국에서 시설보호의 역사는 빈민법 시대 이전까지 거슬러 올라가는데, 이 시기의 시설보호는 노동윤리를 강요하기 위해 가혹하고 처벌적인 경향이 강했다(Victor, 1996:260). 이러한 전통에 기인하여 빈민법시대의 시설보호에 대한 부정적 인식이 최근에까지 이어지고 있다. 즉, 시설보호

2) 1990년 영국의 백서(White Paper) 'Caring for People'에서도 불필요한 시설보호를 피한다는 내용이 명확하게 기술되어 있다(Caldock, 1996:96).
3) Ginn & Arber(1996:132)는 재가보호(domiciliary care)를 증가시키고 시설보호(residential care)를 감소시키려는 목적이 바로 예산삭감이라는 점을 지적하고 있다.

는 시설생활자의 육체적 · 정신적 · 사회적 요구를 충족시키지 못하고 사생활을 보장해 주지 못하며, 시설직원이 시설생활자의 삶의 질을 향상시키기 위해 전혀 노력하지 않는다는 것이다(Victor, 1991:262-263). 이와 유사한 시설보호의 문제점들을 지적하고 있는 연구들이 많다(Clough, 1981; Booth, 1985; Sinclair, 1988; Victor, 1996 : 262-263).

영국의 지역사회보호는 이러한 맥락에서 전개되고 있는데, 결국 노인을 비롯한 요보호자들을 가능하면 자신의 가정에서 보호받도록 하자는 것이다. 이러한 지역사회보호의 강화에 대하여 정부가 그 책임과 역할을 지방정부나 민간에게 전가하려 한다는 비판도 있다(Ginn & Arber, 1996:112).

이렇게 볼 때, 지역사회복지는 시설보호와 재가보호의 관계에 대한 논의에서 출발한다고 할 수 있다(김범수, 2002:22-23). 영국의 지역사회보호, 미국의 지역사회조직, 그리고 이와 유사한 관점에서 논의되고 있는 한국의 지역사회복지는 시설보호를 중요한 사회복지의 영역으로 간주하지 않고 재가보호의 장점만을 내세워 시설보호의 대안으로 제시하는 경향이 매우 강하다고 평가할 수 있다.

제 2 절 영 · 미 지역사회복지의 이념과 방법

시설보호의 문제점과 한계를 극복하는 대표적인 방안으로 탈시설화와 정상화가 있다. 탈시설화(deinstitutionalization)는 전통적인 시설보호를 반대하며 요보호대상자들의 지역사회생활을 강조하는 새로운 보호 모형이라고 할 수 있는데, 1970년대에 서구사회에 정착되기 시작했다. 특히 시장경제를 강조하는 미국에서 탈시설화를 강조하여 많은 사회복지시설이 폐쇄되었다(감정기 · 진재문, 1999:4). 미국의 탈시설화 정책은 1950년대에 시작되어 1960년대와 1970년대를 거치면서 미국

사회복지시설 정책의 큰 흐름으로 자리잡게 된다.[4)]

탈시설화는 사회복지시설의 격리수용 방식으로 인해 시설병 등의 부작용이 발생하기 때문에, 지역사회의 요보호자들이 사회복지시설에 입소하는 것보다는 이들이 필요로 하는 서비스를 제공하여 지역사회에서 생활을 유지할 수 있도록 하자는 것이다. 즉, 지역사회가 사회복지시설보다는 요보호자를 더 효과적으로 보호할 수 있다는 것이다(감정기·진재문, 1999:4). 특히 탈시설화는 정신장애인의 발작 등의 증상을 통제할 수 있는 신약이 개발되었는데, 이러한 약물개발로 인해 정신병원들이 법적으로 폐쇄명령을 받으면서 가속화되었다(Krieg, 2001:367-368). 탈시설화에 입각한 지역사회서비스는 시설보호에 비해 시설생활자의 생활수준을 질적으로 향상시킬 수 있는데, 물질적으로 풍부한 생활환경을 제공하고 사생활 보호와 자주적 생활방식을 통해 보다 많은 지역사회생활의 기회를 제공하고 아울러 사회관계와 인간관계에서도 양적·질적으로 풍요롭다는 것이다.

이러한 탈시설화는 초기에 경증장애를 가진 요호보자를 대상으로 하였으나, 점차 아동과 노인 등에까지 적용되었다. 실제로 탈시설화 정책에 의하여 1970년대 후반 이후 스웨덴·영국·미국 등지에서 시설들이 폐쇄되기 시작했다(Ericsson & Mansell, 1996; 周藤泰之 譯, 2000:1-3).

---

4) 미국 탈시설화 정책의 결과는 상당히 크다고 볼 수 있다. 1950년 주정부가 관할하는 정신병원의 총 수용인원이 558,922명이었는데, 1980년 초반에 126,359명으로 77% 감소하였다. 이후에도 감소추세는 지속되어 매년 약 5,000여명이 감소하고 있다(Mandershield, 1985; 김정우, 1995:103). 발달장애분야의 경우에 그 감소정도는 더욱 크다. 1954년 주립과 군립의 정신병원에 수용되고 있던 발달장애인은 48,000명으로서 전체 발달장애인의 27%에 달했다. 그러나 1989년 수용인원은 1,605명으로 97%가량 감소되었다. 탈시설화 정책은 노인분야에도 영향을 미쳤는데, 1960년과 1980년의 정신병원에서 생활하던 노인인구수를 비교하면, 71%가량 감소된 것으로 평가된다(전재일 외, 2000:281-283).

특히, 미국 뉴햄프셔주는 1991년 1월 이후 발달장애인을 위한 사회복지시설을 완전히 폐쇄하였으며, 이 주(州)는 발달장애인 시설을 완전히 폐쇄한 최초의 주로 기록되고 있다(Shumway, 1996; 田中札子 譯, 2000:23).

사회복지시설에 대한 비판적 논의 중에서 탈시설화와 맥락을 같이 하는 정상화(normalization)가 있다. 탈시설화는 시설보호에 대한 방법론적 원리인 반면, 정상화는 하나의 이념적 원리라고 할 수 있다. 다시 말해서 정상화의 원리에 의하여 탈시설화 정책이 수립되었다고 할 수 있다(장영희, 2000:129). 정상화는 본래 북구(北歐)의 이론가들이 정립시킨 것인데, 장애인도 가능하면 동일한 환경에서 동(同)세대 사람들과 같이 정상적인 생활을 할 수 있어야 한다는 것이다. 그런데 대규모의 사회복지시설은 이러한 원리가 적용될 수 없기 때문에 재가보호 중심으로 전환되어야 한다는 점을 강조하는 원리가 바로 정상화이다(Castellani, 1996; 周藤泰之 譯, 2000:37).

정상화 원리는 1960년대 후반에 북미에서 대두되기 시작하여, 그 이후로 사회복지서비스의 계획과 수행의 보편적인 원리로 사용되는 체계적인 이론으로 발전했다(Wolfensberger & Tullman, 2002:138). 또한 정상화는 미국에서 1960년대 후반부터 1970년대에 걸쳐서 대규모시설의 열악한 상황에 대한 비판적 보고들이 있었고 이에 대처하기 위하여 많은 시설개혁이 이루어졌는데, 이러한 개혁의 기본원리가 바로 정상화였다.

정상화[5]는 기존의 사회복지 서비스 체계를 부정하고 개인의 일상적인 생활리듬이 적용되어야 한다는 점을 강조하고 있는데, 국내의 경우 정상화가 시설입소를 억제하고 지역사회에서의 자활과 자립생활을 강조하는 측면에서 제안되고 있다(박태영 외, 2000:195, 211-212).

5) 정상화는 사회복지시설 뿐만 아니라 사회복지 분야의 주요한 원리로 받아들여지고 있다. 이 원리는 덴마크의 Bank-Mikkelsen(1976)이 제창하여 확산되었는데, 국제연합의 「지적장애인의 권리선언」과 「장애인의 권리에 관한 선언」에 반영되었으며 1982년 국제장애인의 해로까지 확대되었다(土橋敏孝, 2000:48). 특히, 정상화는 국제장애인의 해를 계기로 하여 선진 복지국가에서 보편적인 원리로 받아들여지게 되었다(勅使河原伯秀, 1987:306).

제 3 절 탈시설화와 정상화에 대한 논의

그러나 지금까지 살펴본 탈시설화나 정상화에 근거하여 사회복지시설을 폐쇄하고 지역사회에 기반을 둔 서비스로 이행한 결과가 그리 긍정적인 것만은 아니다.6)

먼저, 직접적인 심리적 효과이다. 즉, 장애아를 자녀로 둔 부모들은 시설보호에서 지역사회보호로 이행하는 과정에서 발생하는 문제와 그 결과에 대해서 많은 문제를 제기하고 있다. 이는 장애인 본인과 그 가족이 지역사회보호로 이행하는 과정에서 혹은 그 이후에 경험할 수 있는 외상(外傷), 지역사회에서의 부적응, 지역서비스의 여건 불비(不備) 등에 대한 걱정과 불만 등이다.

그리고 탈시설화에 의한 노인의 이행기 외상(移行期 外傷)은 노인홈이나 정신병원 등에서 퇴원하여 지역사회로 돌아온 노인의 사망률을 증가시키고 건강에 악영향을 미치며, 부정적 행동과 감정을 증가시킨다는 등의 연구보고가 이어지고 있다. 그리고 이로 인해 가족의 스트레스도 크게 증가하는 것으로 보고되고 있다(Saloviite, 1996; 橋本由紀子 譯, 2000:165-166).

---

6) 물론, 전통적인 시설보호에 비해서 탈시설화로 인한 지역사회보호가 환경의 질, 개인의 자립, 생활의 질에 있어서 더 효과적이라는 연구들도 다수 발표되었다(Saloviite, 1996; 橋本由紀子 譯, 2000:165). 또한 커네티컷주를 대상으로 탈시설화의 영향을 여러 시기에 걸쳐서 실증분석한 연구에서도 지역사회에서의 보호가 더 우월하다는 결과를 제시하고 있다(Conroy, 1996; 橋本由紀子 譯, 2000:192-195).
그러나 지역사회보호가 시설보호에 비해서 더 효과적이라는 연구결과가 다수 보고되는 가운데 이것이 반드시 탈시설화의 효과가 아니라는 주장 또한 제기되었다. 즉, 시설보호와 지역사회보호의 효과에 차이가 없다는 것이다. 즉 지역사회에서의 생활의 질적 효과는 더 장기적인 측면에서 측정되어야 하고 또한 지역생활을 유지하는 주거의 형태와 질, 그리고 지역에서의 수용정도라는 요인의 영향이 클 수 있다는 것이다(Emerson & Hatton, 1996; 橋本由紀子 譯, 2000:208).

탈시설화 정책으로 인해 시설보호에서 배제된 사람들이 대량으로 부랑인으로 전락하고 있다는 문제점도 지적되고 있다. 주립병원(state hospitals)과 보호시설(asylums)에서 보호를 받아야 할 사람들이 기차역이나 버스역 또는 일시보호소 등에 넘쳐나고 있으며, 이들은 심각한 정신질환 증상을 드러내고 있다. 이렇게 부랑인의 문제가 심각해진 것은 실업과 정부의 장애급여 삭감 등에서 그 원인을 찾을 수도 있지만, 가장 직접적인 원인은 탈시설화에 의한 시설폐쇄정책이라고 할 수 있다(Nossman, 1997: 72). 미국 부랑인의 20~50% 가량이 탈시설화 정책으로 인해 발생한 것으로 추정되고 있다(전재일 외, 2000:292). 예를 들어, 1978년 뉴욕시의 부랑인은 총 4만명으로 추정되는데, 이 중에서 3만 7천명이 탈시설화 정책에 의해서 발생되었다는 사실에서 그 문제의 심각성을 알 수 있다.

탈시설화 정책으로 인해 시설보호에서 제외된 사람들, 특히 정신장애인들의 범죄율이 증가되었다는 연구결과들이 제시되고 있다. 무주택 정신장애인의 경우 매우 높은 감금률(incarceration rates)을 보이는데, 재소자 중 남성의 36%와 여성의 42%가 체포 당시 거리·해변·보호소 등을 전전하며 부랑인 생활을 하던 정신장애인으로 조사되었다. 부랑인의 체포율(arrest rates) 역시 매우 높고 부랑인생활의 기간이 길수록 체포율 또한 높다고 한다. 이러한 실태는 사회복지시설과 병원 등에서 시설보호를 받기 어려운 현실 속에서 지역사회보호가 충분하지 않거나 거의 제공되지 않기 때문이다(Aderibigbe, 1997:130-131).

더 나아가 시설폐쇄정책과 지역사회보호로의 이행, 그리고 이와 맞물린 정부의 재정삭감 등에 따른 서비스 질의 저하 등에 위기와 불만을 느낀 시설생활자의 가족, 특히 학습장애아동 부모의 모임에서 문제를 제기하고 있다. 또한 이러한 인식이 정부의 지역사회보호 정책에 대한 반대운동으로까지 발전하고 있는 실정이다(Brown et al., 1996; 周藤泰之 譯, 2000:256).

결국, 시설폐쇄와 그 효과를 주장하는 연구가 진행되고 시설생활자들이 독립적 생활을 더 선호한다는 주장이 있지만, 지역사회보호가 그러한 사람들을 효과적으로 보호한다는 명확한 근거는 없다. 그리고 시설을 떠나서 지역의 가족들과 생활을 할 때 발생하는 문제와 그 가족의 삶의 질에 대한 부정적 영향들이 지속적으로 보고되고 있는 실정이다(Payne, 1995:13-16).

한편, 탈시설화나 정상화 논의에 기초하여 시설보호에서 재가보호 중심으로 변화되어야 한다는 주장은 기본적으로 가족의 부양역할을 전제로 하고 있다. 그러나 변화하는 가족의 구조와 특성은 지금까지 가족이 담당해 왔던 부양역할을 축소시키고 있다. 결국 이러한 상황을 고려하지 못한 채 탈시설화와 정상화 방안을 논하는 것은 현실과 괴리감이 있다고 할 수 있다.

이와 관련된 대표적인 예가 노인학대의 증가이다(김한곤, 1998: 185-186). 노인학대 문제가 증가하는 이유는 주로 사회구조적인 원인, 즉 가족과 가구구조의 변화, 사회의 가치관과 부양의식의 변화에서 비롯된다(이연호, 2003:105). 특히, 노인학대의 주요 가해자는 노인을 부양하는 자녀들인 것으로 보고되고 있다(한동희 · 김정옥, 1994; 이성희 · 한은주, 1998:126-127; 한은주 · 김태현, 2000:71; 김한곤, 2003: 75).[7] 이렇게 노인학대가 주로 노인의 성인자녀에 의해 이루어지고 있는데, 이것은 이혼과 재혼가정의 증가로 인해 자녀들이 노부모를 부양하기가 매우 어려워졌기 때문이다(Means and Smith, 1994: 227-228).[8] 그리고 가장 중요한 원인은 전통사회에서는 부모부양을

7) 국내의 한 조사연구에서는 노인학대 중 신체적 학대 23.2%, 정신적 학대 73.2%, 언어적 학대 61.2%, 경제적 학대 70.1%, 방임 68.8%라는 결과를 보고하고 있다(원석조, 2003:305). 그러나 각종 조사에서 보고되는 노인학대의 실태보다 실상은 훨씬 심각할 것으로 추정되고 있다. 이것은 한국사회에서 가족의 문제를 외부에 알리려고 하지 않고, 특히 노인의 경우 자신의 자녀와 관련된 문제를 감추려는 경향이 강하기 때문이다(김대원 외, 2004:91-92).

8) 국내의 경우에도 최근 이혼율과 재혼율이 지속적으로 증가하고 있다(박세경, 2004:49). 한국의 이혼율은 1991년에 11.8%였는데, 불과 11년 이후인 2002년에는 47.4%로 4배 이상 급증하였다(윤홍식, 2003:52). 또한 재혼율도 증가하여 부부 중 한쪽 이상이 재혼인 가정의 비율은 1990년 10.7%, 2000년 18.0%, 2002년 21.0%로 지속적인 증가추세를 보이고 있다(김승권, 2003:8). 그리고

자녀를 비롯한 가족이 전적으로 책임져야 한다는 인식이 강했지만, 이제 노부모를 부양해야 할 책임을 국가와 사회로 돌리고 있기 때문이다. 특히 이러한 인식은 부양을 받을 노인과 노인을 부양해야 할 성인자녀 간에 큰 차이를 보이고 있다(이가옥, 1999b:330).

아울러 탈시설화의 시설에 대한 비판적 주장에 대해서 반론도 제기되고 있다. 즉 시설보호는 시설생활자의 의존성을 강화시키기 때문에 이 문제를 해결하기 위한 조치로 사회복귀를 주장하는 견해는 결국 이들을 방치하거나 유기하게 되는 결과를 가져오게 된다는 것이다. Victor(1996:266-267)는 사회복지시설 입소자들을 대상으로 6개월 간의 입소경위를 조사하였는데, 입소자들의 80% 이상이 자신의 가정이나 지역사회에서 생활하였다는 점을 밝혀냈다. 이러한 사실은 현실적으로 지역사회보호의 주축이 되는 재가보호가 불가능한 사람들이 시설보호에 의존하게 된다는 것을 간접적으로 시사해 주고 있다.

그리고 최근 탈시설화에 대한 재정의가 이루어지고 있다. 탈시설화가 시설보호를 억제하는 의미를 가지는 한편, 시설보호의 변화를 제시하는 개념이기도 하다는 것이다. 다시 말해서 시설보호의 환경을 가능하면 공개적이고 자유스럽게 변화시키며, 시설서비스 또한 획일적이 아니라 융통성 있게 제공하여야 하고 시설보호가 필요한 사람에게 필요한 서비스를 제공하는 장소가 되어야 한다. 그리고 시설생활자들이 시설보호에 익숙해지더라도 이것은 독립적인 생활이 어려운 사람에게는 당연한 일이다(이기주, 1994:18-19).

이상으로 탈시설화의 배경, 전개과정, 반비판에 대해 간략하게 살펴보았는데, 결국 사회복지시설에 대한 비판적인 견해로서 탈시설화도 문제를 안고 있다고 할 수 있다. 또한 국내에서 탈시설화를 근거로 하

결혼 이후 주요 부양부담자가 되는 여성의 결혼연령 또한 높아지고 있다(이연주, 2003:25-26). 결국 이혼과 재혼가정이 증가하면서 가족의 부양기능은 현저히 낮아지게 된다(김승권 외, 2001: 김승권, 2003:10). 특히, 이러한 추세는 사회구성원의 부양의식의 약화에 비추어 볼 때, 더욱 가속화될 것으로 예측되고 있다(조애저, 2004:34-39).

여 사회복지시설을 경시하는 논의들도 서구의 이러한 일부 주장만을 따르는 분명한 한계가 있다고 평가할 수 있다.

정상화의 논리도 마찬가지이며, 이러한 시각은 정상화 원리를 정확하게 이해하지 못하고 있는 오류에서 비롯되었다고 할 수 있다. 정상화는 사회복지시설을 비판적인 차원에서만 규정하는 원리가 아니라, 시설생활자의 삶의 질 향상을 포함하는 개념인 것이다. 기존의 시설이 지역사회와 격리된 측면이 분명히 있었지만, 이제 시설보호를 지역사회와 통합시켜 시설생활자의 삶의 질을 높이는 것이 정상화라고 할 수 있다(박태영, 1995:31).

제 4 절　일본의 지역사회복지와 사회복지시설

일본의 지역복지[9]는 영국 지역사회보호의 영향을 받았다고 할 수 있다. 일본의 지역사회복지를 최초로 이론화하고 체계화한 사람은 岡村重夫인데, 영국의 지역사회보호에 기초하였다(岡村重夫, 1974; 永田幹夫, 1995:5; 稻葉一洋, 2002:84). 岡村重夫 이후에 대표적인 지역사회복지 연구자라고 할 수 있는 林 智樹(2000:33-36)는 지역사회복지의 이론과 방법의 원류로서 자선조직협회운동, 인보운동, 미국의 지역사회조직을 제시하고 있다.

이러한 일본의 지역사회복지에 대한 접근방법은 크게 구조적 접근, 기능적 접근, 재가복지 중심의 접근, 주민자치 중심의 접근으로 구분할 수 있다. 물론 이러한 구분방법은 현재 일본의 지역사회복지에 대한 접근방법을 단편적으로 보여주는 것이 아니라 역사적인 측면에서 일본 지역사회복지의 개념이 변화되었다는 의미가 담겨져 있다. 즉,

---

9) 일본에서는 지역사회복지라는 용어를 사용하지 않고, 지역복지(地域福祉)라는 용어를 사용하고 있다. 본고에서는 일본의 논의를 검토하고 있지만, 지역사회복지라는 용어를 사용하고자 한다.

1980년대까지 일본의 지역사회복지는 구조와 기능의 관점에서 분류되는 경향이 강했다. 그러나 1990년대 이후에는 1980년대의 복지개혁, 지방분권화, 복지공급체계의 다원화, 두 차례에 걸친 사회복지사업법의 개정 등의 변화에 따라 재가복지 중심의 접근과 주민자치 중심의 지역사회복지가 형성된 것이다(阿部之朗 外 編, 1984; 三塚武男, 1992; 三浦文夫, 1993; 牧里毎治, 1995; 大橋謙策, 1995; 右田紀久惠, 1997; 牧里毎治, 2000:4-6).

구조적 접근은 거시적 차원에서 지역사회복지 정책의 형성과정과 이와 관련된 모순과 대립현상을 명확하게 밝혀내는데 중점을 두고 있다. 기능적 접근은 미시적인 차원에서 지역사회복지 서비스의 체계화 등 전체적인 지역사회복지의 체계화를 단지 기능적인 측면에서 분석하며 다른 인간생활과 관련된 공공정책과 서비스와의 관련 속에서 지역사회복지를 분석하는 접근법이다. 이렇게 구조와 기능의 차원에서 지역사회복지를 구분하는 것이 1980년대까지의 일본 지역사회복지의 접근법이라고 할 수 있다.

그러나 이러한 이중적 구분법에 의한 접근은 정치, 복지정책, 복지공급체계, 관련법 등이 변화되면서 한계에 부딪히게 된다. 1970년대까지의 시설복지 편중에 대한 대응으로 나온 것이 재가복지 중심의 접근법이라고 할 수 있는데, 이 접근방법은 보건서비스와 사회복지서비스의 융합, 시설서비스와 재가서비스의 적절한 배치에 초점을 두고 있으며 요구론과 복지경영론에 기초한 시대적 요청의 산물이라고 할 수 있다.

한편 이 접근방법 또한 지방분권과 주민참여가 새롭게 모색되는 시대상황 속에서 여전히 한계를 가질 수밖에 없었다. 따라서 주민참여의 관점에서 지역사회복지를 체계화하고 이를 위한 전제로서 사회복지학습과 사회복지교육을 제시하는 주민자치 중심의 접근법이 대두하게 된 것이다.

이렇게 일본 지역사회복지의 접근방법이 역사적으로 다양한 관점에서 구분되지만, 右田紀久惠(1973, 1993), 永田幹夫(1995) 등의 지역사회복지 논의를 검토한 土橋敏孝(2000:52-54)는 그 공통점을 토대로 하여 지역사회복지를 다음과 같이 정의하고 있다.

즉 지역사회복지는 사회보장의 충실과 생활환경 정비를 배경으로 하여 지역주민이 주체로서 사회복지 문제를 지역 내에서 해결하기 위한 활동이다. 그리고 지역사회복지는 사회복지교육을 포함한 주체형성과 사회복지를 주민의 생활문제로 파악하고 조직하기 위한 지역의 조직화 활동, 복지를 포함한 보건의료 서비스의 연계, 서비스의 정비와 사회환경의 정비, 예방적 복지활동 등의 조직을 통해서 지역사회복지를 구축해 가는 사회복지활동의 총체를 의미한다는 것이다.

따라서 일본의 지역사회복지는 영국의 지역사회보호와 미국의 지역사회조직의 내용을 포함하면서 사회문제의 예방과 사회복지교육 등을 포괄하는 폭넓은 개념이라고 할 수 있다. 영국이나 미국의 경우 시설운영의 제반 문제점들을 근거로 하여 시설보호가 아닌 재가보호를 대안으로 제시하였다. 특히, 영국과 미국은 이러한 논의들이 매우 강한 경향이 있고 현실적으로도 정책에 그대로 반영되어 시설이 대량으로 폐쇄되었다.

반면 일본에서는 영국이나 미국과는 달리 보다 포괄적인 관점에서 사회복지시설을 지역사회복지의 주요한 하나의 축으로, 그리고 지역사회복지 발전의 추진력과 지역사회복지의 전제조건으로서 규정하고 있다. 이러한 차이는 일본의 경우 사회복지시설을 역사적인 관점에서 지속적인 발전의 대상으로 규정하고 있고, 지역사회의 복지수요가 급증하는 상황에서 시설의 중요성을 재인식하여 시설을 지역사회복지 발전의 원동력으로 간주한 데서 비롯된 것이다. 특히, 현실적으로 영미와 달리 시설을 폐쇄하는 등의 조치가 없었고 오히려 시설이 재가보호의 주체가 되고 있다는 점에서 큰 차이가 있다.

岡村重夫(1974)는 이러한 관점에서 사회복지시설에 대한 비판적 시각을 문제로 지적하였다. 그는 지역사회복지의 주요한 구성요소의 하나인 지역사회보호가 사회복지시설에 대립하는 재가복지 서비스만을 의미하는 것이 아니라, 사회복지시설을 포함하는 것이라고 주장하였다. 그리고 이러한 대립적인 견해는 지역사회를 사회복지시설의 외부에 있는 것으로 이해하여 시설을 지역사회복지의 자원으로 간주하지 않는데서 비롯된 오해라고 하였다.

일본에서 사회복지시설은 이러한 맥락에서 규정되고 있다. 즉, 지역사회복지를 구성하는 내용으로서 지역주민의 요구를 파악하고 민감하게 대응하여 이를 적절하게 충족시키고 서비스를 개선하기 위한 지역사회복지계획, 주민주체·주민참가·주민운동 등의 지역조직화, 제도와 서비스의 체계화, 서비스의 배치와 기준의 체계화, 지역사회복지를 목표로 하는 방법론과 기술론의 조직화를 거론하고 있다. 지역사회복지의 내용 중 제도와 서비스의 체계화에서 사회복지시설이 재가보호와 함께 지역사회보호의 영역으로 제시되고 있다(右田紀久惠, 1984: 105-106).

또한 사회복지시설에 문제점이 있기 때문에 재가복지 서비스로 전환해야 한다는 것은 예산삭감을 위해서 재가복지의 우위성을 주장하는 논리일 뿐이라는 비판도 제기되고 있다. 따라서 시설보호와 재가보호를 처우의 장소·방법·형태의 차이에서 대립적으로 보는 것은 오류라는 것이다(井岡 勉, 1984b:366-369). 이러한 주장은 영국의 시설개혁의 결과를 검토한 연구에서도 동일하게 제시되고 있다. 즉 영국의 개혁은 지역사회보호의 우위성을 제시하는 것이 아니고 지역사회보호와 사회복지시설이 대립적인 것이 아니라는 것이다. 결국 이 양자는 일체적이며, 따라서 지역사회복지 시대에는 재가복지만을 강조하는 것이 아니라 시설복지와 재가복지의 균형을 맞추는 데에 초점을 두어야 한다는 것이다(山懸文治, 1993:155-157). 결국, 지역사회를 복지공동체로 구축하기 위해서는 시설서비스와 재가서비스를 동일하게 필요한 사회복지서비스로 보는 것이 바람직하다(橋本正明, 2000:86).

일본의 경우 시설보호가 지역사회복지의 범주 내에서 그 전제나 하나의 구성요소가 되고 있으며, 지역사회복지라는 큰 흐름 속에서 사회복지시설이 지역사회복지의 거점으로 규정되고 있다. 이러한 관점에서 사회복지시설을 지역사회복지 발전의 추진력으로 제시하는 것이 바로 일본의 시설사회화이다(井岡 勉, 1984c).

일본에서 시설사회화가 대두된 것은 사회복지시설이 전문인력, 전문기술과 설비 등을 보유하고 있기 때문에 지역사회복지 자원으로서 최대한 활용될 수 있으며, 또한 재가복지 서비스의 확충이 부족한 상황에서 시설의 필요성이 높아졌기 때문이다(定藤丈弘, 1995:40-44). 이러한 시설사회화는 재정상의 이유에서 뿐만 아니라 제도화를 통해서 사회복지시설이 재가복지 서비스를 제공하는 거점으로서의 위상을 갖게 하고 재가복지 서비스를 사회복지시설 기능의 일부에 포함시키게 하였으며, 더 나아가 사회복지시설이 각종 사회복지 서비스를 조정하는 기능까지 담당하게 하는 차원에서 논의되고 있다.

결국 일본의 지역사회복지에서는 사회복지시설을 소홀히 다루는 것이 아니라 필수적인 요소로 간주하는 한편, 변화된 환경 속에서 시설 기능과 역할의 변화를 모색해 가고 있다. 이것은 지역사회복지라는 폭넓은 관점에서 시설운영이 이루어져야 한다는 의미이며, 이에 대한 방향을 제시하는 근거가 바로 시설사회화이다(井岡 勉, 1987:18-19).

제4장

사회복지시설 사회화의 이론적 배경

제 1 절　사회복지시설 사회화의 필요성

앞에서 살펴본 사회복지시설의 문제점, 즉 낮은 수준의 시설서비스, 시설재정의 불법적 운용, 인권침해 등의 근본적인 원인은 시설의 폐쇄적 운영에서 비롯되었다고 할 수 있다(김종해, 2000:31-32). 지금까지 국내에서 제시된 해결책은 주로 사회복지시설을 재검토하여 사회복지시설의 발전방향을 제시하는 것보다는 시설문제를 근거로 재가보호 등의 다른 대안이 강조되고 있는 경향이 강하다. 사회복지시설은 사회복지 및 지역사회복지의 영역에서 소홀히 다루어지고 있으며, 논의 자체에서 배제되고 있다.

그러나 시설사회화는 이와는 다른 시각에서 전개되는 논의이다. 즉 사회복지시설과 관련된 제반 문제점들을 해결하기 위해 사회복지시설을 적극적으로 지역사회와 교류시키는 접근이라고 할 수 있다. 따라서 사회복지시설과 관련된 다양한 문제점들을 해결하는 방안으로 유용하다고 볼 수 있다. 瀧口桂子(1999:257-263) 또한 폐쇄적 운영에서 비롯되는 사회복지시설의 문제점들을 해결하는 관점에서 시설사회화를 제시하고 있다.

그리고 사회복지시설의 근본적인 기능과 역할이라는 차원에서도 시설사회화를 긍정적으로 평가할 수 있다. 사회복지시설은 가정과 지역사회에서 생활하기 어려운 요보호자에 대해 기본적인 생활서비스와 전문적인 사회복지 서비스를 제공하며, 지역사회의 복지를 향상시키기 위한 주요한 복지자원이다. 시설사회화는 시설생활자의 처우수준의 향상, 시설기능의 지역사회에 대한 제공, 시설운영의 민주화, 사회복지에 대한 홍보와 교육, 행정과의 적극적 교류 등의 실천범주에서 사회복지시설의 본연의 역할을 모두 내화하고 있다(深谷美枝 外, 2001).

한편, 사회복지시설의 문제점을 고착된 것으로 보고 다른 해결방식을 찾는 데에만 노력하는 것은 사회복지시설에 대한 잘못된 인식에서 비롯된 것이라고 할 수 있다. 사회복지시설은 고정된 사회복지의 특정 분야가 아니라 사회 및 사회복지의 변화에 따라서 변화하고 발전하는 역사적인 대상이다(小笠原祐次, 1999:3).

사회복지시설의 발전단계는 사회방위적 단계, 사회보장적 단계, 사회복지적 단계로 설정할 수 있다(박태영, 1995:26-29). 사회방위적 단계는 시설보호의 수준을 최소한으로 억제하고 단순히 요보호자를 시설에 격리수용하는 단계이다. 사회복지적 단계는 시설보호가 일정 정도의 수준에 이르지만, 지역사회와의 관계가 거의 이루어지지 않고 시설생활자가 시설운영에 참여하지 못하는 수준에 머무르는 단계이다. 사회복지적 단계는 시설보호의 수준이 시설생활자의 인격적 삶을 보장하는 수준에 이르고 지역사회와의 적극적 교류가 이루어지는 시기이다. 또한 지역사회의 복지센터적인 역할을 담당하게 되어 지역사회의 생활환경을 위한 기반이 되는 단계라고 할 수 있다.

시설사회화는 사회복지시설이 사회복지적 단계로 발전하기 위한 방향과 실천내용들을 풍부하게 제시하고 있다. 지역사회와의 적극적 교류를 중심으로 하여 시설생활자가 자신의 생활을 스스로 결정할 수 있도록 하고 지역사회의 복지센터적인 역할을 강조하는 실천사항들을 내포하고 있기 때문이다(深谷美枝 外, 2001). 국내의 사회복지시설 또한 이미 사회보장적 단계에 진입했고, 이제 사회복지적 단계로 발전하기 위한 노력이 필요한 시점이라고 할 수 있다.

제 2 절 사회복지시설 사회화의 배경

일본에서 시설사회화는 지역사회복지 실천의 대표적 이념이 되고 있는데(定藤丈弘, 1995:40), 그 개념에 앞서 시설사회화가 등장하게 된 배경에 대해서 살펴보기로 한다.[1)]

古川孝順 등(1988:49-55)은 시설사회화의 배경으로서 시설과 지역사회의 단절을 제시하고 있고, 시설사회화에 대한 논의가 대두된 계기를 시설의 양적 확대, 지역사회보호의 지향, 처우이념의 근대화, 시설과 지역사회 간의 분쟁의 현재화로 규정하고 있다.[2)]

1960년대까지 일본의 사회복지시설은 지역사회와 거의 교류가 없는 별개의 존재와도 같았다. 시설은 해당 지역사회 내에 위치하고 있지만, 기본적으로 시설생활자의 생활은 주로 시설 내에서만 이루어지는 형태를 취하고 있었다. 지역사회는 시설이 지역사회에 피해를 주지 않기만을 기대했고 시설 또한 지역사회와의 교류를 피하려는 태도를 유지했다. 시설직원도 마찬가지로 지역사회 구성원들과 교류가 없었다.

1) 국내의 경우 시설사회화에 대한 논의가 극히 미진한 상황이며, 특히 지역사회복지의 범주에서 시설사회화에 대해서 논의하는 연구 또한 없는 실정이다. 최영욱(1996)이 예외적으로 지역사회복지의 실천이념으로서 시설사회화를 논의하고 있다.

2) 한편, 이에 앞서 산업구조의 변화로 인한 취업구조의 변화, 가족형태의 변화, 생활문화와 생활의식의 변화, 소비욕구의 창출, 각종 생활난의 발생과 맞벌이부부의 증가, 지역구조의 변화(지역기능의 저하) 등과 이러한 변화로 인한 사회복지수요의 급증이라는 거시적인 측면이 배경으로 작용한다는 점을 전제로 해야 할 것이다(小笠原祐次, 1977a:46-49). 또한 인구고령화의 진행과 이에 따른 사회복지서비스의 증대가 그 거시적인 배경의 하나로서 제시되고 있다(小笠原祐次, 1977b; 小笠原祐次, 1978; 小笠原祐次, 1980:19).

그리고 사회복지시설이 구호억제의 수단으로 이용되어 열등처우의 원칙이 당연하게 적용되었다. 이러한 상황에서 시설과 지역사회 간의 교류는 없었고 지역사회는 시설에 대해서 무관심하고 배타적이었으며 시설의 처우 또한 극히 낮은 수준에 머물렀다.

그러나 이러한 상황을 거부하고 1970년대 이후 사회복지시설 변화의 이론적·정책적 토대가 된 시설사회화에 관한 논의가 시작되고 이를 촉진한 계기가 발생하게 된다.

첫째, 시설의 양적 확대이다. 사회구조가 전체적으로 변화되면서 개인·가족·지역사회가 담당하던 아동·노인·장애인·모자 등 요보호자에 대한 부양과 지원이 사회문제로 제기되었다. 그 결과로 사회복지시설이 대량으로 증가되었는데, 1970년을 기준으로 1980년에 시설수가 175% 증가하였다. 이 중에서 특히 노인복지시설은 281%, 장애인복지시설은 248% 가량 급증하였다. 이러한 변화로 인해 시설의 설립을 둘러싸고 지역사회의 반대가 있기도 했지만, 시설과 지역사회의 접촉기회를 확대시키고 지역사회의 관심을 고양시켰다.

둘째, 처우이념의 근대화이다. 종전에 사회복지시설의 서비스를 받기 위해서는 생활 전체를 시설에 맡겨야 했고 시설서비스가 열악하고 억제적인 시대에는 시설사회화를 논의할 여지가 없었다. 그러나 시설서비스가 입소자의 권리로 인식되는 상황에서는 서비스의 수준이 문제시되고 시설의 폐쇄성이 수정되어야 하며, 입소자와 지역사회의 교류 및 이를 위한 지역사회의 자원동원이 불가피하게 된 것이다.

셋째, 시설과 지역사회 간의 분쟁이 시작된 것이다. 일본에서도 1970년대, 특히 후반에 이르러 시설건립 반대운동이 해당 지역사회에서 자주 발생하고 분쟁사태로까지 발전하게 된다. 이렇게 시설과 지역사회간의 분쟁이 사회문제화 하게 되자 시설의 변화를 제시하는 시설사회화에 관한 이론적·실천적 관심이 증가하고 이와 관련된 실태조사와 연구결과가 다수 발표된다.

넷째, 지역사회복지의 확대이다. 고도성장기의 사회변동으로 인해 지역공동체의 해체를 비롯한 다양한 사회문제가 발생하게 되고 이에 대한 대응책이 요구되었다(福島一雄, 1979:10; 中央社會福祉審議會, 1986; 古川孝順 外, 1988:53; 永岡正己, 2003:51). 즉, 고도의 경제성장에서 초래된 문제들이 지역생활의 조건을 악화시켰고, 이에 따라서 생활과 사회복지를 우선적으로 요구하는 주민운동이 확대되었다. 지역생활조건이 악화되는 가운데 아동·장애인·노인 등 보호대상이 확대된 것이다. 그리고 전반적으로 시설처우가 열악하였기 때문에 인권의 관점에서 시설수용 방식에 대한 비판이 제기되고 재가보호가 제안되었다. 그러나 영국과는 달리 일본은 재가보호 뿐만 아니라 사회복지시설을 확충하고 시설의 역할을 발전시키는 차원에서 시설의 변화를 모색하게 된다(武田祐子, 2000:116-117).

결국 이러한 변화의 연장선상에서 시설기능의 고도화와 시설사회화가 과제로 제기되었고, 시설사회화가 지역사회복지정책의 일환으로 등장하게 된 것이다(井岡 勉, 1984c:194-195).

이와 같은 다양한 배경과 계기에 의하여 시설사회화가 형성되고 발전되었다. 한편, 시설사회화의 개념을 논하기에 앞서 반드시 지적하고 넘어가야 할 점이 있다. 분명 사회복지시설은 사회적인 문제를 해결하기 위한 장소이기 때문에 자체적으로 사회적이라는 의미를 내포하고 있는 것으로 인식해야 한다. 그리고 '시설사회화'의 '사회'라는 개념 또한 지역주민의 일상생활의 장으로서의 지역사회를 의미한다. 결국 사회복지와 마찬가지로 사회복지시설 또한 지역사회와 밀접한 연계를 맺으며, 사회화되지 않는 시설은 애초부터 존재할 수 없는 것이다. 결국, 굳이 '사회화'라는 용어를 갖다 붙이는 것은 그간의 사회복지시설의 운영에 상당한 문제점이 있었다는 점을 인정하며, 지역사회복지라는 환경 속에서 시설이 변화해야 한다는 의미로 받아들여야 할 것이다(岡村重夫, 1979:20). 그리고 변화된 사회환경 속에서 사회복지시설 또한 변화해야 한다는 의미로도 해석해야 할 것이다.

일본에서 시설사회화의 실천은 2차 세계대전 이전부터 이루어졌던 것으로 볼 수 있다. 이 시기에는 노인복지시설의 재정이 매우 열악하였기 때문에 지역사회와의 관계를 중시할 수밖에 없었기 때문이다. 그러나 이 시기의 실천은 1970년대 이후에 논의된 시설사회화의 배경이나 개념과 차이가 있다는 점에서 시설사회화의 전단계로 규정할 수 있다(秋山智久, 1978; 小笠原祐次, 1980:18). 그리고 2차대전 이후 노인복지시설은 「생활보호법」에 의한 보호시설로 규정되어 운영이 안정적이었고 공립시설도 증설되어 지역사회와의 관련의 계기는 약했다고 할 수 있다.

일본에서 최초로 시설사회화 논의가 전개된 것은 1950년대로까지 거슬러 올라간다. 1957년 일본의 전국양로사업관계자회의 협의제목 중 하나로 「양로시설과 지역사회의 연계」가 준비되고, 「관계자와의 좌담회」, 「시설요람의 간행배포」, 「후원회의 설치」 등의 필요성이 제기되었다(全國養老事業協會, 1958; 小笠原祐次, 1980:18). 1964년에는 일본 전국노인복지사업관계자회의 제1연구부회에서 「노인홈과 지역과의 관계」라고 하는 주제로 협의가 진행되었는데, 그 중심과제가 「지역사회와의 관계」, 「시설은 지역사회로부터 무엇을 기대하는가」였다(磯村光男, 1965; 小笠原祐次, 1980:18). 실천적 과제로서 제시된 것은 주로 지역사회로부터 시설과 입소노인이 어떻게 이해되고 원조를 받을 것인가였고, 이 시기부터 지역의 노인집단과의 교류 및 이에 대한 가입과 조직화 등으로 그 활동이 확대되기 시작했다.[3)]

1968년 일본 전국노인복지회의에서 「지역에서의 노인복지」와 「시설의 지역개방」이 논의되었다(森幹郎, 1978:144; 小笠原祐次, 1980:18). 이어 1969년에는 당시 노인홈의 생활지도원이었던 村田이 노인복지시설과 지역사회 관계의 중요성을 강조하며, 시설-지역사회 간의 관계강화와 노인복지시설을 지역의 복지자원으로 인정할 것을 주장하였다(小笠原祐次, 1980:18).

1974년 일본 전국노인복지사업회의에서 노인복지시설의 복지자원으

3) 이와 관련하여 阿部輝雄(1967)과 小笠原祐次(1980)를 참조하기 바람.

로서의 역할뿐만 아니라, 지역조직 활동의 역할까지 언급되었다(村田正子, 1975). 그리고 이후에는 시설이 보유한 모든 기능의 사회자원으로서의 성격이 중시되고 이를 지역사회에 제공하려는 노력이 시도되었으며, 이에 대한 보고와 이론화 작업이 이어졌다(錦織義宣, 1973:43; 全國社會福祉協議會・老人福祉施設協議會, 1979; 小笠原祐次, 1980:19).

이 시기까지의 시설사회화 실천은 지역사회자원으로서의 노인복지시설, 재가보호를 위한 시설개방에 치우치는 경향을 보였다고 할 수 있다. 그리고 이후 지역개방을 중심으로 하여 행정주도의 시설사회화 대한 실천활동이 활성화되기 시작하고, 정부차원에서 시설사회화 촉진을 위한 지원사업이 증가하게 되었다(全國社會福祉協議會・老人福祉施設協議會, 1978a; 小笠原祐次, 1980:19).

이렇게 시설사회화의 실천은 1970년대에 토대가 만들어진 이후 1980년대에 들어서 본격적으로 전개된다.4) 이후 최근까지도 일본에서는 시설사회화의 실천이 다양한 사회환경과 정책의 변화와 맞물려서 진행되고 있다.

제 3 절 사회복지시설 사회화의 개념과 내용

1. 사회복지시설 사회화의 개념과 범주

앞에서 언급하였듯이 일본 시설사회화 실천의 전사(前史)를 1950년대로 볼 수 있지만, 사회변동과 지역사회의 복지요구의 변화에 따른

4) 1980년대 중반까지의 시설사회화 실천의 사례에 대해서는 安田 穰(1987), 近藤孝一(1987a), 奥野靜子(1987), 上村海南(1987), 近藤孝一(1987b), 坂岡隆司(1987), 山川靖子(1987), 前田五郎(1987), 芹澤榮之(1987), 土屋浩伸(1987), 吉村藤美(1987), 赤井和子 外(1987) 등의 조사자료를 참고할 것.

조직적 노력이 시작된 것은 1970년대라고 할 수 있다(堂面秋芳, 1979:2). 그리고 시설사회화가 최초로 문서화된 것은 1975년 동경도사회복지협의회의 「시설의 사회화 촉진을 위하여」라는 보고서가 계기가 되었는데, 여기에서 시설사회화의 내용을 처우의 사회화, 운영의 사회화, 문제의 사회화로 규정하고 있다(全國社會福祉協議會, 1981a; 古川孝順 外, 1988:55-56).

1970년대 시설사회화 논의가 이루어진 것은 지역사회보호의 영향이 크다. 이 시기의 지역사회보호는 시설의 폐쇄성으로 인한 다양한 문제점을 비판하며, 이를 극복하기 위한 대안으로 재가보호를 강조하고 있다. 다시 말해서 사회복지시설의 필요성이 증가하는 가운데 시설설립이 급증하고 있음에도 불구하고 시설의 중요성과 그 역할을 평가절하하고 있는 것이다. 결국 지역사회보호는 시설탈피적 성격이 강한 반면, 시설사회화는 사회복지시설의 중요성을 재확인시키고 지역사회보호 정책을 실시하는데 있어서 사회복지시설이 중심적 역할을 담당해야 한다는 근거를 제시하였다고 평가할 수 있다. 이러한 의미에서 지역사회보호가 시설사회화에 반대의 방향에서 커다란 영향을 미쳤다고 할 수 있다(高澤武司, 1979 : 26).

일본에서 시설사회화 실천의 전개와 맞물려 개념적으로 시설사회화가 정의된 것도 1970년대라고 할 수 있다. 그러나 시설사회화의 개념은 역사적으로 변화되어 왔고, 그 개념도 '사회화', '지역화', '지역개방' 등 다양하게 제시되어 왔다(小笠原祐次, 1980:16-17).[5)]

일본 동경도사회복지협의회 시설사회화위원회의 보고서에서는 시설사회화를 지역과 시설의 상호작용의 전개로 파악하고 있으며(東京都社會福祉協議會, 1975), 일본 전국사회복지협의회와 노인복지시설협의

5) 한편, 한국에서도 시설사회화가 소개된 전후로 '시설개방'(조성희, 1992: 김경희, 1995), '시설과 지역사회와의 교류'(허현숙, 1996), '시설의 사회적 기능강화'(변창남, 1986)라는 용어들을 사용하는 조사연구가 이루어졌다. 그러나 이러한 연구들은 대부분 시설사회화 중에서 시설개방의 측면에만 초점을 두고 있다.

회 또한 노인복지시설의 각종 사업과 관련된 설비와 기능을 지역사회에 개방하는 데에 초점을 두고 조사연구를 실시하였다(全國社會福祉協議會·老人福祉施設協議會, 1989).

그러나 노인복지시설의 역할은 본래 가족과 지역의 조건이 불안정한 상황에서 가정생활이 불가능하고 자립이 어려운 노인의 생활을 가정을 대신하여 보장하는 것이 가장 중요하다(小笠原祐次, 1980; 野口定久, 1980: 50). 그런데 사회복지시설 기능의 지역개방을 강조하다 보면[6], 현재의 열악한 사회복지시설의 여건에서는 서비스의 질이 저하될 수 있고 직원의 역할부담 또한 증가될 수도 있다. 아울러 지역주민을 무질서하게 노인복지시설로 불러들이다 보면, 입소노인의 사생활에 침해를 가할 수도 있다(全國社會福祉協議會, 1981b; 中村律子, 1987:87). 시설사회화는 결국 시설입소자의 처우수준이 일정 수준에 도달해야 한다는 전제에서 출발해야 한다.[7]

따라서 시설사회화는 시설생활자 개인의 생활요구를 충족시킨다는 시설처우의 향상[8]과 복지전문기관으로서 재가서비스와 유기적으로 제휴하는 지역사회복지 향상의 양측면의 상승효과를 가져오면서 시설생활을 지역생활로 정상화시키는데 목표로 두어야 한다(野口定久, 1980:51).

이상의 내용이 주로 1980년대 전반까지의 시설사회화에 관한 논의라고 할 수 있다. 시설사회화의 실천은 시설생활자에 대한 획일적인 처우에서 탈피하는 것에서부터 출발한다. 즉, 시설사회화의 이념 하에

---

6) 일본의 노인시설의 예를 보아도 이러한 경향을 확인할 수 있다. 이와 관련하여 일본의 전국사회복지협의회와 노인복지시설협의회(全國社會福祉協議會·老人福祉施設協議會, 1989)의 노인홈 실태조사와 中央共同募金會(1979)의 조사연구를 참조하기 바람. 한편, 중앙사회복지심의회답신(中央社會福祉審議會, 1977)에서는 '지역개방'이라는 용어를 사용하고 있다.

7) 이러한 시각에서 이루어진 이외의 연구로서는 大橋謙策(1979), 瀧口桂子(1978), 野口定久(1980), 牧里每治(1983) 등이 있다. 또한 大橋謙策(1979), 小國英夫(1999), 瀧口桂子(1999) 등은 이러한 문제인식 하에서 시설사회화를 시설사회화와 시설지역화로 구분하여 제시하고 있다.

8) 시설 처우수준의 향상이 시설사회화에 중요한 의미를 갖는다는 점에 대해서는 大坂誠(1979)이 제시한 사례들을 참고하기 바람.

서 시설생활자의 개별적 요구의 충족·생활권의 확대·자립화의 촉진을 도모하는 처우수준의 향상에 기초하며, 시설생활자의 생활을 지역사회의 생활과 유사한 수준에 맞추어 가는 것을 의미한다. 또한 지역의 사회복지요구를 충족시키기 위해 사회복지시설이 보유하고 있는 물적·인적 자원과 기능을 지역사회에 제공하는 실천을 의미하는 것이다(野口定久, 1980:52).

한편, 古川孝順 등(1988:59-61)은 1980년대 전반까지의 시설사회화가 일련의 성과를 거두었다는 점을 인정하고 있다. 첫째, 시설측의 노력으로 처우내용과 시설경영이 개선되고 발전되었다. 둘째, 그 결과로 지역주민이 시설과 사회복지에 대하여 어느 정도 이해를 갖게 되고 시설이 필요하다는 인식을 갖게 되었다. 셋째, 사회복지시설이 지역사회와의 관계에 있어서 지역사회복지의 담당자로서 초보적인 역할을 수행하는 수준으로 발전하였다.

시설사회화는 이러한 성과를 거둔 반면에 그 한계 또한 노출시키고 있다. 1970년대 후반 이후 사회복지시설은 지역사회의 격심한 저항과 반발을 경험하였는데, 시설건립에 대해서 지역사회의 반대운동이 활발하게 전개된 것이다. 지역사회와 사회복지시설은 역사적으로 긴장관계를 유지해 왔지만, 이 시기의 분쟁은 그 성격이 다르다고 할 수 있다. 이전과는 달리 지역사회의 사회복지시설 건립에 대한 반대운동이 언론매체에서 자주 보도되고, 사회문제로까지 발전하게 되었다. 이 문제를 둘러싸고 종종 지역사회의 여론이 양분되고 시설건립을 승인하는 조건으로 사회복지시설이 지역사회에 회의실 등 시설설비를 제공하는 것은 물론이고, 시설의 전문적 서비스까지 지역사회에 제공하라는 요구도 이어진다. 또한 사회복지시설이 주변도로를 보수해야 한다는 이기적인 요구까지도 제기되었다.

지역사회의 사회복지시설에 대한 요구와 반대운동이 이처럼 심화된 것은 종래의 시설사회화가 지역사회에 대해서 있는 그대로의 시설을 인정받고, 시설처우에 대해서 협력을 구하는 시설중심주의에 머물렀던 데에 있다. 따라서 시설사회화는 새롭게 구축되어야 하는데, 지역사회의 진정한 복지하부구조로서 기능하기 위해서 사회복지시설이 다기능화 또는 복합시설화할 필요성이 제기되었다.

사회복지시설의 다기능화 또는 복합시설화라고 하는 것은 시설이 보유하고 있는 전문적 기능과 설비를 지역사회에 제공하는 차원을 넘어서 시설이 본래 가지고 있는 기능과는 직접적 관계가 미약한 별도의 설비와 기능을 겸비하여 이를 지역사회에 제공한다는 의미이다. 결국 복합시설화는 시설에 대해서 지역사회의 진정한 이해를 구하고 지역사회의 요구에 적극적으로 부응하여 시설이 궁극적으로 지역사회의 진정한 복지자원의 역할을 하는 적극적 방안으로서의 의미를 갖는다. 古川孝順 등(1988)의 이와 같은 시설사회화에 대한 사고는 지역사회복지의 시대에 사회복지시설이 소극적 차원에서 지역사회복지의 흐름에 편승하는 것이 아니라, 보다 적극적으로 지역사회와 교류하고 지역사회복지 발전의 중추적 역할을 담당하는 주체로서 역할을 담당해야 한다는 의식에서 비롯된 것이라고 할 수 있다.[9)]

野久定久(2003:79-88)도 복합시설화에 대해서 거론하였다. 즉 시설사회화의 발전이라는 측면에서 사회복지시설과 지역사회와의 관계에 중점을 두어 사회복지시설이 지진 등의 각종 자연재해 시에 피난장소로 적합하기 때문에 이러한 시기에 일시적인 생활서비스를 제공해야 한다는 것이다. 이것은 사회복지시설이 모든 생활자원과 각종 보호설비와 기능을 갖추고 있다는 견해에서 비롯되었다고 할 수 있다.

한편, 일본에서는 1980년대 후반 이후 사회복지개혁을 전후하여 사회복지시설 기능에 커다란 변화가 생기게 되고 시설사회화도 새로운 국면에 들어서게 된다. 이것이 바로 사회복지시설을 종합적인 지역생활 지원체계의 일환으로 만들기 위한 각종 사업의 법제화이다. 이 법

9) 小國英夫(1987:288) 또한 이러한 관점에서 사회복지시설이 지역의 거점이 되어야 한다고 주장하고 있다. 그는 이러한 취지에서 사회복지시설의 두 가지 역할을 제시하였는데, 재가복지사업의 거점과 지역사회복지 활동의 거점이 그것이다.

제도화는 시설사회화의 업적을 행정당국에서 인정하는 것인데, 이에 따라서 보다 많은 시설이 시설사회화를 실천하는 계기가 마련되었다고 평가할 수 있다. 입법을 통해서 제도화된 기능은 지역자원의 조정기능(재가보호지원 등), 재가생활지원의 거점기능(주간서비스, 단기보호 등), 자립생활의 지원기능(지적장애인에 대한 생활능력 훈련사업, 그룹홈 등) 등이다(深谷美枝 外, 2001:204-205).

이러한 변화의 의의는 시설생활자-사회복지시설의 관계 가운데에 지역주민과 지역자원을 포함시키는 진정한 연결고리를 만들어 냈다는 점이다. 이로 인해 시설생활자의 원조를 위해서 지역주민의 지지와 지역주민-시설 간에 지속적인 관계유지가 불가결하다는 인식이 생겨나게 되었다. 또한 기존의 시설사회화는 외부적인 요인에 의해서 진행되었는데, 이제 내부적인 추진력을 갖추게 되었다. 따라서 지체되고 있던 문제의 사회화와 운영의 사회화가 부각되었는데, 사회복지시설의 복지교육적 기능과 사회복지시설에 대한 주민참여를 위한 노력까지 가속화된 것이다(武田祐子, 1995; 深谷美枝 外, 2001:205).

운영의 사회화는 사회복지시설이 당면해 있는 가장 핵심적인 문제인 폐쇄성에 대한 해결책으로서의 의미를 가지고 있다. 시설의 폐쇄성으로 인해서 시설의 다양한 문제가 표출되고 있는데, 결국 시설운영을 민주화시키는 가운데 지역주민의 참여를 높이고 시설운영을 투명하게 하여 시설문제를 해결해 간다는 것이다. 시설운영의 민주화는 시설운영에 있어 시설생활자를 포함한 지역사회의 의견반영과 시설운영에 대한 자원봉사자로서의 지역주민참여 등을 의미한다(野久定久, 1980:54-55).

문제의 사회화는 사회복지시설의 문제는 시설생활자 개인의 문제가 아니기 때문에 시설 내에서만 다루지 않고 전 지역사회의 과제로 확대시키는 실천활동을 의미한다. 궁극적으로 시설의 처우수준을 향상시키고 시설-지역사회 간의 관계를 원활하게 유지하는 등 전체적인 시설사회화의 수준을 향상시키기 위한 기초를 만드는 데 그 의미가 있다(福島一雄, 1979:11). 이러한 차원에서 문제의 사회화는 지역사회에 대한 사회복지교육과 사회복지시설의 지역사회에 대한 홍보 등으로 제시될 수 있다.

일본의 1980년대 후반 이후의 시설사회화가 이전과 다른 점은 다음과 같다. 먼저, 시설이 자체적으로 지역과의 관계를 통해서 시설생활자의 생활수준을 향상시켜야 한다는 인식을 갖게 된 것이다. 그리고 시설생활자들이 지역생활을 유지하는 것을 원칙으로 하여 시설내부·그룹홈·가정·독거생활 등 요보호자의 다양한 유형의 생활을 위한 종합적인 지원체계를 구축한다는 일관된 이념에 의하여 시설사회화의 실천이 서로 관련을 갖게 되었다. 그리고 시설을 지역주민에게 가까운 존재로 인식하게 하는 실천을 통해 주민이 사회복지시설 지원활동에 자발적으로 참여하고 협력하는 체계를 만들어 간다는 점이다.

무엇보다도 가장 중요한 것은 사회복지시설이 시설사회화 실천의 진정한 주체로서 지역주민의 복지향상을 위해 노력하는 단계에 이르고 있다는 점이다. 결국 1980년대 후반 이후의 시설사회화는 이제 자발성과 통합성이라는 측면에서 사회복지 실천의 주요한 영역으로 자리매김하는 수준에까지 도달했다고 평가할 수 있다.

井上修一은 이러한 맥락에서 사회복지시설에서 지역활동을 재구축한다는 목표 하에 사회복지시설 운영상의 주체, 참가, 민주화에 대해서 논의하고 있다(大友信勝, 1999:94; 井上修一, 2000:126). 그는 사회복지시설의 기초구조개혁을 앞두고 시설운영자들이 경영안정에만 치우쳐 지역주민의 신뢰를 경시하고 있다고 비판하면서 시설의 주체·참가·민주화를 거론하였다. 즉 시설사회화가 처우의 사회화, 운영의 사회화, 문제의 사회화, 기능의 사회화를 중심으로 전개되었지만, 현실적으로 실천의 유무와 기능적 측면에서만 파악되었을 뿐이고 가장 중요한 활동주체가 시설사회화의 실천에서 제외되었다는 것이다. 결국 사회복지시설이 그동안 일방적으로 지역사회에 대한 계몽활동을 추진하는 수준에 머물렀지만, 이제 시설생활자·지역주민·시설직원이 공동으로 운영해 나가는 실천이 필요하다는 것이다.

한편 高澤武司(1979:24-26)는 시설사회화를 논의하면서, 문제점으로 시설사회화에서 시설과 공공행정과의 관계가 배제되었다는 점을 지적하고 있다. 즉, 시설사회화는 지역주민-시설생활자-사회복지시설의 관계에서만 논의되고 있을 뿐이고, 공공행정과의 관계에 대한 논의가 전혀 없다는 것이다. 이러한 주장은 시설사회화 실천에서 사회복지행정이 논의되지 않는 것은 공공행정의 책임을 약화시키고 이에 대한 안전판을 가져다주게 된다는 비판적 의식에서 비롯된 것이다.

이와 유사한 관점에서 深谷美枝 등(2001:208)은 시설사회화의 범주에 공공행정과의 연계를 포함시키고 있다. 그들은 행정에 대한 공작(働きかけ)이라는 표현을 쓰면서 이 점을 강조하고 있다. 이 실천활동의 대상은 국회와 후생성 등의 국정, 도도부현(都道府縣)과 시구정촌(市區町村)의 지방행정으로 폭넓게 규정되고 있다.

이렇게 일본 시설사회화의 역사와 관련된 논의들을 검토한 결과 본 연구에서는 시설사회화의 실천범주를 처우의 사회화, 기능의 사회화, 운영의 사회화, 문제의 사회화, 공공행정과의 연계로 규정하고자 한다.

2. 사회복지시설 사회화의 내용

각 시설사회화의 범주에서 제시되고 있는 구체적인 실천활동들을 제시하면 다음과 같다.

첫째, 처우의 사회화는 시설생활자가 지역사회의 각종 자원들을 이용하고 접촉하는 것을 통해서 지역생활을 지속적으로 영위하며, 시설생활자의 잔존능력의 개발과 정서적 안정을 통한 자립조장을 의미한다(野久定久, 1980:52-53). 이에 따라서 처우의 사회화 실천활동은 다음과 같이 제시될 수 있다. 시설생활자가 지역사회에서 인간관계를 지속적으로 유지하는 차원에서 그 가족·친척·친구 등과의 교류를 들 수 있고, 지역사회생활을 지속적으로 유지하기 위한 차원에서 지역사회에서 쇼핑 · 식사 · 종교활동 · 지역단체에 대한 참여 등을 제시할 수 있다.

한편, 深谷美枝 등(2001)은 기존의 처우의 사회화 논의를 더욱 발전시켜 시설생활자를 시설의 주체로 세우기 위한 일환으로 시설생활자가 자신의 생활을 스스로 선택하도록 하는 것과 안정된 생활공간을 제공하는 것 등을 실천항목으로 제시하였다. 그리고 시설생활자들의 자립생활을 도와야 한다는 차원에서 생활기술, 의사소통기술, 취업기술을 습득하기 위한 서비스와 취업기회의 제공 등을 제안하였다.

둘째, 기능의 사회화는 초기에 사회복지시설이 보유한 설비만을 지역에 제공하는 제한된 형태로 진행되었는데, 사회복지시설이 보다 적극적으로 지역사회와 교류하고 지역사회의 주요한 복지자원으로서 기능하기 위해서는 시설의 설비를 포함하여 보유하고 있는 전문기능까지 지역사회에 제공해야 한다는 주장이 제기되었다(古川孝順 外, 1988:54-55).

이를 위한 실천항목은 다음과 같다. 물적 자원의 측면에서는 운동장, 주차장, 정원, 회의실, 강당, 목욕탕 등의 설비를 지역사회에 제공하는 것이 포함될 수 있다. 전문기능으로는 진료나 물리치료 서비스 등 의료서비스의 제공과 직원의 지역사회단체에 대한 지원활동을 들 수 있다.

그러나 앞서 살펴본 것처럼, 古川孝順 外(1988), 深谷美枝 外(2001), 野久定久(2003) 등은 사회복지시설이 지역사회복지 발전의 중추적인 역할을 하기 위해서는 보유하고 있는 기능을 보다 적극적으로 지역사회에 제공하여 지역사회복지센터로서 기능해야 한다고 주장하였다. 따라서 기능의 사회화에 복합시설화와 관련된 실천사항이 추가되어야 하는데, 지역사회의 각종 자연재해 시에 피난장소의 제공, 재가보호 등 지역자원의 조정기능, 주간보호 · 단기보호 · 가정봉사원 파견사업 등 재가생활 지원의 기능, 생활능력 훈련 사업 · 그룹홈 등 자립생활의 지원기능, 상담서비스의 제공 등이 그것이다.

셋째, 운영의 사회화는 크게 시설운영에 대한 지역사회의 의견반영과 시설운영에 대한 자원봉사자로서의 지역주민의 참여이다(野久定久, 1980:54-55). 구체적인 실천사항으로는 사회복지시설의 운영에 있어서 시설생활자와 그 가족의 의견반영, 지역주민의 의견반영, 그리고 자원봉사자의 시설생활자의 직접처우와 간접처우에 대한 참여 등이 있다. 시설행사에 대한 주민참여와 시설 내에서의 주민과의 일상적인 교류도 포함된다.

넷째, 문제의 사회화는 사회복지시설의 지역사회에 대한 사회복지교육과 지역사회에 대한 홍보 등으로 제시될 수 있다. 지역사회에 대한 사회복지교육은 지역주민의 사회복지의식을 높이기 위한 사회복지에 대한 교육, 사회복지시설과 시설생활자에 대한 이해를 높이기 위한 교육, 자원봉사 교육 등을 포함한다(小笠原祐次, 1980:24). 지역사회에 대한 홍보는 지역주민들에 대해서 소식지나 팜플렛 등을 이용하여 사회복지시설의 운영상황을 소개하고, 더 나아가서는 사회복지시설의 예산과 인사이동의 정보를 공개하는 등의 활동이다(牧里毎治, 1983:127).

아울러 深谷美枝 등(2001)은 문제의 사회화를 더욱 발전시키는 차원에서 시설생활자를 시설직원과 함께 자원봉사 강좌에 강사로 참여시키고 지역사회단체에 방문하여 시설을 홍보하며, 언론에 대해서 적극적으로 홍보하는 활동까지 제시하고 있다.

다섯째, 시설사회화 논의에 국가의 책임과 역할을 포함시킨다는 차원에서 공공행정과의 연계가 제시될 수 있다(深谷美枝 外, 2001:208). 구체적인 실천사항으로는 다음과 같은 것들을 제시할 수 있다. 첫째, 행정기관에 가서 빈번하게 호소하고 각종 요청서를 제출하여 특정 사회복지행정의 조치를 호소하는 활동이다. 둘째, 사회복지시설 행사에 행정관계자를 초대하여 정책의 필요성과 유효성을 제시하여 행정과 지속적으로 교섭하는 활동이다. 셋째, 관계 행정으로부터의 의뢰에 대해서 답변이나 의견을 제출하는 활동이다. 넷째, 공공행정의 각종 위원회에 참여하여 사회복지행정의 입안과정에 의견을 제시하는 활동이다.

제 4 절 사회복지시설 사회화의 영향요인

특정 문제를 해결하거나 한 분야를 발전시키기 위해 이와 관련된 영향요인에 대한 연구가 필요하다. 본 연구에서는 기존 연구들을 검토하여 시설사회화에 영향을 미칠 수 있는 요인으로 시설운영자 요인, 재정 요인, 인력 요인, 시설특성 요인, 주민참여 요인의 다섯 가지로 제시하였다.

시설사회화에 대한 시설운영자의 의식이 시설사회화에 영향을 미친다는 사실은 일본과 국내의 조사연구에서 제시된 바 있다(東京都社會福祉協議會, 1980; 박태영, 1995; 감정기・진재문, 1999). 시설운영자는 시설사회화를 비롯한 시설운영 전반에 대해서 큰 영향력을 미칠 수 있기 때문이다. 그리고 시설운영자와 관련하여 시설운영자가 사회복지사의 자격을 소지하였는가가 영향요인으로 제시될 수 있다. 사회복지사는 양질의 시설서비스, 조직과 환경의 교류, 민주적 시설운영의 중요성 등에 대해서 교육받고 이를 실천할 수 있는 기술을 가지고 있기 때문이다.

재정 요인이 시설사회화에 영향을 미칠 수 있다. 小林良二(1978), 岡村重夫(1979), 横浜市社會福祉協議會(1987)의 연구는 시설사회화 실천에서 시설의 재정이 매우 중요한 요인이라는 사실을 밝히고 있다. 국내의 박태영(1995)과 감정기・진재문(2000:52) 또한 이들의 주장을 받아들여 시설사회화의 영향요인으로 제시하였다.

인력 요인 또한 시설사회화에 매우 중요한 영향요인으로 제시되고 있다. 박태영(1995)과 감정기・진재문(2000:52)은 일본 연구자들의 논의를 각각 검토하여 인력 요인으로 직원, 전문직원, 시설사회화 담당 직원의 배치여부와 배치수준 등을 제시하였다.

그리고 시설종별에 따라서 시설사회화에 차이가 있을 수 있는데, 시설종별로 인력배치, 서비스의 내용, 재정상태 등이 다르기 때문이다(牧里每治, 1983; 박태영, 1995; 감정기 · 진재문, 2000). 시설생활자의 건강수준에 따라서도 시설사회화에 차이가 있을 수 있다(牧里每治, 1983). 시설생활자의 건강상태가 좋을수록 지역사회와의 교류나 지역사회 생활이 원활하게 이루어질 수 있기 때문이다. 시설설비의 상태가 충분히 갖추어졌는가의 여부가 시설사회화에 영향을 미칠 수 있다(小笠原祐次, 1977b; 岡村重夫, 1979; 小笠原祐次, 1980; 박태영, 1995; 감정기 · 진재문, 2000). 특히, 시설이 충분한 설비를 갖추지 못하면 지역사회주민들이 이용할 수 있는 여지가 없기 때문이다. 시설의 위치, 즉 시설사회화에 유리한 대도시 등에 위치할수록 시설사회화의 수준이 높아질 수도 있다(박태영, 1995; 감정기 · 진재문, 2000). 시설운영의 경험이 오래될수록 시설과 지역사회와의 교류가 축적되는 등 전반적인 시설사회화에 유리할 수도 있다(감정기 · 진재문, 2000:51-52). 본 연구에서는 시설의 종류, 시설생활자의 건강수준, 시설설비의 양, 시설의 입지조건, 시설의 운영경험 등을 시설특성이라는 하나의 요인으로 제시하고자 한다.

일본에서 시설사회화는 지역사회복지의 주요한 실천영역으로 간주되고 있다. 그런데 지역사회복지에서 중요한 요인으로 제시되고 있는 주민참여가 시설사회화에 있어서 논의되지 않고 있다. 본고에서는 土橋敏孝(2000), 井上修一(2000), 高澤武司(1979) 등 일본 학자들의 이러한 문제의식을 수용하여 주민참여 수준을 주민참여 요인으로 제시하고자 한다.

1. 시설운영자

일본 神奈川縣 자원봉사센터 기획위원회(1980:5-6)에서는 秋山智久의 주장을 인용하여 시설사회화의 추진력을 네 가지로 규정하고 있다. 첫째, 열악한 사회복지시설의 보호수준에 불만을 표출하기 시작한 시설입소자와 그 가족, 둘째, 이러한 상황을 인식하고 시설생활자의 치료·교육·원조를 위해서 시설사회화가 필요하다고 느끼기 시작한 사회복지시설의 관계자, 셋째, 사회변동으로 인해서 발생한 생활불안으로 사회복지시설을 주요한 복지자원으로 느끼기 시작한 지역사회주민, 넷째, 이러한 제반 상황들을 감지하고 지역사회 중심의 사회복지행정이 시작된 점이다.

이러한 시설사회화의 추진력은 크게 내인력과 외인력으로 구분될 수 있는데, 앞의 두 가지는 시설 내부에서 나타난 움직임이기 때문에 내인력이라 표현할 수 있고, 나머지는 외인력으로 규정할 수 있다. 외인력은 내인력의 작용을 통해서 이루어지기 때문에 시설의 내인력을 포착하는 것이 선결과제가 되어야 한다. 그래서 神奈川縣 자원봉사센터 기획위원회에서는 시설사회화에 대한 시설관계자의 인식과 의지를 주요한 영향요인으로 제시하고 있다.

이러한 주장은 실증적인 조사연구에서도 증명되고 있다. 일본 東京都社會福祉協議會의 조사에서는 시설운영자가 시설-지역사회 간 연계에 대해서 필요성을 느낄수록 시설운영에 대한 주민의 참여정도와 시설설비의 개방정도가 높은 것으로 나타나고 있다(東京都社會福祉協議會, 1980; 박태영, 1995:52; 감정기·진재문, 1999:78). 그리고 시설운영자의 의식은 시설-지역사회 관계의 강화에 따른 시설생활자의 생활, 직원의 근무, 시설운영, 지역사회 주민의 시설에 대한 인식에 미치는 영향에 대한 시설운영자의 견해를 통해서도 파악할 수 있다(吉澤英子外, 1978:210-214; 박태영, 1995:53; 감정기·진재문, 2000). 아울러 사회복지시설 운영자의 의식으로서 시설사회화에 대해서 시설운영자가 어느 정도 찬성하느냐가 포함되어야 할 것이다. 어떠한 상황에 대해서 필요하다거나 긍정적인 영향을 미칠 것으로 인식하는 것과 찬성하는 것은 별개가 될 수 있기 때문이다.

한편 시설운영방침(운영규정, 원훈, 정관 등)에 시설과 지역사회의 관계 등 시설사회화에 대한 항목이 포함되어 있는지의 여부를 통해서 시설운영자의 의식을 파악할 수 있는 것으로 제시되고 있다(박태영, 1994:53). 그러나 시설운영자의 의식과 시설사회화의 내용이 시설운영방침에 포함되어 있는지를 동일한 수준으로 간주하는 것은 적절하지 않다. 시설운영 방침에 시설사회화의 규정이 포함되어 있는지의 여부는 시설운영자의 의식이 시설운영에 나타난 결과로 시설사회화의 내용에 포함되어야 할 사항인 것이다. 그리고 시설운영방침에 시설사회화의 규정이 포함되는 것은 관련 행정이나 시설이 속한 재단 이사회의 이해와 요구가 반영될 수도 있는 것이기 때문에 시설운영자의 의식의 결과로만 볼 수도 없다.

그리고 사회복지시설의 운영자가 전반적인 시설운영에 미치는 영향이 크기 때문에 시설운영자가 사회복지사 자격을 갖추고 있는지의 여부가 시설의 사회화에 많은 영향을 미칠 것으로 판단할 수 있다. 시설운영자가 사회복지사의 자격을 갖추는 것은 곧 시설운영자가 시설과 지역사회의 관계에 대한 긍정적 인식을 갖게 할 수 있고 시설사회화의 실천을 위한 지식을 갖추었다고 볼 수 있기 때문이다.

따라서 시설운영자 요인으로 제시할 있는 것은 시설운영자의 시설사회화에 대한 의식과 시설운영자의 사회복지사의 자격여부이다.

2. 재정

岡村重夫(1979:18)는 일본 「社會福祉硏究」23호의 조사결과를 인용하여 시설사회화의 문제점을 시설측의 문제, 지역사회측의 문제, 행정측의 문제로 제시하였다. 그는 시설측의 문제로 재원의 부족을 들고 있다. 小笠原祐次(1980:26)도 東京都社會福祉協議會의 조사결과를 인용하여 시설사회화의 문제점을 제시하였는데, 재원상의 문제가 40.6%로 가장 높게 나타나고 있다. 그래서 그는 시설사회화의 전제조건으로 충분한 재원이 확보되어야 한다고 주장하였다.

小林良二(1978:19)도 영국의 사례를 검토하면서, 시설사회화를 진전시키기 어려운 가장 큰 이유로서 재원의 문제를 들고 있다. 그는 시설보호를 지역사회보호와 관련시켜 포괄적인 사회서비스의 체계를 구축하기 위한 노력이 효과를 나타내지 못하는 것은 Townsend의 주장처럼 재원의 문제라고 단언하고 있다.

일본 橫浜市社會福祉協議會(1987:37-39)가 시설사회화의 내용을 처우의 사회화, 운영의 사회화, 문제의 사회화로 설정하고 실태조사를 통하여 문제점을 제시한 바 있다. 이 협의회의 조사결과에서도 시설사회화 추진 전반에 걸친 문제점으로서 직원과 경비의 문제가 가장 높은 비율을 차지하고 있는 것으로 나타나, 역시 재정문제의 요인이 큰 것으로 나타나고 있다. 시설사회화의 추진에 있어서 문제점이 재정이라고 응답한 비율이 23.2%에 이르고 있다.

따라서 시설사회화를 추진하는 데 있어서 큰 문제점이며, 시설사회화의 전제조건으로 제시되고 있는 재정이 중요한 영향요인의 하나로 간주할 수 있다. 국내의 박태영(1995:56-57)은 시설사회화의 재정 요인으로 시설사회화에 대한 재정지출의 유무와 정도만을 제시하였다. 그러나 감정기·진재문(2000:52)은 시설의 전체적인 재정규모 또한 시설사회화에 영향을 미치는 것으로 지적하고 있다. 결국 재정 요인으로 시설의 전체 예산규모와 시설사회화에 지출하는 예산으로 제시할 수 있다.

3. 인력

사회복지시설의 직원이 충분히 확보되어 있을 때 지역사회와의 관계가 원활하며(北九州市社會福祉協議會, 1984:35-36; 박태영, 1995:53), 사회복지시설의 직원이 많이 확보될수록 지역사회 자원의 활용이 보다 원활한 것으로 나타났다(吉澤英子 外, 1982:232; 박태영, 1995:53). 그리고 사회복지시설의 서비스를 전문화하고 시설의 전문기능을 지역사회에 제공하기 위해서도 직원의 전문성이 필요하다. 이것은 전문자격을 갖춘 인력의 확보, 적절한 업무분담과 근무조건, 전문자격에 상당하는 보수 등의 조건이 갖추어져 있을 때 발휘되는 것이다.

특히 전문자격을 갖춘 직원 중에서도 사회복지사의 자격을 갖춘 인력의 배치정도가 시설사회화에 차이를 보이는 것으로 나타나고 있다(박태영, 1995:92; 감정기·진재문, 1999:82). 사회복지사는 다른 전문직에 비해서 조직과 환경간 교류의 중요성을 잘 인식하고 있으며 이러한 실천을 위한 적절한 교육을 받았기 때문이다(감정기·진재문, 2000:52).

한편 박태영(1995:94-95)은 자원봉사자 수를 관련 요인으로 제시하고 있는데, 자원봉사자의 활용은 시설사회화 중 운영의 사회화의 내용에 해당되기 때문에 영향요인으로 제시하는 것은 적절하지 않다. 그리고 박태영(1995:96-98)은 인력 요인과는 별개이지만 홍보지 발행의 여부를 관계 요인으로 설정하였다. 그러나 홍보지 발행의 여부와 정도도 시설사회화 중 운영의 사회화에 속하는 실천활동이기 때문에 관계 요인으로 설정하는 것은 자원봉사자와 마찬가지로 타당하지 않다.

직원배치와 관련하여 시설사회화 담당직원의 배치가 문제로 지적되고 있다. 즉, 시설사회화를 담당하는 직원의 배치정도가 시설과 지역사회 등 시설사회화에 영향을 줄 수 있다는 것이다. 일본 老人福祉施

設協議會의 실증적 조사결과에서도 직원의 문제가 큰 것으로 나타났으며, 이 협의회에서는 사회복지시설에서 지역사회복지 서비스를 실시하기 위해서는 필요한 직원배치가 이루어지고 그 인력은 고도의 전문성을 갖추어야 한다고 주장하였다. 국내의 연구에서도 시설사회화를 담당하는 직원의 배치정도가 시설사회화에 영향을 미치는 요인으로 제시되고 있다(박태영, 1995: 감정기 · 진재문, 2000).

결국 인력 요인으로 제시될 수 있는 것은 직원의 배치정도, 사회복지사의 배치정도, 시설사회화를 담당하는 직원의 배치정도 등이다.

4. 시설특성

牧里毎治(1983:136-150)는 시설사회화의 실태조사와 이에 대한 분석에서 시설 종별에 따라 시설사회화에 차이가 있다는 점을 밝히고 있다. 국내 박태영(1995:116-117)의 연구에서도 아동복지시설이 장애인복지시설과 노인복지시설에 비해서 사회화의 정도가 높은 것으로 나타나고 있다. 그리고 감정기 · 진재문(2000:79)의 연구에서도 시설종류에 따라 사업개방, 지역주민에 대한 홍보, 지역사회생활 참여 등에 있어서 차이가 있는 것으로 나타나고 있다.

한편 본 연구에서는 조사대상을 노인복지시설로 한정하였는데, 노인복지시설 또한 비용부담과 시설기능의 기준에 따라서 유형이 다양하게 구분된다. 시설생활자의 장애 · 연령 · 성별 등 시설생활자의 특성에 따라서도 시설의 종류가 구분되지만, 노인복지시설의 세부유형에 따라서 시설운영의 체계와 서비스의 수준이 다르기 때문에 이에 따라서도 시설사회화의 수준이 다르게 나타날 것으로 추측할 수 있다.

그리고 牧里毎治(1983)는 시설생활자의 건강상태에 따라서 시설사회화에 차이가 있다고 주장하였다. 즉, 시설생활자의 건강상태가 양호할수록 지역사회와의 교류가 활발할 것이라는 것을 의미한다.

小笠原祐次(1977b:51)는 열악한 건물과 설비의 수준, 그리고 전문기능의 부족에 대해 언급하고 있다. 시설사회화와 관련된 서비스를 제공할 의지가 있어도 제공할 수 있는 설비가 없거나 불충분하기 때문에 실시할 수 없다는 것이다. 그래서 그는 시설사회화의 전제조건으로 시설사회화에 필요한 건물과 설비를 지적하고 있다(小笠原祐次, 1980:26). 岡村重夫(1979:18)도 시설사회화 실천에서의 문제점 중 시설측의 문제로서 설비의 부족을 지적하고 있다. 국내의 조사연구에서도 시설의 설비의 상태에 따라서 시설사회화의 수준에 차이가 있다는 사실이 밝혀지고 있다(박태영, 1995:98-100).

이외에도 시설특성으로 제시할 수 있는 것으로 시설의 입지조건이 있다. 즉, 시설이 시설사회화에 유리한 대도시 등에 위치해야 시설과 시설생활자들이 지역사회와 교류하고 지역사회의 자원을 동원하는 등 시설사회화의 정도가 높다는 것이다(박태영, 1995:85; 감정기·진재문, 2000:51-52). 시설운영의 경험에 따라서도 시설사회화의 수준에 차이가 있을 수 있다. 즉 시설운영의 경험이 많을수록 지역사회와의 교류의 축적으로 시설사회화의 정도가 높아질 것으로 예측할 수 있다(감정기·진재문, 2000:51-52).

결국 시설의 종류, 시설생활자의 건강수준, 시설설비의 양, 시설의 입지조건, 시설의 운영경험 등이 시설사회화의 실천수준에 영향을 미친다고 볼 수 있다. 그리고 이러한 사항들을 시설특성이라는 하나의 요인으로 묶을 수 있다.

5. 주민참여

지금까지 시설사회화에 영향을 미치는 요인으로 시설운영자 요인, 재정 요인, 인력 요인, 시설특성 요인을 제시하였다. 연구자에 따라 시설사회화의 요인을 제시하는데 있어 차별성과 부분적인 문제점을 발견할 수 있지만, 이 네 가지 시설사회화의 영향요인은 일본과 국내의 시설사회화 연구에서 제시되었다(박태영, 1995; 감정기·진재문, 2000).

그러나 주민참여 요인은 국내의 조사연구에서는 물론이고, 일본에서도 이론적 · 실증적 차원에서 거의 다루어지지 않았다.

최근 土橋敏孝(2000:52-54)는 시설사회화가 지역사회복지의 영역에서 다루는 개념이기 때문에 지역사회복지와 마찬가지로 지역주민이 주체가 되어야 한다는 점을 강조한 바 있다. 井上修一(2000:126)도 이러한 맥락에서 80년대 후반 이전까지의 시설사회화론이 시설내부에만 치우쳐 있던 점을 문제로 지적하면서, 시설사회화의 주체가 사회복지시설에만 한정되어 지역주민이 제외되고 있었다는 점을 지적하였다. 따라서 지역사회복지의 실천이념이라고 할 수 있는 시설사회화에서 주민주체의 측면이 중요하게 다루어져야 할 것이다. 일본의 지역사회복지 모형이 최근 주민자치 중심형으로 발전하였다(右田紀久惠, 1997; 牧里毎治, 2000:4-6). 그리고 시설사회화도 지역사회복지의 영역 내에서 논의되고 있기 때문에 지역주민의 참여가 시설사회화에서 매우 중요한 변수가 되어야 할 것이다.

이러한 관점에서 1970년대 후반 高澤武司(1979:27-28)는 시설사회화가 시설에 대한 주민참여 수준에 의하여 결정된다고 하였다. 그는 주민참여 수준을 논하는데 있어서 Arnstein의 참여의 위계모형을 도입하고 있다(Arnstein, 1969; 奧田道大, 1969:82-84). Arnstein은 참여의 위계를 ① 여론조성 ② 사후요법 ③ 정보의 제공 ④ 상담 ⑤ 위무(慰撫) ⑥ 파트너십 ⑦ 권한이양 ⑧ 시민 자주관리로 설정하였다. 그리고 ①과 ②를 비참여의 단계, ③, ④, ⑤를 명목주의의 단계, ⑥, ⑦, ⑧을 시민파워의 단계로 규정하였다. 사회복지시설에 대한 주민참여 수준이 높은 단계에 있을수록 시설사회화의 수준이 높아진다는 것이다.

제5장

연 구 방 법

제 1 절 조사설계

1. 조사대상

시설사회화는 사회복지시설 전체를 대상으로 하여 전개되어 온 논의라고 할 수 있는데, 여기에서 논의의 대상이 되는 사회복지시설은 생활시설을 의미한다(古川孝順 外, 1988:47). 즉, 간접서비스 기관인 각종 협회나 협의회 등 사회복지기관이 제외되며, 사회복지관 등 이용시설도 제외된다. 따라서 본 연구에서 사회복지시설은 전통적으로 기본적 생활서비스와 전문적인 사회복지 서비스를 제공해 온 노인, 아동 그리고 장애인 등을 위한 생활시설을 의미한다(박태영, 2000a:14-15).

생활시설로서 사회복지시설은 운영주체, 이용자의 비용부담 여부, 시설의 규모, 시설서비스의 기능, 시설생활자의 특성 등 다양한 기준에 따라서 분류된다. 이러한 시설 전체가 시설사회화 논의와 관계가 있고 일본의 경우 각종 사회복지시설을 조사대상으로 하여 실태조사

가 다수 진행되었다(神奈川縣 ボランティア・センタ, 1980; 牧里毎治, 1983). 그러나 본고에서는 노인복지시설을 연구대상으로 하였다.

본래 일본의 시설사회화는 노인복지시설에서 실험적・선구적으로 실시된 이후 다른 유형의 시설에도 확대되었다(中村律子, 1987:87). 그리고 시설사회화가 대두되고 확대된 배경 중 가장 핵심적인 이유가 바로 지역사회 노인의 사회복지 요구가 급격히 증가하여 이에 대한 사회적 대응의 필요성이 증가하였기 때문이다. 이 점을 고려할 때 조사대상을 노인복지시설로 한정하는 것은 의미가 있다고 할 수 있다.

또한 현실적으로도 노인복지시설이 2002년 현재 299개소로 사회복지시설 중 가장 많은 것으로 나타나고 있으며, 생활인원수에서는 아동복지시설 18,676명과 함께 노인복지시설이 18,000명으로 가장 많은 비중을 차지하고 있다. 한편, 노인복지시설이 시설수와 생활인원에서 다른 사회복지시설에 비하여 비중이 크고 그 기능 또한 중요한 위치를 차지하고 있을 뿐만 아니라, 앞으로 필요한 시설추계치를 보면 그 중요성은 더욱 커진다(서동우 외, 1999:143). 1998년을 기준으로 하여 2010년까지 아동복지시설은 57개소를 축소시켜야 하고 장애인복지시설은 90개소의 증설이 필요한 반면, 노인복지시설은 무려 312개소의 증설이 필요한 것으로 제시되고 있다.[1)]

결국 시설사회화의 배경, 발전과정 및 시설수요의 측면 등을 고려할 때, 시설사회화의 영향요인을 실증분석하는 데 있어 노인복지시설을 대상으로 하는 것은 의미가 있다고 할 수 있다.

노인복지시설은 노인복지법에 따르면 크게 노인주거복지시설, 노인의료복지시설, 노인여가복지시설, 재가노인복지시설로 구분되는데, 이

1) 최근 정부는 급격히 증가하고 있는 노인요양서비스에 대한 요구를 충족하기 위해 노인수발보험제도를 도입하기 위한 준비에 박차를 가하고 있다. 이에 따라서 노인복지시설의 수가 급격히 증가하고 있다. '노인의료복지시설10개년계획'에 기초하여 노인복지시설을 지속적으로 증설하여 2005년 현재 전체 사회복지시설 1,471개소 중 노인복지시설이 825개소로 50%를 넘어섰다. 더 나아가 2006년부터 2008년까지 노인요양시설 386개소가 추가로 증설될 예정이며, 이 기간동안 소규모노인복지시설과 노인그룹홈이 각각 359개소와 155개가 증설될 예정이다(보건복지부, 2006c).

중에서 노인여가복지시설과 재가노인복지시설은 이용시설로서 생활시설에 비해서 시설사회화의 수준이 상대적으로 높고 서비스의 내용이 생활시설과 다르기 때문에 본 연구의 대상에서 제외한다.

노인주거복지시설에는 무료양로시설, 실비양로시설, 유료양로시설, 실비노인복지주택, 유료노인복지주택 등 다섯 종류의 시설유형이 포함된다. 노인의료복지시설에는 무료요양시설, 실비요양시설, 유료요양시설, 무료전문요양시설, 실비전문요양시설, 유료전문요양시설, 노인전문병원 등 총 여섯 종류의 시설이 있다. 기능별로 노인복지시설은 양로시설, 요양시설, 전문요양시설로 구분할 수 있으며, 비용부담의 수준에 따라 무료시설, 실비시설, 유료시설로 분류된다.

본 연구의 조사시점인 2004년 현재 노인복지시설의 총수는 357개소이며, 지역별·시설종별 노인복지시설의 현황은 〈표 5-1〉과 같다. 지역별로 보면, 경기 69개소, 경북 39개소, 전북 33개소, 경남 30개소, 서울 25개소, 충남 24개소, 부산 23개소의 순서로 설치되어 있고 대구, 인천, 광주, 대전, 울산, 제주 등의 지역에는 20개 미만의 시설이 설치되어 있다.

비용부담을 기준으로 한 시설종별로는 무료시설 266개소, 실비시설 24개소, 유료시설이 61개소이다. 시설서비스의 기능별로는 양로시설 119개소, 요양시설 151개소, 그리고 전문요양시설 74개소, 복지주택 6개소로 나타나고 있다. 비용부담별로는 총 357개소 가운데 무료시설이 266개소로 가장 많고, 시설서비스의 기능별로 보면 요양시설이 151개소, 양로시설이 119개소로서 요양시설과 양로시설이 대부분을 차지하고 있다.

본 연구에서 노인복지시설 중 복지주택과 전문병원은 조사대상에서 제외하였는데, 그 이유는 행정적으로는 복지주택이 노인복지시설에 포함되어 있지만 예비조사를 통하여 복지주택의 운영체계가 임대주택과 매우 유사하여 노인복지시설로 보기는 어렵다고 판단하였기 때문이다. 그리고 노인전문병원의 경우에도 행정적인 분류상으로는 노인복지시설로 분류되어 있지만, 의료법의 적용을 더 많이 받고 있으며 보건복지부의 '노인복지시설현황(2004a)' 자료에도 포함되어 있지 않다. 이러한 사실은 한국노인복지시설협회의 '노인복지시설현황(2004)' 자료에서도 동일하게 나타나며, 협회 직원과의 면담에서도 사실상 전문병원을 노인복지시설로 간주하지 않는다는 점을 확인하였다.

본 연구의 조사에서는 이와 같이 노인복지시설 전체를 연구대상의 모집단으로 설정하였지만, 실제 설문조사에 응답한 것은 노인복지시설 357개소 중 239개소로 이 시설들이 본 연구의 분석대상이 되었다.

〈표 5-1〉 노인복지시설의 현황(2004) (단위 : 개소)

종류 / 지역	무료 양로	무료 요양	무료 전문	실비 양로	실비 요양	유료 양로	유료 요양	유료 전문	노인 주택	합계
서 울	6	7	6	-	1	1	3	1		25
부 산	5	8	5	-	-	1	3		1	23
대 구	5	6	2	-	2	-	-	1	-	16
인 천	3	6	2	-	2	-	1	1	-	15
광 주	4	5	1	1	1	-	-	-	-	12
대 전	2	2	3	-	1	-	-	-	-	8
울 산	1	1	2	-	-	-	-	-	-	4
경 기	11	17	8	1	4	12	7	8	1	69
강 원	4	7	5	-	-	-	1	-	2	19
충 북	4	6	1	-	1	1	-	-	-	13
충 남	6	6	3	-	1	7	1			24
전 북	9	10	9	1	2	-	-	1	1	33
전 남	7	6	3	-	1	-	-	-	-	17
경 북	10	12	9	2	1	3	-	1	1	39
경 남	5	10	7	-	2	4	2	-	-	30
제 주	3	4	2	-	-	-	1	-	-	10
합 계	85	113	68	5	19	29	19	13	6	357

자료 : 보건복지부, 「노인복지시설현황」, 2004a.

2. 분석자료

본 연구는 노인복지시설을 대상으로 하여 구조화된 질문지를 통하여 시설사회화의 영향요인을 파악하고자 한다.[2] 주요 응답대상자를 노인복지시설의 원장으로 하여 조사를 실시하였다. 박태영(1994)과 감정기·진재문(1999)의 연구에서는 시설장 또는 총무를 대상으로 하였는데, 이것은 시설장과 총무의 시설운영에 대한 권한의 차이를 간과했다는 문제가 있다. 실제로 사회복지시설에서 시설장이 갖는 권한은 거의 절대적이어서 시설운영 전반에 대해 지대한 영향을 미치고 있다. 이러한 사실은 보건복지부의 노인복지사업 지침에서 시설운영규정을 시설장이 정하도록 규정하고 있는 것에서도 확인할 수 있다(보건복지부, 2004b).

그리고 시설사회화의 영향요인 가운데 '시설운영자의 의식'이 포함되어 있는 점을 고려하면, 시설장을 조사대상자로 하는 것이 타당하다. 따라서 본 연구에서는 시설장이 장기간 부재중이거나 공석으로 있어 실제로 사무국장이 시설장의 역할을 하는 부득이한 경우에만 사무국장이 응답하도록 하였다. 본 연구에서는 노인복지시설 중 노인복지주택 6개소를 제외한 351개소를 보건복지부의 '2004년도 노인복지시설 현황' 자료에 근거하여 전수조사를 실시하였다.

조사방법은 우편조사이다. 우편조사의 가장 큰 단점은 회수율이 낮다는 점인데,[3] 이를 극복하기 위하여 질문지를 우송한 이후 조사협조를 부탁하는 편지를 두 차례 발송하고 조사대상 시설에 전화면담을 실시하여 설문응답에 대한 협조를 부탁하였다. 그리고 질문지 작성을 부탁하는 편지를 한 차례 더 발송하였다. 아울러 필자가 노인복지시설

2) 본 연구의 조사연구에 사용된 질문지는 〈부록 2〉에 제시되어 있음.
3) 우편조사의 질문지 회수율은 일반적으로 20~40%에 불과하다. 따라서 연구결과를 일반화하는데 있어서 심각한 문제를 초래한다(김영종, 2001:170-171; 채구묵, 2002:175).

의 원장으로 재직하였던 경험을 활용하여 응답률을 높이도록 노력하였다.

본 조사에 앞서 2004년 3월 15일부터 동년 3월 20일 사이에 사전조사를 실시하였는데, 질문지 20부를 수거하여 문항수와 문항내용과 문항배열 등을 수정하였다. 사전조사는 9개 유형의 노인복지시설에 1부 이상의 질문지를 배포하여 실시하였고, 본 연구자와 사회복지학 석사학위자 한명이 주로 질문지의 문제점을 발견하는데 초점을 두고 면접을 병행하였다. 그리고 사전조사 이전과 이후에 통계전문가, 사회복지학과 교수, 노인복지시설의 실무경험자들에게 설문문항을 검토받았다.

여기에서 드러난 문제점과 의견을 반영하여 질문지를 수정하였다. 그 중 처우의 사회화와 기능의 사회화를 묻는 내용 가운데 해당 서비스와 설비가 없는 시설이 발견되어 해당 서비스나 설비가 있지만 제공하지 않는 시설과 서비스나 설비가 갖추어지지 않아 제공하지 못하는 시설을 구분하기 위해서 '해당 서비스가 없음'과 '해당 설비가 없음'이라는 응답항목을 별도로 제시하였다.

이러한 과정을 거쳐 2004년 3월 25일부터 동년 4월 25일 사이에 본조사를 실시하였다. 우편 발송된 질문지는 총 351부였고 수집된 질문지 243부 중 응답이 부실한 질문지 4부를 제외한 총 239부를 분석하였다.

3. 자료분석 방법

수집된 질문지는 SPSS Windows 10.0 프로그램을 활용하여 통계처리 하였고 분석방법은 다음과 같다.

첫째, 조사대상의 일반적 특성과 시설사회화의 정도를 분석하기 위해 각각 빈도분석(frequency)을 실시하였다.

둘째, 독립변수에 따라서 시설사회화의 차이가 있는지를 파악하기 위하여 분산분석(ANOVA)과 T검증을 사용하였다.

둘째, 측정하는 개념이 정확하고 일관되게 측정되었는지를 확인하기 위하여 신뢰도(reliability)와 타당도(validity)를 확인하였다.

셋째, 독립변수와 종속변수 간에 상관관계가 있는지를 파악하기 위해 상관관계분석(correlation)을 실시하였다.

넷째, 다중회귀 분석에서 독립변수간의 다중공선성의 발생유무를 파악하기 위해 상관관계분석(correlation)을 사용하였다.

다섯째, 설정된 가설을 검증하기 위하여 다중회귀분석(multiple regression)을 실시하였다.

제2절 가설정립

본 연구의 목적을 토대로 하여 연구가설을 설정하였는데, 종속변수인 사회복지시설 사회화의 수준, 즉 전체 시설사회화, 처우의 사회화, 기능의 사회화, 운영의 사회화, 문제의 사회화, 공공행정과의 연계를 기준으로 하여 가설을 6가지로 설정하였다.

〔연구가설 1〕 본 연구에서 규정한 독립변수들은 전체 시설사회화에 영향을 미칠 것이다.

1-1. 사회복지시설의 운영자 요인이 전체 시설사회화에 영향을 미칠 것이다.

1-2. 사회복지시설의 재정 요인이 전체 시설사회화에 영향을 미칠 것이다.

1-3. 사회복지시설의 인력 요인이 전체 시설사회화에 영향을 미칠 것이다.

1-4. 사회복지시설의 시설특성 요인이 전체 시설사회화에 영향을 미칠 것이다.

1-5. 사회복지시설에 대한 주민참여 요인이 전체 시설사회화에 영향을 미칠 것이다.

〔연구가설 2〕 본 연구에서 규정한 독립변수들은 처우의 사회화에 영향을 미칠 것이다.

2-1. 사회복지시설의 운영자 요인이 처우의 사회화에 영향을 미칠 것이다.

2-2. 사회복지시설의 재정 요인이 처우의 사회화에 영향을 미칠 것이다.

2-3. 사회복지시설의 인력 요인이 처우의 사회화에 영향을 미칠 것이다.

2-4. 사회복지시설의 시설특성 요인이 처우의 사회화에 영향을 미칠 것이다.

2-5. 사회복지시설에 대한 주민참여 요인이 처우의 사회화에 영향을 미칠 것이다.

〔연구가설 3〕 본 연구에서 규정한 독립변수들은 기능의 사회화에 영향을 미칠 것이다.

3-1. 사회복지시설의 운영자 요인이 기능의 사회화에 영향을 미칠 것이다.

3-2. 사회복지시설의 재정 요인이 기능의 사회화에 영향을 미칠 것이다.

3-3. 사회복지시설의 인력 요인이 기능의 사회화에 영향을 미칠 것이다.

3-4. 사회복지시설의 시설특성 요인이 기능의 사회화에 영향을 미칠 것이다.

3-5. 사회복지시설에 대한 주민참여 요인이 기능의 사회화에 영향을 미칠 것이다.

〔연구가설 4〕 본 연구에서 규정한 독립변수들은 운영의 사회화에 영향을 미칠 것이다.

4-1. 사회복지시설의 운영자 요인이 운영의 사회화에 영향을 미칠 것이다.

4-2. 사회복지시설의 재정 요인이 운영의 사회화에 영향을 미칠 것이다.

4-3. 사회복지시설의 인력 요인이 운영의 사회화에 영향을 미칠 것이다.

4-4. 사회복지시설의 시설특성 요인이 운영의 사회화에 영향을 미칠 것이다.

4-5. 사회복지시설에 대한 주민참여 요인이 운영의 사회화에 영향을 미칠 것이다.

〔연구가설 5〕 본 연구에서 규정한 독립변수들은 문제의 사회화에 영향을 미칠 것이다.

5-1. 사회복지시설의 운영자 요인이 문제의 사회화에 영향을 미칠 것이다.

5-2. 사회복지시설의 재정 요인이 문제의 사회화에 영향을 미칠 것이다.

5-3. 사회복지시설의 인력 요인이 문제의 사회화에 영향을 미칠 것이다.

5-4. 사회복지시설의 시설특성 요인이 문제의 사회화에 영향을 미칠 것이다.

5-5. 사회복지시설에 대한 주민참여 요인이 문제의 사회화에 영향을 미칠 것이다.

〔연구가설 6〕 본 연구에서 규정한 독립변수들은 공공행정과의 연계에 영향을 미칠 것이다.

6-1. 사회복지시설의 운영자 요인이 공공행정과의 연계에 영향을 미칠 것이다.

6-2. 사회복지시설의 재정 요인이 공공행정과의 연계에 영향을 미칠 것이다.

6-3. 사회복지시설의 인력요인이 공공행정과의 연계에 영향을 미칠 것이다.

6-4. 사회복지시설의 시설특성 요인이 공공행정과의 연계에 영향을 미칠 것이다.

6-5. 사회복지시설에 대한 주민참여 요인이 공공행정과의 연계에 영향을 미칠 것이다.

제 3 절 변수정의

1. 독립변수[4)]

1) 시설운영자 요인

(1) 시설운영자의 시설사회화 의식

神奈川縣 자원봉사센터 기획위원회(1980)는 시설사회화에 있어서 시설관계자의 인식과 의지가 중요하다고 주장하였다. 東京都社會福祉協議會(1980) 또한 시설운영자가 시설사회화의 필요성을 느끼는 정도가 강할수록 시설사회와의 실천수준이 높아진다고 하였다. 감정기・진재문(1999)의 연구에서도 시설운영자의 시설사회화의 필요성에 대한 인식을 차이 요인으로 제시하였다.

吉澤英子 등(1978)은 시설운영자의 의식을 강조하면서 시설사회화

4) 시설사회화에 영향을 미치는 독립변수의 선정과정은 '제5장 사회복지시설 사회화의 영향요인'을 기초로 하였다.

가 시설생활자의 생활과 인간관계, 직원의 근무, 지역사회주민 등에게 미치는 영향을 어떻게 평가하는지를 통하여 파악할 수 있다고 하였다. 박태영(1995) 또한 그의 견해를 수용하여 자신의 연구에서 이를 영향요인으로 제시하였다.

본 연구에서는 시설사회화에 대한 시설운영자의 의식을 측정하기 위해 시설사회화에 대한 찬성정도를 묻는 1문항을 제시하였다. 시설사회화의 시설운영에 대한 영향에 대한 인식을 파악하기 위해 시설 어르신들의 생활에 미치는 영향, 시설직원의 근무환경에 미치는 영향, 지역주민의 시설에 대한 인식에 미치는 영향에 대한 인식 등 총 3문항을 제시하였다. 그리고 시설사회화에 대한 시설운영자의 의식수준을 측정하기 위하여 시설사회화에 대한 찬성의 정도를 측정하는 1문항을 추가로 선정하였다. 따라서 시설사회화에 대한 시설운영자의 의식을 파악하기 위한 문항은 총 5문항이다.

시설사회화에 대한 시설운영자의 의식수준에 대한 응답항목은 동일하게 ① 전혀 그렇지 않다, ② 그렇지 않다, ③ 보통이다, ④ 그렇다, ⑤ 매우 그렇다로 나누어 조사하였고, 통계처리에서는 응답항목의 순서대로 1에서 5까지의 값을 부여하였다.

(2) 시설운영자의 사회복지사 자격유무

시설운영자가 사회복지사의 자격을 소지하고 있는지의 여부를 조사하였다. 사회복지사는 다른 전문직에 비해서 조직-환경간 교류의 중요성과 지역주민의 사회복지시설에 대한 참여를 높이기 위한 방법에 대해 교육받기 때문이다(감정기 · 진재문, 2000:52). 특히, 시설운영자는 다른 일반 직원들에 비해서 시설운영에 지대한 영향을 미치기 때문에 시설운영자가 사회복지사 자격을 소지하였는지의 여부가 시설사회화에 영향을 미칠 수 있다.

본 연구에서는 조사에 응한 시설운영자가 사회복지사 자격을 소지하고 있는지의 여부를 조사하였다. 통계처리 시에는 ① 소지하고 있지 않다에 0, ② 소지하고 있다에 1의 값을 부여하였다.

2) 재정 요인

앞에서 살펴본 바와 같이 岡村重夫(1979)는 시설사회화의 전제조건으로 재정 요인을 강조하였다. 小林良二(1978)도 시설사회화의 가장 큰 장애물이 재원이라고 주장하였다. 국내의 박태영(1995)은 이러한 논의들을 수용하여 시설사회화 영향요인으로 시설의 전체 재정규모와 시설사회화에 대한 재정지출규모를 영향요인으로 제시하였다.

본고에서는 이러한 점들을 고려하여 재정 요인을 조사하기 위해 시설의 전체 예산규모와 시설사회화에 대한 지출액을 살펴보았으며, 분석단위는 만원으로 하였다.

3) 인력 요인

(1) 직원 비율

北九州市社會福祉協議會(1984)는 입소자수 대비 직원의 비율이 높을수록 시설사회화가 원활하게 진행된다고 하였다. 小笠原祐次(1980)는 시설사회화 추진의 전제조건으로 전문직종과 그 인원수 등을 제시하고 있다. 국내의 박태영(1995)과 감정기·진재문(2000)의 연구에서도 이러한 견해를 수용하여 입소인원 대비 직원수의 비율을 영향요인으로 하였다.

본 이러한 연구들을 근거로 하여 직원수를 파악하였는데, 비상근 직원은 제외하였다. 통계처리 시에는 생활인원수 대비 직원수의 비율로 바꾸어 처리하였다.

(2) 사회복지사 비율

박태영(1995)은 사회복지시설에 필요한 전문자격 중에서도 사회복지사 자격소지자의 수가 시설사회화에 영향을 미친다는 사실을 조사결과에서 지적하고 있다. 본고에서도 사회복지사의 배치정도를 인력요인에 포함시켜 조사하였는데, 사회복지사의 수를 묻는 질문을 제시하였다. 통계처리 시에는 직원비율과 마찬가지로 사회복지사의 비율을 측정하는 것이 각 시설의 사회복지사 배치수준을 객관적으로 측정할 수 있다는 판단에서 전체 직원 중 사회복지사의 비율로 변경하였다.

(3) 시설사회화 담당직원의 비율

吉澤英子 등(1978)은 시설사회화 업무를 담당하는 직원이 많이 배치되어 있을수록 시설사회화 수준이 높다고 주장하였다. 국내의 박태영(1995)은 전담직원의 유무만을 묻는데 그쳤으나 본 연구에서는 전담직원과 겸임직원의 인원수를 모두 확인하였다.

그 이유는 현재 사회복지시설의 열악한 인력 배치상황을 고려할 때, 시설사회화를 전담하는 직원을 두기 어렵고 시설사회화를 위한 행정체계가 아직 갖추어지지 않아 전임직원을 두었더라도 상당수가 겸임일 것이라는 판단에 따른 것이며, 이러한 사실은 본 연구의 예비조사를 통해서 확인된 것이기도 하다. 그리고 전임직원이 아닌 겸임직원이라도 시설사회화의 담당직원에 포함시키는 것이 실제로 담당직원의 배치정도를 정확하게 판단할 수 있다고 생각했기 때문이다.

통계처리 시에는 겸임직원 1명을 0.5명으로 변경하였으며, 직원비율이나 사회복지사 비율과 동일하게 전체 직원수 중 시설사회화를 담당하는 직원의 비율로 변경하여 분석하였다.

4) 시설특성 요인

(1) 시설 종류

牧里毎治(1983)는 시설의 특성이 시설사회화의 실천수준과 관계가 있다고 주장하면서 시설의 유형을 언급하고 있다. 박태영(1995)과 감정기 · 진재문(2000)의 연구에서도 시설의 종류가 시설사회화의 실천에 영향을 미친다는 점을 조사연구를 통해서 밝혀내고 있다.

한편, 박태영은 사업의 목적별로만 시설유형을 구분하여 아동복지시설, 장애인복지시설, 노인복지시설 간에 종속변수의 차이가 있는지를 살펴보았다. 감정기와 진재문의 연구에서도 이와 유사하게 아동복지시설, 장애인복지시설, 여성 및 모자복지시설, 부랑인복지시설, 정신요양시설로 구분하여 분석하였다. 그러나 본 연구에서는 연구대상을 노인복지시설로 한정한 이유도 있지만, 시설분류의 보편적인 기준이 되는 비용부담의 유무와 시설의 기능수준에 따라서도 시설사회화의 정도에 차이가 있을 것이라는 판단에서 비용부담과 기능에 따른 시설유형을 독립변수로 설정하였다.

본 연구에서는 앞서 살펴본 노인복지시설의 분류에 따라 무료노인양로시설, 무료노인요양시설, 무료노인전문요양시설, 실비노인양로시설, 실비노인요양시설, 유료노인양로시설, 유료노인요양시설, 유료노인전문요양시설로 구분하여 조사하였다.

그리고 이를 시설이용시 부담하는 비용의 유무를 기준으로 하여 무료시설은 0, 실비시설과 유료시설에는 1의 값을 부여하여 분석하였다.

또한 사회복지시설을 기능별로 양로시설, 요양시설, 전문요양시설로 구분하고, 정부의 무료노인복지시설에 대한 인력지원 내역을 기준으로 하여 양로시설에 0의 값을, 요양과 전문요양시설에는 1의 값을 부여하였다.

(2) 시설생활자의 건강수준

牧里每治(1983)는 사회복지시설의 특성이 시설사회화의 차이를 가져온다고 하였는데, 시설특성의 하나로 시설입소자의 건강상태를 제시하였다. 국내의 조사연구에서는 시설생활자의 건강수준을 포함시킨 경우가 없었기 때문에 神奈川縣 자원봉사센터 기획위원회(1980)의 조사연구에서 제시된 건강상태를 묻는 문항을 참고하였다.

시설생활자의 건강상태를 파악하기 위해 신체적 건강과 정신적 건강이 좋지 않은 시설생활자의 비율을 각각 설문문항에 포함시켰다. 통계처리 시에는 이 2문항의 수치를 합산하여 다시 2로 나눈 평균값을 사용하였다.

(3) 시설설비의 양

小笠原祐次(1977a)는 시설설비 수준이 시설사회화와 관련이 있다고 하였으며, 조사를 통해서도 시설사회화의 전제조건으로 시설설비의 중요성을 입증하였다. 국내의 박태영(1995)도 이와 유사하게 시설사회화와 관련된 시설설비와 그 수준을 시설사회화의 영향요인으로 제시하였으며, 실증분석을 통해 시설사회화 실천과 밀접한 관련이 있다는 점을 증명하였다.

박태영(1995)은 일본의 논의를 검토하여 국내 사회복지시설의 상황에 맞는 시설설비를 제시하였는데, 본 연구에서도 그가 조사한 항목을 변경하여 사용하였다. 본 고에서 제시한 종속변수인 기능의 사회화 중 회의실, 목욕탕, 강당, 주차장의 지역개방 정도를 묻는 질문에 대해 '해당 설비가 없음'에 응답하지 않은 문항수를 측정하여 분석에 사용하였다.

(4) 시설위치

시설의 입지조건이 시설특성 요인으로 제시되고 있다(瀧口桂子, 1978:50; 박태영, 1995:51). 이것은 시설운영에 활용할 수 있는 지역사회의 인적·물적 자원이 농어촌 지역이나 도심 주변보다는 도심 지역이 더 많고, 시설과 해당 지역사회와의 교류도 더 유리하기 때문인 것으로 판단된다.

한편, 박태영(1995:146)은 시설의 위치를 도심지역, 교외지역, 농어촌지역으로 구분하였으나 본 연구에서는 대도시(특별시, 광역시)지역, 중소도시지역, 군단위 지역으로 구분하여 대도시에 1, 중소도시와 군단위 지역에 0의 값을 부여하여 통계처리하였다.

(5) 시설의 역사

감정기·진재문(2000:76)의 연구에서는 시설사회화 수준에 차이를 가져오는 시설특성 요인으로 시설운영 경험을 제시하였다. 이것은 시설운영 경험이 오래될수록 시설과 지역사회의 교류가 축적되어 시설사회화의 수준이 높아질 가능성이 크기 때문이다. 그들의 연구에서 시설운영 경험이 오래될수록 시설사회화에 차이가 있다는 점을 실증적으로 보여주고 있다.

본 연구에서는 시설운영 경험을 측정하기 위해 시설개원 이후의 기간을 묻는 질문을 제시하였고, 이를 총 개월수로 환산하여 분석하였다.

5) 주민참여 요인

高澤武司(1979)는 시설사회화의 정도가 시설에 대한 주민참여 수준에 의하여 결정된다고 주장하였다. 한편 그는 주민참여 수준을 논의하면서 Arnstein(1969)의 주민참여의 위계모형을 받아들여 총 3단계로 주민참여의 단계를 설정하고 총 10개의 세부단계를 제시하고 있다.

본 연구에서는 주민참여의 실질적인 수준을 측정하기 위하여 Arnstein의 주민참여의 위계의 가장 상위단계인 시민파워 단계 중에서 파트너십과 권한이양을 문항으로 하여 총 2문항으로 측정하였다. 파트너십을 측정하기 위하여 시설과 지역주민과의 협력정도를 묻는 1문항을 제시하였다. 그리고 권한이양을 측정하기 위해 시설이 지역주민에게 운영의 권한을 제공하는 정도를 묻는 1문항을 제시하였다. 이를 파악하기 위하여 '전혀 그렇지 않다'에서 '매우 그렇다'까지의 5점 척도로 응답하도록 하였으며, 통계처리시에는 응답항목 순서대로 1에서 5까지의 값을 부여하였다.

지금까지 설명한 독립변수와 그 측정방법에 대해서 정리하면 〈표 5-2〉와 같다.

〈표 5-2〉 독립변수의 조작적 정의와 측정

<table>
<tr><th>요 인</th><th>변 수</th><th colspan="2">조작적 정의 및 측정</th></tr>
<tr><td rowspan="2">시설
운영자</td><td>시설운영자
의식</td><td>시설사회화의 찬성 정도
시설사회화의 필요성에 대한 인식 정도
시설사회화의 시설생활자에 대한 영향
시설사회화의 시설직원에 대한 영향
시설사회화의 지역주민 인식에 대한 영향</td><td>전혀 그렇지 않다(1)
~매우 그렇다(5)
-각 문항의 값을 합산</td></tr>
<tr><td>복지사자격 유무</td><td colspan="2">사회복지사 자격유무 : 없다(0), 있다(1)</td></tr>
<tr><td rowspan="2">재 정</td><td>시설총예산</td><td colspan="2">시설의 1년 예산(단위: 만원)</td></tr>
<tr><td>시설사회화예산</td><td colspan="2">시설의 1년 시설사회화 예산(단위: 만원)</td></tr>
<tr><td rowspan="3">인 력</td><td>직원비율</td><td colspan="2">직원수/생활인원</td></tr>
<tr><td>사회복지사 비율</td><td colspan="2">사회복지사수/직원수</td></tr>
<tr><td>사회화 직원비율</td><td colspan="2">시설사회화담당 직원수/직원수</td></tr>
<tr><td rowspan="6">시설특성</td><td>비용별 시설종류</td><td colspan="2">비용부담에 따른 시설종류
: '무료시설(0)'과 '실비시설 및 유료시설(1)'</td></tr>
<tr><td>기능별 시설종류</td><td colspan="2">시설기능에 따른 시설종류
: '양로시설(0)'과 '요양시설 및 전문요양시설(1)'</td></tr>
<tr><td>건강수준</td><td colspan="2">시설생활자의 건강수준 : 신체적·정신적으로 건강하지 않은 시설생활자의 비율을 합산하여 평균값 산출</td></tr>
<tr><td>설비양</td><td colspan="2">시설이 보유하고 있는 설비의 개수 : '해당 설비가 없음'에 응답하지 않은 문항수</td></tr>
<tr><td>시설위치</td><td colspan="2">시설의 입지조건
: '대도시(1)'와 '중소도시 및 군단위 지역(0)'</td></tr>
<tr><td>시설역사</td><td colspan="2">시설이 개원한 이후의 기간(단위 : 개월)</td></tr>
<tr><td>주민참여</td><td>주민참여수준</td><td>시설과 지역주민의 협력수준
시설의 지역주민에 대한 권한제공 수준</td><td>전혀 그렇지 않다(1)
~매우 그렇다(5)
-각 문항의 값을 합산</td></tr>
</table>

2. 종속변수

본 연구의 종속변수는 각 시설사회화의 실천정도가 되며, 연속변수(continuous variable)로 구성된다. 종속변수를 선정하는데 있어 野口

定久(1980), 牧里毎治(1983), 박태영(1995), 감정기・진재문(1999) 등의 연구를 참고하였다. 그리고 高山直樹(2000), 野久定久(2003), 深谷美枝 外(2001) 등 1980년대 후반 이후의 시설사회화에 대한 논의를 참고하여 종속변수로 설정하였다.

각 시설사회화를 측정하기 위하여 이론적 배경에서 제시된 내용 중 선정된 설문문항은 다음과 같다.

처우의 사회화를 측정하기 위해 시설생활자의 지속적인 지역사회 관계에 관한 가족친척과의 연락・주변사람과의 연락・가족친척에 대한 방문, 그리고 시설생활자의 지역사회생활의 유지에 관한 지역사회 쇼핑・지역사회행사 참여・지역사회 종교활동, 시설생활자에 대한 서비스 수준을 측정하는 주거환경 개선과 시설생활자를 위한 여가프로그램 운영, 그리고 시설생활자를 시설의 주체로 세우기 위한 의복구입 및 식단작성에 대한 시설생활자의 의견반영 등 총 10문항을 선정하였다.

기능의 사회화를 측정하기 위해 시설설비, 즉 회의실・목욕탕・강당・주차장의 지역사회에 대한 제공, 그리고 시설의 전문기능, 즉 의료서비스・재가서비스・상담서비스의 지역제공과 직원의 지역행사 지도 등 총 8문항을 제시하였다.

운영의 사회화를 측정하기 위해 시설운영의 민주화와 관련된 이사진에 지역사회주민의 참여・시설생활자의 의견반영・지역단체의 의견반영, 시설운영에 대한 지역주민의 참여인 간접서비스와 직접서비스에 대한 자원봉사자의 활용정도, 시설행사에 대한 지역주민의 참여 등 총 6문항을 선정하였다.

문제의 사회화를 측정하기 위해 지역사회 교육에 관한 자원봉사교육과 시설교육, 그리고 시설홍보에 관한 정기적인 홍보・언론매체를 활용한 홍보・예산공개 등 총 5문항을 선정하였다.

공공행정과의 연계를 측정하기 위하여 행정관계자의 시설초청, 행정행사에 대한 참여, 행정에 대한 애로사항 전달, 행정위원회의 참여 등 총 4문항을 선정하였다.

따라서 시설사회화를 측정하기 위한 문항수는 총 33문항이 된다. 각 문항의 응답항목은 동일하게 ① 전혀 그렇지 않다, ② 그렇지 않다, ③ 보통이다, ④ 그렇다, ⑤ 매우 그렇다로 나누어 조사하였다. 통계처리에서는 응답항목의 순서대로 1에서 5까지의 값을 부여하였다. 분야별 시설사회화는 각 문항들에 대한 응답치를 합산하였다. 전체 시설사회화를 측정하기 위해 각 시설사회화의 점수를 합산하였다. 한편, 처우의 사회화 중 '해당 서비스가 없음'에 응답한 경우와 기능의 사회화 중 '해당 설비가 없음'에 응답한 것은 '0'으로 처리하였다.

3. 종속변수의 신뢰도와 타당도 검증

본 연구에서는 사회복지시설 사회화의 종속변수인 처우의 사회화, 기능의 사회화, 운영의 사회화, 문제의 사회화, 공공행정과의 연계를 측정하는데 있어서 기존연구자들이 신뢰도와 타당도를 검증한 것을 그대로 사용하지 않았다.

그 이유는 시설사회화를 체계적으로 측정한 문항과 척도가 개발되지 않았고 시설사회화와 관련된 일부 국내의 연구에서도 시설사회화를 측정하는데 있어서 여러 문제점이 발견되었기 때문이다. 본 연구에서 이론적 논의와 지금까지의 조사연구들을 검토하여 새로운 시설사회화의 영역과 문항들을 제시하였다. 본 연구에서 선정한 시설사회화 종속변수의 신뢰도와 타당도의 검증결과는 다음과 같다.

먼저, 〈표 5-3〉에 종속변수의 요인별 문항들에 대한 신뢰도 검증결과를 제시하였다. 종속변수는 처우의 사회화, 기능의 사회화, 운영의 사회화, 문제의 사회화, 공공행정과의 연계의 5개 요인으로 구분된다.

처우의 사회화에는 총 10문항이 포함되며, Cronbach's α값은 .8152이다. 기능의 사회화에는 총 8문항이 포함되며, Cronbach's α값은 .8008이다. 운영의 사회화를 측정하기 위하여 총 6문항을 선정하였으며, Cronbach's α값은 .8144이다. 문제의 사회화에는 총 5문항이 포함되었으며, Cronbach's α값은 .8091이다. 공공행정과의 연계를 측정하기 위하여 총 4문항을 선정하였으며, Cronbach's α값은 .8223이다.

〈표 5-3〉 종속변수의 신뢰도

구분	문 항	신뢰계수
처우의 사회화	1) 우리 시설의 어르신들은 가족이나 친척과 연락(전화, 편지)을 자주 하고 있다. 2) 우리 시설의 어르신들은 가족이나 친척 이외에 친구를 비롯한 평소 알고 지내던 사람들과 연락(전화, 편지)을 자주 하고 있다. 3) 우리 시설의 어르신들은 가족이나 친척을 자주 방문하고 있다. 4) 우리 시설의 어르신들은 지역사회에 나가 쇼핑을 자주 하고 있다. 5) 우리 시설의 어르신들은 지역사회의 행사(축제, 체육대회, 경연대회, 발표회 등)에 자주 참여하고 있다. 6) 우리 시설의 어르신들은 지역사회에 나가서 종교활동을 자주 하고 있다. 7) 우리 시설에서는 어르신들의 주거환경을 개선(장애인편의시설의 설치 및 보수)하고 있다. 8) 우리 시설에서는 어르신들의 의복을 구입할 때 어르신들의 의견을 반영하고 있다. 9) 우리 시설에서는 식단을 작성할 때 어르신들의 의견을 반영하고 있다. 10) 우리 시설에서는 어르신들의 여가생활을 위한 프로그램을 운영하고 있다.	.8152
기능의 사회화	1) 우리 시설의 회의실을 지역사회주민들이 이용하도록 허락하고 있다. 2) 우리 시설의 목욕탕을 지역사회주민들이 이용하도록 허락하고 있다. 3) 우리 시설의 강당을 지역사회주민들이 이용하도록 허락하고 있다. 4) 우리 시설의 주차장을 지역사회주민들이 이용하도록 허락하고 있다. 5) 우리 시설은 지역사회주민들에게 의료(진료, 물리치료) 서비스를 제공하고 있다. 6) 우리 시설은 지역사회주민들에게 재가복지서비스(가정봉사원파견사업, 주간보호, 단기보호 등)를 제공하고 있다. 7) 우리 시설은 지역사회주민들에게 상담서비스를 제공하고 있다. 8) 우리 시설의 직원들이 지역사회(각종 단체, 행사)에 참여하여 도움(지도, 진행)을 주고 있다.	.8008

운영의 사회화	1) 우리 시설의 이사진(이사, 감사)에 본 시설과 이해관계가 없는 지역주민들이 참여하고 있다. 2) 우리 시설은 시설운영에 당사자(시설어르신이나 그 가족)의 의견을 반영하고 있다. 3) 우리 시설은 시설운영에 지역사회단체(후원회, 자원봉사단체)의 의견을 반영하고 있다. 4) 우리 시설은 사무, 청소, 세탁, 행사보조, 수리 등에 자원봉사자를 활용하고 있다. 5) 우리 시설은 말벗, 각종 지도, 종교활동, 목욕, 기저귀처리 등에 자원봉사자를 활용하고 있다. 6) 우리 시설의 행사에 지역사회주민들을 참여시키고 있다.	.8144
문제의 사회화	1) 우리 시설은 자원봉사자 교육을 실시하고 있다. 2) 우리 시설은 우리 시설을 이해시키기 위하여 지역주민들에게 교육을 실시하고 있다. 3) 우리 시설은 우리 시설을 지역사회에 알리기 위하여 정기적으로 홍보지 (소식지, 팜플렛)를 발행하고 있다. 4) 우리 시설은 우리 시설을 지역사회에 알리기 위하여 언론매체를 이용하고 있다. 5) 우리 시설은 우리 시설의 예결산 내용을 지역사회에 공개하고 있다.	.8091
공공행정과의 연계	1) 우리 시설의 행사에 행정당국(시・군・구 등)의 관계자들을 초청하고 있다. 2) 우리 시설은 행정당국의 사회복지와 관련된 행사 등에 참여하고 있다. 3) 우리 시설은 행정당국에 우리 시설의 애로사항을 전달하고 있다. 4) 우리 시설의 직원들이 공공행정기관의 각종 위원회 등에 참여하고 있다.	.8223

〈표 5-4〉에 본 연구에서 사용한 종속변수의 타당도를 검증하기 위해 실시한 요인분석 결과를 제시하였다. 요인분석 결과 성분은 총 8개로 구성되었다.

처우의 사회화 요인은 총 4개의 하위요인으로 구분되고 있다. 성분 5에 가족친척과의 연락에서 가족친척에 대한 방문 등 3개 문항의 각 요인점수는 .69~.83까지의 분포를 보이고 있으며, 처우의 사회화 중 지역사회에서의 지속적인 인간관계 유지와 관련된다. 그리고 시설생활자의 지역사회 쇼핑에서 종교활동까지 3문항의 각 요인점수가 .44~.69까지의 분포를 보이고 있으며, 이 문항들은 처우의 사회화 중 지역사회에서의 지속적인 일상생활의 영위에 해당된다.

한편, 처우의 사회화 중 시설생활자의 주거환경개선과 여가생활 프로그램 운영 문항의 요인점수가 각각 .58과 .45로서 하나의 하위요인으로 묶이는데, 이 문항은 시설생활자에 대한 서비스 수준에 해당된다. 그리고 의복구입과 식단작성에 대한 시설생활자의 의견반영 2문항의 요인점수가 각각 .71과 .65로서 하나의 요인에 묶이는데, 이것은 시설생활자가 생활의 주체자로서의 선택권에 해당된다.

기능의 사회화 요인은 본 연구의 이론적 배경에서 제시한 대로 총 2개의 하위요인으로 구분되고 있다. 시설이 보유한 설비, 즉 물적 자원의 지역사회 제공에 해당하는 회의실 지역제공에서 주차장의 지역제공까지의 4문항의 요인점수는 .52~.76까지 성분 6에 포함되고 있다. 시설이 보유한 전문기능의 지역제공에 해당하는 의료서비스의 지역제공에서 시설직원의 지역단체행사 지도까지 4문항의 요인점수는 .43~.74까지 성분2에 포함되고 있다.

운영의 사회화 요인에 해당하는 지역사회단체의 의견반영에서 시설행사에 주민참여의 4문항은 성분 1에 포함되며, .44~.83의 요인점수를 보여주고 있지만, 이사진에 지역참여와 시설생활자의 의견반영 2문항의 요인점수는 각각 .10과 .20의 낮은 수치를 보이고 있다. 하지만, 지역주민을 이사로 참여시키는 것과 시설운영자와 그 가족의 의견을 시설운영에 반영하는 것을 운영의 사회화에 포함시킨다는 것은 堂面秋芳(1979)과 牧里毎治(1983)의 연구에서 논의되고 조사가 이루어진 바가 있다. 그리고 시설운영을 민주화하는 것이 운영의 사회화 내용의 핵심인데, 시설운영에서 가장 큰 결정권을 가지고 있는 이사회에 친인척이나 기타 이해관계가 없는 지역주민을 참여시키는 것과 시설운영에 시설생활자 및 그 가족의 의견을 반영하는 문항을 포함시키는 것이 적절하다고 판단된다.

문제의 사회화 요인은 성분 1과 성분 4에 2개의 하위요인으로 묶이고 있는 것으로 나타났다. 성분 1에 포함된 것은 자원봉사교육(.58), 홍보활동(.60), 예산홍보(.42) 등 3문항이며, 성분 4에 포함된 것은 시설교육(.43)과 언론매체를 활용한 홍보(.45) 등 2문항이다.

공공행정과의 연계 요인은 성분 3에 하나의 요인으로 묶이는 것으로 나타났다. 이 요인은 행정관계자의 시설초청에서 시설직원의 행정위원회 참여까지 4개 문항으로 구성되어 있는데, 각 문항별 요인점수는 .68~.80의 수치를 보이고 있다.

전체적으로 요인분석 결과를 살펴보면, 대체적으로 본 연구에서 제시한 시설사회화의 종속변수가 각 요인별로 묶이고 있는 것으로 판단된다. 그리고 신뢰도 분석결과에서도 각 요인의 Cronbach's α값이 .8008~.8223의 높은 수치를 보이고 있다. 따라서 본 연구에서 제시한 시설사회화를 측정하는 총 33문항을 투입하여 통계처리에 사용하고자 한다.

〈표 5-4〉 종속변수의 타당도

요인	문항	성분 1	2	3	4	5	6	7	8
처우의 사회화	가족친척과의 연락	.195	2.593E-02	8.282E-02	5.085E-02	.831	1.297E-02	6.086E-02	-1.349E-02
	주변사람과의 연락	.125	.126	-4.607E-02	.128	.819	5.292E-02	.197	5.411E-02
	가족친척에 방문	2.147E-02	9.864E-02	.209	.292	.690	8.658E-02	.122	.188
	지역사회쇼핑	.253	2.503E-04	1.129E-03	5.445E-02	.345	.163	.689	.108
	지역사회행사 참여	.451	7.770E-02	6.741E-02	.132	.256	.194	.440	.261
	지역사회 종교활동	.104	-6.565E-02	.165	-8.459E-02	.302	.271	.648	-1.272E-02
	주거환경개선	6.453E-02	4.523E-02	.248	.575	.170	.175	-.150	.242
	의복구입에 의견반영	.254	.209	-5.765E-03	.107	-3.418E-03	.159	.168	.714
	식단작성에 의견반영	.114	8.405E-02	.214	.258	.229	.120	.153	.652
	여가프로그램 운영	.392	-2.027E-02	.225	.454	.250	.136	5.138E-02	.257
기능의 사회화	회의실의 지역제공	7.840E-02	.129	.129	.215	6.508E-02	.764	5.557E-02	.181
	목욕탕의 지역제공	.240	.404	3.938E-02	-.118	.106	.544	-6.344E-02	.238
	강당의 지역제공	.150	3.881E-02	.197	.208	7.073E-02	.712	.231	.149
	주차장의 지역제공	.109	.279	.101	.129	-3.083E-02	.522	7.621E-02	-.362
	의료서비스 지역제공	.143	.739	.140	1.845E-02	.132	.221	-7.201E-02	7.701E-02
	재가서비스 지역제공	.101	.731	.196	8.804E-02	.109	-3.680E-02	.103	.129
	상담서비스 지역제공	2.675E-02	.692	.187	.242	-5.368E-02	.188	7.348E-02	4.336E-02
	직원의 지역행사지도	8.723E-02	.429	8.068E-02	.398	9.057E-02	.360	.232	-9.646E-02
운영의 사회화	이사진에 주민참여	.104	.270	.128	.200	-.111	-.132	.572	.184
	생활자 등의 의견반영	.199	.190	8.541E-02	.650	.183	.125	.160	7.704E-02
	지역단체 의견반영	.441	.167	.220	.442	.139	7.697E-02	.257	.179
	간접서비스봉사이용	.783	6.485E-02	.230	5.794E-02	.124	.147	.149	7.024E-02
	직접서비스봉사이용	.832	3.606E-03	.238	7.942E-03	.206	.108	8.599E-02	5.961E-02
	시설행사 주민참여	.570	.339	.217	.189	.131	.189	.177	.223
문제의 사회화	자원봉사교육	.580	.191	.135	.384	3.228E-02	5.962E-02	-.102	.262
	시설교육	.352	.386	.229	.433	8.841E-02	.156	.179	.139
	홍보활동	.650	.143	.178	.333	-9.318E-04	1.165E-02	.255	-2.240E-02
	언론매체활용 홍보	.375	.357	6.450E-02	.446	7.124E-02	.186	8.704E-02	-.194
	예산홍보	.420	.374	.306	.135	5.113E-02	7.893E-02	.363	2.250E-02
공공행정과의 연계	행정관계자 시설초청	.398	.257	.675	.116	1.072E-02	.108	7.018E-02	.150
	행정행사에 참여	.317	7.251E-02	.746	5.703E-02	.179	.133	9.723E-02	.179
	행정에 애로사항 전달	.250	.160	.800	.182	5.333E-02	.108	.135	-4.126E-02
	직원 행정위원회 참여	7.375E-02	.263	.590	.165	2.998E-02	.108	4.007E-02	-1.519E-02

제6장

연구대상의 일반적 특성

이 장에서는 〈표 6-1〉을 중심으로 조사대상의 일반적 특성에 관해 살펴보고자 한다.

응답자의 직위는 원장 101명(42.3%), 사무국장 138명(57.7%)으로 사무국장이 응답한 비율이 원장보다 15.4% 높게 나타나고 있다. 그러나 박태영(1995)의 조사연구에서 시설장의 응답률이 25.7%에 불과하고 감정기・진재문(1999)의 조사연구도 36%에 불과하다는 점을 감안하면 본 조사에서는 상대적으로 원장의 응답률이 높은 편이라고 할 수 있다. 그러나 본 연구도 우편조사의 한계로 인해 원장의 응답률이 사무국장에 비해서 약간 낮은 수치를 보이고 있다.

응답자의 성별은 남성 111명(46.4%), 여성 128명(53.6%)으로 여성의 응답률이 7.2% 높게 나타났다. 응답자의 연령은 최소 24세, 최대 70세, 평균 43.69세로 나타났다. 응답자 중 연령이 70세인 경우도 있었고 만 65세 이상이 8개소로 나타났다.

최근 정부에서 시설종사자의 정년을 규정하여 연령이 낮아지고 있는데, 시설사유화 의식을 탈피하고 조직을 쇄신시키기 위해 앞으로 원장의 정년은 현재 재직 중인 설립자와 직계가족 1세대에 한해서만 70세로 하며 시설장의 정년은 65세가 된다. 이외 시설종사자의 정년은

60세로 제한된다. 경과조치로 2001년 12월 31일 이전 종사자의 경우 10년간의 유예기간을 부여하되 퇴직금이 확보되었거나 업무수행 능력이 없을 때, 그리고 비리가 발생하였을 때에는 유예기간을 단축할 수 있도록 규정하고 있다(보건복지부, 2004b:179).

이 조사결과는 최근 정부에서 사회복지시설 종사자의 정년제를 규정하려고 하지만 이러한 정책적 방향과 현실이 다른 것을 알 수 있다. 70세면 법적으로 노인으로 규정되는데, 노인이 노인을 돌보고 있는 모순된 현상을 보여주고 있는 것이다.

시설운영 경험은 최소 3개월, 최대 919개월, 평균 140.84개월로 나타났다. 시설이 개원한 이후 919개월, 즉 76년이 넘는 시설도 있는 것으로 나타났는데, 1920년대에 개원한 시설인 셈이다. 이 시설은 한국전쟁 이전에 정부의 재정지원이 전혀 없이 개인이나 단체가 설립한 시설이라고 볼 수 있다. 전체적으로 볼 때 평균 12년의 설립역사를 보이고 있는데, 10년 이상 된 시설이 50%를 넘는다는 것을 의미하며 국내의 시설의 건물설비가 상당히 노후되었다는 추측을 할 수 있다. 특히, 정부가 지원하는 건축비가 상당히 낮다는 사실을 감안하면, 시설의 노후 정도는 훨씬 더 심각할 것으로 판단된다.

그리고 개원 이후 1년 미만인 시설이 28개소(11.9%)인 것으로 나타났는데, 이것은 최근 노인복지시설 설립에 대한 지역사회 요구가 반영되고 있는 결과라고 할 수 있다. 서동우 등(1999)의 노인복지시설에 대한 추계치에서 12년간 312개소가 증가되어야 한다는 점을 확인한 바 있다. 그러나 이것은 정부보고서에서 제시한 수치이고 현재 한국 노인계층의 노후준비가 매우 열악하다는 사실을 감안하면, 이보다 훨씬 더 많은 시설이 증설되어야 할 것이다.

생활인원수는 최소 3명, 최대 330명, 평균 58.11명으로 나타났다. 이에 비하면 평균치는 58명 가량으로 대규모라고는 할 수 없다. 그러나 330명인 시설이 조사된 것은 정부의 재정지원이 시설규모, 즉 시설생활자의 수에 따라서 차등적으로 이루어지기 때문에 빚어진 결과라고 할 수 있다. 이것은 최근의 시설보호의 흐름이 대규모가 아니라 소규모를 지향하고 있는 것과 반대되는 결과이다.

이와는 반대로 최소 생활인원이 3명인 시설도 있었다. 이것은 개원 이후 1년 미만인 시설이 12% 가량에 이르고, 개원한 이후 3개월에 지나지 않은 시설이 포함된 결과라고 할 수 있다. 시설생활자의 입소가 이제 시작된 시설인 것으로 생각된다.

시설의 1년 예산은 최소 1,200만원에서 최대 34억 6,718만원, 평균 5억 7,862만원으로 조사되었다. 최소와 최대의 편차가 약 30배에 이를 정도로 상당히 큰 것을 알 수 있다. 이 또한 개원 이후 1년 미만인 시설들이 포함된 결과이기도 하지만, 언급한 바와 같이 시설생활자의 수에 따라서 정부의 재정지원이 차등적으로 이루어지는 상황에서 시설의 규모의 차이에서 비롯된 결과이기도 하다. 그리고 시설예산의 경우에 무응답 시설이 41개소에 이르고 있는데, 예비조사에서 특히 유료시설의 경우에 시설재정 상황을 외부에 공개하는 것을 상당히 기피하고 있다는 사실을 발견하였다.

시설사회화 예산은 전혀 지출하지 않는 시설에서 최대 1억 8,845만원, 평균 874만원으로 조사되었다. 특히 시설사회화 예산이 전혀 없다고 응답한 시설이 35개소(14.6%)에 이르고 있으며, 100만원 이하인 시설도 58개소(32.4%)에 달하며, 평균도 874만원에 불과하다. 이것은 그만큼 시설의 사회화예산이 적고 결국 시설사회화의 수준도 낮을 수 밖에 없다는 것을 의미한다. 그리고 무응답 시설이 60개소에 이르고 있는데, 이 시설들은 대개 시설사회화 예산이 없거나 적다고 할 수 있다.

전체 문항 중에서 예산을 묻는 질문에 대한 무응답의 비율이 매우 높은 것으로 나타났는데, 이러한 사실 자체가 시설들의 사회화 수준이 낮다는 것을 암시한다. 물론 시설사회화 예산의 경우에 응답자가 정확하게 판단하여 응답하기 어려울 수도 있다. 본 조사에 앞서 실시한 예비조사에서 이러한 문제점을 발견하여 시설사회화에 대한 간략한 설명을 제시한 표를 질문지 내에 포함시켰다. 그리고 예산을 묻는 질문에 대한 높은 무응답률은 본 조사의 우편조사 방식에서 비롯된 문제일 수도 있다.

시설당 총 직원수는 최소 2명, 최대 90명, 평균 21.63명이며, 직원비율은 최소 0.54명에서 최대 10.67명의 큰 차이를 보이고 있고 평균은 3.04명로 나타났다. 이것은 평균적으로 시설생활자 3.04명당 1명의 직원이 배치되어 있으며, 최소 시설생활자 0.54명당 1명의 직원이 배치되어 있는 시설과 최대 10.67명의 시설생활자에 1명의 직원이 배치되어 있다는 것을 의미한다. 특히 그 편차가 최대 20배에 이르고 있는데, 이러한 차이는 시설규모와 시설의 기능에 따라서 차등적으로 직원을 배치하도록 하는 정부지원의 차이와 관련이 있는 것으로 보인다.

일본의 경우 2000년 후생성에서 실시한 조사결과에서 약 260만명의 시설생활자에 약 76만명의 시설직원이 배치되어 있어 약 3.42명의 시설생활자에 대해서 1명의 직원이 배치되는 것으로 나타났다(박세경, 2003:60). 본 조사에서 평균적으로 노인복지시설의 시설생활자 3.04명당 1명의 직원배치율을 보이고 있는 것으로 나타났다. 조사대상이나 조사시기가 일치하지 않아 비교에 한계가 있지만, 일본과 한국의 시설직원의 배치율에 큰 차이가 없다는 것을 알 수 있다. 이것은 최근 정부가 시설직원의 2교대 근무제를 위해 생활지도원 등을 비롯한 직원의 배치수준을 획기적으로 개선한 데서 비롯된 긍정적 결과라고 평가할 수 있겠다. 그러나 정부가 규정하고 있는 직원배치 수준과 정부예산에서 지원되는 직원배치 수준의 차이의 문제는 여전히 존재하고 있다.

사회복지사의 경우 한 명도 없는 시설에서 46명까지 배치된 시설이 있으며, 평균은 5.13명으로 나타났다. 사회복지사의 비율은 최저 0%에서 최고 80%로 나타났으며, 평균은 26.38%로 나타나 사회복지사의 배치율에 있어 매우 높은 편차를 보이고 있다. 그리고 아직도 사회복지시설에 배치되어야 할 중요한 전문인력으로서의 사회복지사가 배치되어 있지 않은 시설들이 있다는 것을 알 수 있다. 사회복지사를 3명 이하로 고용하고 있는 시설이 107개소(44.8%)로 나타나고 있어 사회복지시설에 가장 중요한 전문직의 배치율이 상당히 낮다는 것을 알 수 있다. 반면, 최대 46명의 사회복지사를 둔 시설이 있는 것으로 나타났는데, 이것은 사회복지사가 많이 배치되어 있다고 판단할 수도 있겠지만, 시설의 직원배치는 시설생활자의 수에 따라 크게 좌우되기 때문에 시설의 규모가 매우 큰 시설의 경우인 것으로 판단할 수 있다.

시설사회화를 담당하는 직원 중 전임직원의 수는 평균 0.76명으로 시설당 1명에도 미치지 못하는 수준이다. 시설사회화를 담당하는 전임직원이 없는 시설이 130개소(59.9%)이며, 1명인 시설이 52개소(24.0%)인 것으로 나타났다. 그리고 무응답이 22개소에 이르고 있는데, 이러한 시설들의 경우 대개 전임직원이 없는 시설이라고 판단하면 시설사회화를 담당하는 전임직원의 비율은 매우 낮은 수준이라고 할 수 있다. 시설사회화를 담당하는 겸임직원의 수는 전임직원에 비해서는 높은 편이지만, 여전히 낮은 수준이라고 할 수 있다. 겸임직원은 평균 1.93명으로 2명에 가까운 수준이다. 그러나 겸임직원이 없는 시설이 82개소(37.8%), 1명인 시설이 48개소(22.1%)에 이르고 있어 60%가량의 시설이 1명 이하의 겸임직원을 두고 있다. 겸임직원수의 경우에도 무응답 시설이 22개소로 나타나 전임직원의 경우와 마찬가지로 실제 수치는 더 낮아질 것으로 예상된다.

전임직원수를 100%로 하고 겸임직원의 수를 50%로 산정하여 각각을 합산한 시설사회화 담당직원수는 최저 1명도 배치되지 않은 시설에서 최대 14명까지 배치된 시설이 있는 것으로 나타났고, 평균은 1.73명으로 나타났다. 최근 시설과 지역사회의 교류를 비롯한 시설사회화를 강조하고 있지만 이 업무를 담당하는 직원을 전혀 배치하지 않은 시설이 있으며, 전체적으로도 평균 1.73명에 불과하다는 사실을 알 수 있다.

감정기 · 진재문(1999)의 조사연구에서는 전담직원이 없는 경우가 조사대상 시설 총 61개소 중 52개소(85.2%)에 이르는 것으로 나타나 본 연구의 조사결과에 비해 상당히 낮은 수치를 보이고 있다. 이러한 차이는 2001년 이후 2교대제 근무를 위하여 사회복지시설에 대한 정부의 인력지원이 획기적으로 개선된 데 따른 결과로 평가된다(박태영, 2003a:160). 사회복지시설의 직원배치수준이 전반적으로 증가하면서, 시설사회화를 담당하는 직원을 별도로 배치할 수 있는 여건이 조성된 결과라고 할 수 있다. 특히, 노인복지시설의 경우 시설생활자의 의식주 등 기초생활업무를 담당하는 생활지도원이 2배로 증원되면서, 이 직위로 채용하되 사회복지사 자격을 갖춘 직원들을 일부 채용하여 지역사회교류와 전문적인 프로그램 실시 등 시설사회화와 관련된 업무를 담당하고 있다고 한다.

시설종류는 무료양로시설 56개소(23.4%), 무료요양시설 85개소(35.6%), 무료전문요양시설 51개소(21.3%), 실비양로시설 5개소(2.1%), 실비요양시설 11개소(4.6%), 유료양로시설 13개소(5.4%), 유료요양시설 8개소(3.3%), 유료전문요양시설 10개소(4.2%)로 나타났다. 비용부담별로 보면, 무료시설 192개소(80.3%), 실비시설 16개소(6.7%), 유료시설 31개소(13.0%)로 나타나고 있다. 기능별로 살펴보면, 양로시설 74개소(31.0%), 요양시설 104개소(43.5%), 전문요양시설 61개소(25.5%)였다. 이 결과는 우리나라의 현재 전체 노인복지시설의 비율인 무료양로시설 24.22%, 무료요양시설 32.20%, 무료전문요양시설 19.37%, 실비양로시설 1.42%, 실비요양시설 5.41%, 유료양로시설 8.26%, 유료요양시설 5.41%, 유료전문요양시설 3.70%와 큰 차이가 없다. 따라서 본 조사에 포함된 조사대상 시설이 전체 노인복지시설의 분포를 대체적으로 잘 반영한 것으로 평가된다.

시설생활자의 건강상태는 신체적으로 건강하지 않은 시설생활자의 비율이 평균 27.26%, 정신적으로 건강하지 않은 시설생활자의 비율이 27.16%로 나타났다. 최소값과 최대값은 각각 동일하게 0%와 100%이다. 최소값과 최대값의 편차가 크게 나타난 것은 양로시설과 전문요양시설의 입소대상의 차이에서 비롯된 결과로 보인다. 양로시설은 전체적인 정부의 지원수준이 낮은 대신, 전문요양시설에 비해 상대적으로 건강하고 활동력이 있는 노인들이 입소하게 되어 있다. 반면 전문요양시설은 치매·중풍 등 중증의 질환이 있는 노인이 입소대상자이기 때문에 건강상태가 매우 좋지 않은 경우에만 입소가 가능하다.

시설설비에서는 회의실, 목욕탕, 강당, 주차장 4개 중에서 평균 3.02개를 보유하고 있는 것으로 나타났다. 해당설비가 없는 경우를 기준으로 하여 살펴보면, 회의실이 없는 경우가 63개소(26.4%), 목욕탕은 56개소(23.4%), 강당은 68개소(28.5%), 주차장은 30개소(12.6%)로 나타났다.

한편 박태영(1995:78)의 연구에서 회의실은 109개소(36.3%), 목욕탕은 31개소(10.3%), 강당은 50개소(16.5%)로 설비가 갖추어지지 않은 것으로 나타났다. 회의실의 경우 본 연구의 조사결과가 더 양호한 것으로 나타났는데, 조사시기의 차이로 인해서 시설의 설비보유 수준이 양호해진 것으로 생각된다.

반면, 목욕탕의 경우는 박태영의 조사결과가 더 양호한 것으로 나타났다. 이것은 조사대상의 차이에서 비롯되었다고 할 수 있다. 즉, 본 연구의 조사대상인 노인복지시설은 대규모의 공중목욕탕이 있는 대신 개인적으로 사용할 수 있는 목욕탕이 개별적으로 설치된 경우가 많다. 그러나 그의 조사대상은 노인복지시설 이외에도 아동복지시설과 장애인복지시설이 포함되어 있는데, 이러한 시설들은 대개 대규모의 공중목욕탕을 갖추고 있다. 또한 강당의 경우에도 그의 조사연구가 더 양호한 것으로 나타났는데, 노인복지시설에 비해 아동복지시설과 장애인복지시설의 경우 학습, 각종 행사 프로그램 진행 등으로 인해 강당의 설치가 더 필요하기 때문인 것으로 생각된다.

시설의 입지조건, 즉 시설위치는 대도시지역 64개소(26.8%), 중소도시지역 108개소(45.2%), 군단위지역 67개소(28.0%)이다. 이러한 조사결과는 사회복지시설이 대부분 중소도시나 군단위 지역의 외곽지역에 위치하여 지역사회와의 교류 등 시설사회화가 어렵다는 기존 연구의 주장들과는 다른 결과를 보이고 있다. 이것은 박태영(1995)의 조사에서도 입증되었는데, 도시지역 총 303개소의 사회복지시설 중 112개소(37.0%)가 도심지역에 위치하고 있는 것으로 나타났다.

시설운영자의 시설사회화에 대한 의식의 평균은 4.10으로 나타났는데, 이러한 조사결과는 박태영(1995)에 비해서는 약간 높은 것이다. 본 연구와 동일하게 그의 연구에서도 시설사회화의 영향에 대한 인식을 5점 척도로 측정하였다. 본 연구의 경우 시설사회화의 시설생활자에 대한 영향의 평균이 3.94, 직원근무에 대한 영향은 3.83, 지역주민의 시설에 대한 인식은 4.21로 조사되었다. 반면, 그의 조사결과는 각각 3.62, 3.16, 3.44로서 본 연구에 비해서 낮은 점수를 보이고 있다.

그 이유는 박태영이 조사한 1994년 초반에 비해서 본 연구의 조사시점인 2004년 초반의 10년 이후에 시설운영자의 시설사회화에 대한 의식이 상당히 높아졌다고 할 수 있다. 물론 그의 조사방법, 특히 조사대상시설이 아동복지시설, 노인복지시설, 장애인복지시설을 포함하고 있기 때문에 이러한 차이가 발생할 수도 있다. 그러나 그의 연구에서는 유료시설을 제외하였는데, 본 연구의 결과에서 제시되고 있듯이 무료시설이 유료시설에 비해 시설사회화의 수준이 높다는 점을 감안할 때 시설사회화에 대한 시설운영자의 의식수준이 높아졌다고 보는 것이 타당하다.

이는 최근 시설에 대한 사유화를 막고 시설의 전문성을 높이기 위해서 시설장의 정년제를 추진하고 사회복지사의 채용수준을 높이는 등 정부의 사회복지시설 개선노력이 성과를 거두고 있는 결과라고 할 수 있다(보건복지부, 2004b). 사회복지사업법을 비롯한 각종 사회복지법의 개정에 따라 시설평가제를 도입하고 시설의 운영위원회·운영간담회·이사회 등의 조직에 지역주민 참여 등 시설운영의 민주화, 지역사회와의 교류, 전반적인 시설 처우수준의 향상 등 시설사회화를 위한 정부의 노력이 실효를 거두고 있다고 평가할 수 있다(변재관 외, 2002).

〈표 6-1〉 연구대상의 일반적 특성 (단위 : 개소, %)

특 성	항 목	빈 도	백분율(%)	N
응답자의 직위	원장(시설장)	101	42.3	239
	사무국장(총무)	138	57.7	
응답자의 성	남성	111	46.4	239
	여성	128	53.6	
시설운영자의 사회복지사자격 여부	없다	48	19.7	239
	있다	191	80.3	
비용부담별 시설종류	무료시설	192	80.3	239
	실비시설	16	6.7	
	유료시설	31	13.0	
기능별 시설종류	양로시설	74	31.0	239
	요양시설	104	43.5	
	전문요양시설	61	25.5	
시 설 위 치	대도시지역	64	26.8	239
	중소도시지역	108	45.2	
	군단위 지역	67	28.0	

특 성	단 위	최소값	최대값	평 균	SD	N
응답자의 연령	세	24	70	43.69	10.77	238
시설운영경험	개월	3	919	140.84	174.44	236
생활인원수	명	3	330	58.11	38.31	238
시설운영자 의식	점수	2.00	5.00	4.10	0.62	239
시설 총재정	만원	1200	346,718	57861.54	45876.8	198
시설사회화 지출액	만원	0	18,845	873.59	2022.35	179
직 원 수	명	2	90	21.63	15.09	239
직 원 비 율	%	0.54	10.67	3.04	1.37	238
사회복지사수	명	0	46	5.13	5.12	239
사회복지사 비율	%	0	80	26.38	16.52	239
사회화 전임직원수	명	0	7	0.76	1.33	217
사회화 겸임직원수	명	0	25	1.93	3.30	217
사회화담당직원수	명	0	14	1.73	2.22	217
육체적 건강수준	%	0	100	27.26	24.98	239
정신적 건강수준	%	0	100	27.16	27.21	239
시설설비의 양	개수	0	4	3.09	1.21	239
주민참여의 수준	점수	1.00	4.50	2.80	0.71	239

주민참여 수준은 평균 2.80으로 나타났다. 주민참여 수준 중에서 지역주민과의 협력수준은 평균 3.43으로 지역주민에 권한을 이양하는 수준의 2.17에 비해서 훨씬 높게 나타나고 있다. 이 조사결과를 통해서 노인복지시설과 지역주민 간의 협력은 원활하게 이루어지고 있는 것으로 볼 수 있지만, 협력수준보다 높은 단계에 있는 지역주민에게 시설의 운영권한을 부여하는 정도는 낮다는 점을 알 수 있다.

제7장

사회복지시설의 사회화 정도

본 장에서 사회복지시설의 사회화 정도를 ① 전체 시설사회화, ② 처우의 사회화, ③ 기능의 사회화, ④ 문제의 사회화, ⑤ 운영의 사회화, ⑥ 공공행정과의 연계로 나누어 살펴보았다. ① 전체 시설사회화는 각 시설사회화를 합산한 값으로 측정하였다. 각 표에 제시된 결과를 중심으로 시설사회화의 정도를 살펴보기로 한다.

제1절 전체 시설사회화 정도

본 연구에서 각 시설사회화를 합산한 전체 시설사회화의 정도에 관한 결과가 아래의 〈표 7-1〉에 제시되어 있다.

전체 시설사회화의 평균은 108.15로 조사되었으며, 최소값은 1이고 최대값 5로 나타났다. 그리고 표준편차(SD)는 20.88로 나타났다. 한편, 각 시설사회화를 합산한 값을 시설사회화의 각 문항수로 나눈 문항의 평균값은 3.28인 것으로 나타났다.

〈표 7-1〉 시설사회화 정도

내 용	평 균	문항평균	최 소	최 대	S.D	N
시설사회화	108.15	3.28	40.00	158.00	20.88	239

제2절 처우의 사회화 정도

시설사회화 중 처우의 사회화 정도를 살펴보기 위하여 실시한 빈도분석의 결과가 〈표 7-2〉에 제시되어 있다. 시설생활자의 생활수준 향상 서비스가 없는 경우에는 '0'으로 처리하였다. 〈표 7-2〉의 내용을 중심으로 처우의 사회화 정도를 살펴보기로 한다.

처우의 사회화에서 가족·친척과의 연락의 경우 '보통이다' 이상에 응답한 시설은 총 230개소(96.2%)이며, 최소값은 1, 최대값은 5, 표준편차(SD)는 0.83이다. 친구와 지인을 비롯한 주변사람과의 연락은 평균 3.35로 나타났다. '보통이다' 이상에 응답한 시설은 총 195개소(81.6%)로 가족·친척과의 연락에 비해서는 낮은 수치를 보이고 있다. 최소값은 1, 최대값은 5, 표준편차(SD)는 0.95로 조사되었다. 시설생활자의 가족·친척에 대한 방문의 평균은 3.46으로 전화나 편지를 통한 연락보다는 낮은 수치를 보이고 있다. '보통이다' 이상에 응답한 시설은 195개소(81.6%)로 친구와 지인을 비롯한 주변사람과의 연락과 동일한 수치를 보이고 있다. 최소값은 1, 최대값은 5, 표준편차(SD)는 0.94로 조사되었다.

시설생활자들이 지역사회에서 쇼핑하는 경우는 '보통이다' 이상에 응답한 시설이 184개소(77.0%)에 이르며, 평균 3.25, 최소값 1, 최대값 5, 표준편차(SD) 1.05로 조사되었다. 지역사회행사 참여는 평균 3.06이며, 최소값 1, 최대값 5, 표준편차(SD) 1.03으로 조사되었다. '보통이다' 이상에 응답한 경우는 175개소(73.2%)로 나타났다. 지역사회 종교활동의 평균은 3.14이며, 최소값 1, 최대값 5, 표준편차(SD) 1.25이고 '보통이다' 이상에 응답한 시설이 155개소(64.9%)로 나타났다. 시설생활자의 지역사회생활의 경우 지역사회 쇼핑이 가장 높게 나타나고 있으며, 그 다음은 지역사회 종교활동과 지역사회 행사참여의 순으로 이어지고 있다.

처우의 사회화 중 주거환경 개선의 경우 '전혀 그렇지 않다'와 '그렇지 않다'에 응답한 경우는 각각 1개소(0.4%)와 3개소(1.3%)로 양자를 합쳐 모두 4개소(1.7%)에 불과하다. '보통이다' 이상에 응답한 결과가 무려 226개소(98.3%)에 이르고 있다. 평균은 4.02로 나타났다. 이것은 1998년 시행된 「장애인·노인·임산부 등의 편의증진 보장에 관한 법률」에 의해 대부분의 시설들이 의무적으로 주거환경 개선을 위해 편의시설을 설치했거나 설치하고 있기 때문인 것으로 판단된다. 주거환경 개선의 평균은 4.18, 최소값 1, 최대값 5, 표준편차(SD)는 0.74로 나타났다.

의복을 구입할 때 시설생활자의 의견을 반영하는지에 대한 조사결과, 평균 3.87, 최소값 1, 최대값 5, 표준편차(SD)는 0.92이다. '보통이다' 이상으로 노인들의 의사를 반영하는 시설이 202개소(91.8%)로 나타났다. 한편, 노인들의 의견을 전혀 반영하지 않는 것으로 응답한 시설이 3개소(1.4%)로 다른 항목에 비해서 다소 높게 나타났는데, 이것은 의복구입의 경우 무료시설과 다르게 유료나 실비시설에서는 이에 대한 정부지원이 전혀 없어서 시설생활자와 그 가족들이 개인적으로 구입하는 경우가 대부분이기 때문이다.

식단작성에 시설생활자의 의사를 반영하는 것과 여가프로그램 운영의 경우 평균이 각각 4.04와 4.35로 나타나 다른 문항에 비해서 높은 점수를 보이고 있다. '해당 서비스가 없다'에 응답한 경우도 각각 1개 시설에 지나지 않는다. 전자의 경우, 최소값 1, 최대값 5, 표준편차(SD) 0.78로 나타났고, 후자는 최소값 1, 최대값 5, 표준편차(SD)

0.71로 조사되었다.

처우의 사회화 전체 평균은 3.69로 나타났다. 이는 본 연구에서 처우의 사회화 만점지수인 5점의 73.8%에 달하는 수치인데, 전체 시설 사회화의 평균점수인 3.28(65.6%)에 비해 높은 점수이다.

〈표 7-2〉 처우의 사회화 (단위 : 개소, %)

내 용	전혀 그렇지 않다	그렇지 않다	보통이다	그렇다	매우 그렇다	평균	최소	최대	S.D	N
가족친척과의 연락	2 (0.8)	7 (2.9)	65 (27.2)	109 (45.6)	56 (23.4)	3.88	1	5	0.83	239
주변사람과의 연락	8 (3.3)	36 (15.1)	80 (33.5)	94 (39.3)	21 (8.8)	3.35	1	5	0.95	239
가족친척에 방문	5 (2.1)	30 (12.6)	86 (36.0)	87 (36.4)	22 (9.2)	3.46	1	5	0.94	239
지역사회 쇼핑	16 (6.7)	39 (16.3)	76 (31.8)	86 (36.0)	22 (9.2)	3.25	1	5	1.05	239
지역사회행사 참여	20 (8.4)	44 (18.4)	92 (38.5)	67 (28.0)	16 (6.7)	3.06	1	5	1.03	239
지역사회 종교활동	25 (10.5)	59 (24.7)	52 (21.8)	64 (26.8)	39 (16.3)	3.14	1	5	1.25	239
주거환경개선	1 (0.4)	3 (1.3)	31 (13.5)	114 (49.6)	81 (35.2)	4.18	1	5	0.74	230
의복구입 의사반영	3 (1.4)	15 (6.8)	47 (21.4)	98 (44.5)	57 (25.9)	3.87	1	5	0.92	220
식단작성 의사반영	2 (0.8)	6 (2.5)	37 (15.5)	128 (53.8)	65 (27.3)	4.04	1	5	0.78	238
여가프로그램 운영	0 (0.0)	4 (1.7)	20 (8.4)	102 (42.9)	112 (47.1)	4.35	2	5	0.71	238
전체 평균	3.69									

제3절 기능의 사회화 정도

시설사회화 중 기능의 사회화 정도를 살펴보기 위해 실시한 빈도분석의 결과가 〈표 7-3〉에 제시되어 있다. 지역사회주민이 이용할 수 있는 시설설비가 없는 경우에는 '0점'으로 처리하였다. 〈표 7-3〉의 내용을 중심으로 기능의 사회화 정도를 살펴보기로 한다.

기능의 사회화 중 시설설비의 지역제공에 있어서 '해당설비가 없음'에 응답한 시설이 상당수에 이르는 것으로 조사되었다. 회의실이 없는 경우는 63개소(26.4%), 목욕탕이 없는 시설이 56개소(23.4%), 강당이 없는 시설이 68개소(28.5%), 주차장이 없는 시설이 30개소(12.6%)인 것으로 나타났다. 시설설비 제공의 평균은 2.34에서 3.29로 다른 항목에 비해서 상당히 낮은 수치를 보이고 있는데, 이것은 '해당 설비가 없다'에 응답한 시설이 많기 때문이다. 특히, 목욕탕을 지역사회에 제공하는 시설의 평균은 2.34로 가장 낮은 수치를 보이고 있다.

시설설비의 제공 중 회의실을 지역사회에 제공하는 경우의 평균은 2.96, 최소값 1, 최대값 5, 표준편차(SD)는 1.29로 나타났다. '그렇지 않다' 와 '전혀 그렇지 않다'에 응답한 시설이 74개소(41.0%)이다. 이것은 최근 대부분의 지역사회에 마을회관이나 경로당이 마련되어 굳이 사회복지시설의 회의실을 이용할 필요가 없기 때문인 것으로 추측된다.

목욕탕을 지역사회에 제공하는 경우는 평균 2.34, 최소값 1, 최대값 5, 표준편차(SD) 1.21로 나타났다. 기능의 사회화 중 가장 낮은 수치를 보이고 있는데, '그렇지 않다'와 '전혀 그렇지 않다'에 응답한 시설이 123개소(67.2%)에 이르고 있다. 이것은 지역사회에 제공할 수 있을 정도로 큰 공중목욕탕은 갖추고 있지 않은 대신에 최근 노인복지시설에서도 개별적으로 사용하는 소규모의 목욕탕을 구비하고 있는 경우가 많기 때문이다.

강당을 지역사회에 제공하는 경우는 평균 3.12, 최소값 1, 최대값 5, 표준편차(SD) 1.34로 나타났다. '그렇지 않다'와 '전혀 그렇지 않다'에 응답한 시설이 64개소(37.4%)인데, 시설설비 중 강당이 없는 경우가 가장 많은 것으로 나타났다. 강당이 없는 시설이 가장 많은 이유는 강당이 가장 대규모이기 때문에 설비를 갖추는데 많은 비용이 소요되어 시설들이 강당까지는 갖추지 못한 경우가 많고 최근 지역사회에 관공서나 체육시설 등에 강당이 건립되어 있어 이를 이용하는 경우가 많기 때문인 것으로 생각된다. 그리고 노인복지시설의 경우 아동이나 장애인 시설과는 달리 고령자들이 생활하기 때문에, 대규모의 강당에서 실시할 수 있는 프로그램을 진행할 필요성이 적고 지역사회의 행사에 초청을 받아 지역사회의 대규모 시설을 이용하여 진행하는 행사가 많다. 현실적으로도 노인복지시설의 경우, 생일잔치 등 집단적으로 실시하는 프로그램의 경우 식당에서 진행하는 것이 보통이다.

주차장을 지역사회에 제공하는 경우는 평균 3.29, 최소값 1, 최대값 5, 표준편차(SD) 1.22로 시설설비의 지역사회 제공 중 가장 높은 점수를 보이고 있다. 주차장을 지역사회에 제공하는 것으로 판단되는 '보통이다' 이상에 응답한 시설이 150개소(71.8%)로 높은 점수를 나타내고 있다. 응답시설 중 주차장이 없는 경우가 가장 낮은 수치를 보이고 있다. 반면, '그렇지 않다'와 '전혀 그렇지 않다'에 응답한 시설은 59개소(28.2%)로 다른 문항에 비해서 가장 낮은 수치를 보이고 있다. 이것은 최근의 주차난을 반영하는 결과이기도 한데, 특히 도시지역의 주차공간이 부족하여 시설측이 주차장을 지역사회주민들이 이용할 필요성이 크고 노인복지시설이 이러한 지역주민의 요구에 부응하고 있기 때문으로 판단된다.

전문기능의 지역사회 제공 평균은 시설설비의 지역제공과 유사하게 문항별로 2.37에서 2.95의 수치를 보이고 있어 다른 시설사회화의 영역과 비교하여 낮은 점수를 보이고 있다.

전문기능의 지역사회 제공 중 의료서비스의 지역제공은 평균 2.66, 최소값 1, 최대값 5, 표준편차(SD) 1.33으로 조사되었다. '보통이다' 이상에 응답한 시설은 109개소(45.5%)이며, '그렇지 않다' 이하에 응답한 시설은 130개소(54.4%)인 것으로 나타났다. 상담서비스의 지역사회 제공은 평균 2.84, 최소값 1, 최대값 5, 표준편차(SD) 1.26으로 나타났다. '보통이다' 이상에 응답한 시설은 138개소(57.7)이며 '그렇지 않다'와 '전혀 그렇지 않다'에 응답한 시설은 101개소(42.3%)로 지역사회에 제공하는 경우가 약간 높은 것을 알 수 있다.

시설직원의 지역사회단체 행사지도 평균은 2.95로 전문기능의 지역제공 중 가장 높은 점수를 보이고 있다. '보통이다' 이상에 응답한 시설은 154개소(64.7%)이고 '그렇지 않다'와 '전혀 그렇지 않다'에 응답한 시설은 85개소(35.6%)로 직원들이 지역사회단체의 행사를 지도하고 있다고 응답한 시설이 훨씬 많은 것을 알 수 있다. 최소값 1, 최대값 5, 표준편차(SD) 1.10으로 조사되었다.

한편, 재가복지 서비스의 지역사회 제공은 평균 2.37, 최소값 1, 최대값 5, 표준편차(SD) 1.43으로 나타났다. '전혀 그렇지 않다' 86개소(36.0%), '그렇지 않다' 74개소(31.0%), '보통이다' 20개소(8.4%), '그렇다' 23개소(9.6%), '매우 그렇다' 36개소(15.1%)로 나타났다. 따라서 재가복지 서비스를 지역사회에 제공하고 있는 것으로 판단되는 '보통이다' 이상에 응답한 시설은 79개소(32.1%)이다.

이러한 사실은 한국보건사회연구원과 한국재가노인복지협회에서 실시한 연구보고서에서도 유사하게 나타나고 있다(정경희 외, 2001: 219). 이 조사연구는 2000년도에 재가노인복지시설 88개소를 대상으로 하여 평가를 실시하였다. 재가노인복지시설의 유형을 6개로 구분하여 결과가 제시되었는데, 이 중 장기입소시설에 재가노인복지시설이 병설되어 있는 경우가 총 88개소 중 18개소(20.5%)에 이르는 것으로 나타났다. 물론 본 연구의 측정은 기능의 사회화 정도를 5점 척도로 측정하였지만 한국보건사회연구원과 한국재가노인복지협회의 조사에서도 이와 유사한 결과가 제시되었다. 본 연구의 조사결과가 약간 높은 수치를 보이고 있는데, 이것은 조사대상과 조사시기에 차이가 있다는 점을 감안하면 납득할 만한 것이라고 할 수 있다.

이러한 조사결과가 기능의 사회화 중 전문서비스의 제공과 관련된 다른 조사항목들에 비해서 높다고 볼 수는 없다. 그러나 이 조사결과는 시설보호의 대안으로 재가보호를 강조하는 입장과는 다르게 현실적으로 상당수의 시설이 재가복지 서비스를 제공하고 있다는 점에서 매우 주목할 만한 것이다. 즉, 시설보호의 부정적인 측면만을 강조하여 시설의 존재근거마저 위협받는 상황에서 현실적으로 사회복지시설이 재가복지서비스의 주체가 되고 있는 것이다.

전체적으로 볼 때, 의료서비스와 상담서비스의 지역제공, 시설직원의 지역단체나 행사의 지도와 참여의 경우에도 '보통이다', '그렇다', '매우 그렇다'에 응답한 경우를 합하면 각각 109개소(45.5%), 138개소(57.7%), 154개소(64.5%)의 수치를 보이고 있다.

이런 결과를 볼 때, 상당수의 사회복지시설이 재가복지 서비스를 비롯하여 시설이 보유하고 있는 전문기능을 지역사회에 제공하고 있다는 점을 알 수 있다. 따라서 사회복지시설이 가지고 있는 제반 문제점들을 보완하고 그들이 보유한 설비와 전문기능을 지역사회에 적극적으로 제공할 수 있는 여건, 즉 재정, 인력, 행정 등의 여건이 마련된다면 국내의 사회복지시설도 지역사회복지의 거점으로서 그 역할을 충분히 해낼 것으로 기대된다.

기능의 사회화 전체 평균은 2.87로 나타났는데, 이는 본 연구에서 기능의 사회화의 만점지수인 5점의 57.4%에 달하는 수치이며, 이 조사결과는 전체 시설사회화의 수치인 3.28(65.6%)에 비해 상당히 낮은 점수이다. 특히, 기능의 사회화 수준이 다른 시설사회화의 영역에 비해 가장 낮은 것으로 나타났는데, 이러한 결과는 지역사회에 제공할 수 있는 설비가 갖추어지지 않은 시설이 상당히 많은 데서 비롯된 것으로 보인다.

〈표 7-3〉 기능의 사회화 정도 (단위 : 개소, %)

내 용	전혀 그렇지 않다	그렇지 않다	보통이다	그렇다	매우 그렇다	평균	최소	최대	SD	N
회의실 지역제공	27 (15.3)	47 (26.7)	30 (17.0)	50 (28.4)	22 (12.5)	2.96	1	5	1.29	176
목욕탕 지역제공	48 (26.2)	75 (41.0)	22 (12.0)	25 (13.7)	13 (7.1)	2.34	1	5	1.21	183
강당 지역제공	26 (15.2)	38 (22.2)	24 (14.0)	55 (32.2)	28 (6.4)	3.12	1	5	1.34	171
주차장 지역제공	19 (9.1)	40 (19.1)	47 (22.5)	67 (32.1)	36 (17.2)	3.29	1	5	1.22	209
의료서비스 지역제공	55 (23.0)	75 (31.4)	29 (12.1)	56 (23.4)	24 (10.0)	2.66	1	5	1.33	239
재가복지서비스 지역제공	86 (36.0)	74 (31.0)	20 (8.4)	23 (9.6)	36 (15.1)	2.37	1	5	1.43	239
상담서비스 제공	47 (19.7)	54 (22.6)	46 (19.2)	75 (31.4)	17 (7.1)	2.84	1	5	1.26	239
직원 지역단체 행사지도	26 (10.9)	59 (24.7)	71 (29.7)	68 (28.5)	15 (6.3)	2.95	1	5	1.10	239
전체 평균	2.87									

제 4 절 운영의 사회화 정도

운영의 사회화 정도를 빈도분석한 결과가 〈표 7-4〉에 제시되어 있다. 〈표 7-4〉의 내용을 중심으로 운영의 사회화 정도를 살펴보기로 한다.

시설운영에 시설생활자와 지역사회 단체의 의견을 반영하는 정도는 각각 평균 3.68과 3.36의 수치를 보이고 있다. 자원봉사자 이용 또한 간접서비스와 직접서비스의 평균이 동일하게 3.77로 나타났다. 시설행사에 대한 지역주민의 참여도 평균 3.62로 다소 높은 수치를 보이고 있다. 시설생활자의 직간접 처우에 자원봉사자를 이용하는 정도가 높은 것은 현실적으로 사회복지시설의 직원배치율이 낮아 자원봉사자를 활용하는 정도가 높고 최근 증가하고 있는 자원봉사 참여도가 반영된 것으로 보인다.

운영의 사회화 중 시설운영에 시설생활자의 의견을 반영하는 경우는 평균 3.68, 최소값 1, 최대값 5, 표준편차(SD)는 0.85로 나타났다. '보통이다' 이상에 응답한 시설은 220개소(92.1%)로 대부분의 시설이 시설생활자의 의견을 시설운영에 반영하고 있는 것으로 나타났는데, 바람직한 현상이라고 할 수 있다. 그리고 시설운영에 지역사회단체의 의견을 반영하는 경우는 평균 3.36, 최소값 1, 최대값 5, 표준편차(SD) 0.91로 나타났다. '보통이다' 이상에 응답한 시설이 118개소(49.4%)로 나타났다. 반면, '그렇지 않다'에 응답한 경우가 109개소(45.6%)로 상당히 높은 수치를 보이고 있다.

간접처우(사무, 청소, 세탁, 행사보조, 수리 등)에 자원봉사자를 이용하는 경우는 평균 3.77, 최소값 1, 최대값 5, 표준편차(SD) 1.04로 나타났다. '보통이다' 이상에 응답한 시설이 210개소(87.5%)로 대부분의 시설이 간접서비스에 자원봉사자를 활용하고 있는 것으로 조사되었다.

그리고 직접처우(말벗, 각종 지도, 종교활동, 목욕, 기저귀 처리 등)에 대한 자원봉사자 이용의 평균은 간접서비스의 경우와 동일하게 3.77로 나타났고, 최소값 1, 최대값 5, 표준편차(SD) 0.97로 조사되었다. '보통이다' 이상에 응답한 시설이 총 212개소(88.7%)로 매우 높게 나타났다. 시설행사에 지역사회주민을 참여시키는 경우의 평균은 3.62, 최소값 1, 최대값 5, 표준편차(SD) 1.05로 조사되었으며, '보통이다' 이상에 응답한 시설은 203개소(85.9%)로 나타났다.

그러나 지역주민의 이사진 참여의 평균은 2.87, 최소값 1, 최대값 5,

표준편차(SD) 1.21로 다른 문항에 비해 매우 낮은 점수를 보이고 있다. 본 조사에서는 친인척이나 시설과 이해관계가 없는 지역주민을 이사진에 참여시키고 있는지를 살펴보았다. 사실 국내 사회복지시설의 경우 친인척 등 친분 관계나 금전관계를 배경으로 하여 이사진을 구성하는 경우가 많아 시설운영의 민주화에 큰 장애가 되고 있다. 이 조사결과를 통해 아직까지도 시설의 개인소유와 운영의 특성이 강하고 친인척을 중심으로 한 시설운영이 일반화되어 있다는 것을 알 수 있다. 이것은 한국의 경우 역사적으로 사회복지시설에 대해 국가의 지원이 적었고 이로 인해 민주적이고 개방적인 시설운영이 어려웠기 때문이다.

조사대상이나 조사문항의 차이 때문에 본 연구의 조사결과와 객관적인 비교가 어렵지만, 2001년도 한국보건사회연구원과 보건복지부의 시설평가 결과에서도 동일한 문제가 지적되고 있다. 이 평가보고서에도 무료노인복지시설 이사회의 전문성에 대해서 평가한 항목이 있는데, 재단 이사회에 지역주민의 참여가 이루어지고 있는 시설은 총 79개 시설 중 12개소(15.2%)이며, 지역사회주민과 전문가가 참여하고 있는 경우는 39개소(49.4%)로 그 비율이 더 낮은 것으로 나타났다(변재관 외, 2002:98). 그 전년도 시설평가보고서에서는 본 연구와 유사하게 노인요양시설의 운영주체가 종교법인인 경우에 해당종교의 관련자로만 구성되거나 시설운영자의 친인척이나 지인들로만 구성되는 사례가 많다는 점을 문제로 지적하고 있다(변재관 외, 2001:283).

사회복지시설의 실질적인 운영주체라고 할 수 있는 법인 이사회의 공익성을 강화하기 위해 특별한 관계가 있는 자가 전체 이사의 5분의 1을 초과해서는 안 된다는 사회복지사업법상의 규정이 있다. 이것은 이전에 3분의 1이었던 규정이 완화된 것이라고 할 수 있다. 그러나 사회복지시설의 실질적 운영주체인 법인 이사회의 공익성을 강화하기 위해 이 규정을 강화해야 한다는 주장이 있다(김종해, 2000:36-37). 한편, 지역사회복지가 민간참여를 강조하고 있으며 실질적으로 사회복지시설이 대부분 민간에서 운영하고 있는 상황에서 법인 이사회의 공익성을 지나치게 강조하다 보면, 시설운영에 대한 민간참여를 감소시키는 역효과를 초래할 수도 있기 때문에 이 문제에 대해 좀더 신중한 접근이 필요할 것으로 생각한다.

운영의 사회화 평균점수는 3.51로 조사되었는데, 이는 본 연구에서 운영의 사회화의 만점지수인 5점의 70.2%에 달하는 수치이다. 이 조사결과는 전체 시설사회화의 점수인 3.28(65.6%)에 비해서는 약간 높은 것이다.

〈표 7-4〉 운영의 사회화 정도 (단위 : 개소, %)

내 용	전혀 그렇지 않다	그렇지 않다	보통이다	그렇다	매우 그렇다	평균	최소	최대	S.D	N
이사진에 주민참여	34 (14.2)	68 (28.5)	51 (21.3)	66 (27.6)	20 (8.4)	2.87	1	5	1.21	239
운영에 생활자의 의견반영	5 (2.1)	14 (5.9)	64 (26.8)	126 (52.7)	30 (12.6)	3.68	1	5	0.85	239
운영에 지역단체의 의견반영	12 (5.0)	109 (45.6)	82 (34.3)	25 (10.5)	11 (4.6)	3.36	1	5	0.91	239
간접처우에 자원봉사이용	7 (2.9)	22 (9.2)	55 (23.0)	90 (37.3)	65 (27.2)	3.77	1	5	1.04	239
직접처우에 자원봉사이용	5 (2.1)	22 (9.2)	50 (20.9)	109 (45.6)	53 (22.2)	3.77	1	5	0.97	239
시설행사에 지역주민 참여	10 (4.2)	26 (10.9)	57 (23.8)	98 (41.0)	48 (20.1)	3.62	1	5	1.05	239
전체 평균	3.51									

제 5 절 문제의 사회화 정도

문제의 사회화 정도를 빈도분석한 결과는 〈표 7-5〉와 같다. 문제의 사회화 전체 평균은 3.35로 나타났다. 각 항목별로 구체적인 조사결과를 살펴보면 다음과 같다.

문제의 사회화 중 자원봉사 교육은 평균 3.46, 최소값 1, 최대값 5, 표준편차(SD) 1.05로 조사되었다. '보통이다' 이상에 응답한 시설은 총 194개소(81.2%)로 대다수의 시설이 자원봉사자 교육을 실시하고 있는 것으로 나타났다.

시설에 대한 교육은 평균 2.79로 자원봉사자 교육에 비해서 상당히 낮은 수치를 보이고 있다. 최소값은 1, 최대값 5, 표준편차(SD) 0.97로 조사되었다. '보통이다' 이상에 응답한 시설이 139개소(58.1%)로 자원봉사 교육에 비해 상당히 낮은 점수를 보이고 있다. '그렇지 않다' 이하에 응답한 경우를 비교하더라도 자원봉사자 교육은 45개소(18.8)에 불과한 것에 비해 시설교육은 100개소(41.8%)로 매우 높은 수치를 보이고 있다.

따라서 고교 이하 학생들을 포함하여 사회 전체적으로 증가하고 있는 자원봉사자에 대해서 교육이 어느 정도 이루어지고 있는 반면, 시설의 현황과 문제점들을 지역사회에 알리고 지역사회의 참여수준을 높일 수 있는 시설교육은 낮은 수준이라고 할 수 있다. 이것은 전반적으로 인력이 부족한 상황에서 자원봉사자를 활용해야 하는 시설입장에서는 자원봉사자들에 대해 일정한 교육을 실시할 수밖에 없기 때문이다.

지역주민에게 별도의 시간과 장소를 마련하여 사회복지시설에 대해 교육시키는 수준은 자원봉사교육에 비해서 낮은 것으로 나타났다. 따라서 시설이 지역사회복지 기관으로서의 역할을 담당하기 위해서 앞으로 사회복지시설을 포함한 사회복지에 대한 교육과 홍보를 지속적으로 실시해야 할 필요성이 제기된다고 할 수 있다. 아울러 이러한 역할을 수행하기 위해 이에 필요한 재정과 인력이 지원되어야 할 것이다.

소식지 등을 통하여 정기적으로 홍보하고 있는 시설은 평균 3.86, 최소값 1, 최대값 5, 표준편차(SD) 1.13으로 나타났다. '보통이다' 이상에 응답한 시설은 총 199개소(83.3%)로 대다수의 시설이 정기적인 홍보를 실시하고 있는 것으로 나타났다. 그러나 언론매체를 통하여 적극적으로 홍보하는 것과 예산을 공개하는 것은 각각 평균 3.32와 3.34로 소식지 등을 통한 정기적인 홍보에 비해서 낮은 점수를 보이고 있다. 언론매체를 통한 적극적인 홍보의 경우, '그렇지 않다'와 '전혀 그렇지 않다'에 응답한 시설이 64개소(26.8%)로 나타났다.

그리고 예산공개의 경우 최소값 1, 최대값 5, 표준편차(SD) 1.25로 조사되었다. '그렇지 않다'와 '전혀 그렇지 않다'에 응답한 시설은 72개소(30.1%)로 나타났다. 언론매체를 통한 홍보의 경우 최소값 1, 최대값 5, 표준편차(SD) 1.11로 나타났다. 이 조사결과는 지역사회에 대한 시설홍보가 아직까지 피상적인 수준에 머물러 있고, 예산공개가 적극적으로 이루어지지 않고 있다는 점에서 시설운영을 보다 적극적이고 투명하게 해야 할 필요성을 드러내고 있다. 물론 이에 대한 사회복지시설의 의지가 중요하겠지만, 역할을 담당할 인력이 충분히 배치되는 것도 필요하다.

문제의 사회화 전체평균은 3.35로 조사되었는데, 이는 본 연구에서 문제의 사회화 만점지수인 5점의 67%에 달하는 점수이다. 이 조사결과는 전체 시설사회화의 점수인 3.28(65.6%)에 비해 약간 높은 수치이다.

〈표 7-5〉 문제의 사회화 정도　(단위 : 개소, %)

내 용	전혀 그렇지 않다	그렇지 않다	보통이다	그렇다	매우 그렇다	평균	최소	최대	SD	N
자원봉사자교육	13 (5.4)	32 (13.4)	56 (23.4)	108 (45.2)	30 (12.6)	3.46	1	5	1.05	239
시설에 대한 지역주민교육	16 (6.7)	84 (35.1)	84 (35.1)	44 (18.4)	11 (4.6)	2.79	1	5	0.97	239
정기적인 홍보지발행	8 (3.3)	32 (13.4)	27 (11.3)	90 (37.7)	82 (34.3)	3.86	1	5	1.13	239
언론매체를 활용한 홍보	11 (4.6)	53 (22.2)	57 (23.8)	84 (35.1)	34 (14.2)	3.32	1	5	1.11	239
예산공개	18 (7.5)	54 (22.6)	46 (19.2)	71 (29.7)	50 (20.9)	3.34	1	5	1.25	239
전체 평균	3.35									

제6절 공공행정과의 연계 정도

시설사회화 중 공공행정과의 연계 정도를 빈도분석한 결과가 〈표 7-6〉에 제시되어 있다. 〈표 7-6〉의 내용을 중심으로 공공행정과의 연계 정도를 살펴보기로 한다.

공공행정과의 연계 중 행정관계자의 시설초청은 평균 3.67, 최소값 1, 최대값 5, 표준편차(SD) 1.00으로 나타났다. '보통이다' 이상에 응답한 시설이 총 212개소(88.7%)로 대다수의 시설이 행정관계자들을 시설행사에 초청하고 있다는 것을 알 수 있다. 행정기관의 각종 행사에 대한 참여는 평균 3.84, 최소값 1, 최대값 5, 표준편차(SD) 0.86으로 나타났다. '보통이다' 이상에 응답한 시설이 무려 228개소(95.4%)의 시설이 행정기관의 각종 행사에 참여하고 있으며, '그렇지 않다'와 '전혀 그렇지 않다'에 응답한 시설은 11개소(4.6%)에 불과하다는 것을 알 수 있다.

행정기관에 시설의 애로사항을 전달하는 경우도 행정기관의 각종 행사에 대한 참여와 동일하게 평균이 3.84이며, 최소값 1, 최대값 5, 표준편차(SD) 0.88로 나타났다. 구체적으로 보면 '보통이다' 이상에 응답한 시설이 121개소(92.5%)에 이르는 것으로 나타났는데, 행정기관의 각종 행사에 대한 참여와 유사한 양상을 보이고 있음을 알 수 있다.

시설직원의 공공행정위원회 참여의 평균은 가장 낮은 2.98이며, 최소값 1, 최대값 5, 표준편차(SD) 1.02로 조사되었다. 다른 항목들과 달리 '전혀 그렇지 않다'와 '그렇지 않다'에 응답한 시설이 89개소(37.2%)에 이르고 있다. '보통이다' 이상에 응답한 시설이 150개소(62.8%)로 참여하지 않고 있는 시설의 응답보다는 훨씬 높지만 다른 항목들과 비교하면 상당히 낮은 수치라고 할 수 있다.

공공행정과의 연계에서 공식적인 연계라고 할 수 있는 것이 공공행정위원회에 참여하는 것인데, 가장 낮은 수치를 나타내고 있다. 이것은 시설과 공공 행정간에 비공식적인 연계는 이루어지고 있지만, 시설을 발전시키고 시설의 다양한 문제점들을 정책적으로 개선시킬 수 있는 공식적인 연계가 활발히 이루어지고 있지 않다고 할 수 있다.

공공행정과의 연계 평균점수는 3.58로 조사되었는데, 이는 본 연구에서 공공행정과의 연계 만점지수인 5점의 72.2%에 달하는 수치이다. 이 조사결과는 전체 시설사회화의 수치인 3.28(65.6%)에 비해 상당히 높은 것이다.

공공행정과의 연계를 측정한 문항들을 살펴보면, 사회복지시설이 공공기관에 로비하는 것으로도 해석할 수 있다. 물론 긍정적인 차원에서 공공행정과의 연계를 강화하는 가운데 시설수준을 높여가는 방안으로 해석할 수도 있다. 그러나 시설운영주체라고 할 수 있는 재단 등 시설운영자들이 시설이 안고 있는 운영상의 비리 등 문제점들을 무마시키기 위한 목적에서 이루어지는 활동으로도 볼 수 있다.

〈표 7-6〉 공공행정과의 연계 정도 (단위 : 개소, %)

내 용	전혀 그렇지 않다	그렇지 않다	보통이다	그렇다	매우 그렇다	평균	최소	최대	S.D	N
행정관계자의 시설초청	10 (4.2)	17 (7.1)	60 (25.1)	107 (44.8)	45 (18.8)	3.67	1	5	1.00	239
행정기관행사에 참여	6 (2.5)	5 (2.1)	59 (24.7)	120 (50.2)	49 (20.5)	3.84	1	5	0.86	239
행정에 애로사항 전달	5 (2.1)	13 (5.4)	45 (18.8)	128 (53.6)	48 (20.1)	3.84	1	5	0.88	239
직원의 행정위원회 참여	11 (4.6)	78 (32.6)	70 (29.3)	64 (26.8)	16 (6.7)	2.98	1	5	1.02	239
전체 평균	3.58									

본 연구에서 공공행정과의 연계를 포함시킨 이유는 시설사회화의 논의에서 공공행정을 제외시키게 되면 공공행정의 책임과 지원에 대한 논의가 제외되어 시설사회화의 발전에 부정적인 결과를 초래한다는 高澤武司(1979)의 주장을 수용했기 때문이다. 사회복지시설과 공공행정과의 연계는 관점에 따라 차이가 있겠지만, 악용될 수 있는 소지도 있다.

제8장

사회복지시설 사회화의 차이

이 장에서는 독립변수에 따라서 종속변수인 시설사회화 정도에 차이가 있는가를 살펴보았다. 독립변수는 ① 시설운영자 요인, ② 예산 요인, ③ 인력 요인, ④ 시설특성 요인, ⑤ 주민참여 요인이다. 종속변수는 ① 전체 시설사회화, ② 처우의 사회화, ③ 기능의 사회화, ④ 운영의 사회화, ⑤ 문제의 사회화, ⑥ 공공행정과의 연계로 구분하여 분석하였고, ① 전체 시설사회화는 각 시설사회화의 점수를 합산하였다.

각 독립변수들을 3집단으로 분류하여 일원변량분석을 실시하였는데, 시설운영자 요인 중 시설운영자의 사회복지사 자격소지 여부에 따른 시설사회화의 차이를 분석할 때에는 T검증을 실시하였다. 구체적인 집단간의 차이를 살펴보기 위해 사후검증(Tukey)을 실시하였다.

제 1 절 시설운영자와 시설사회화

1. 시설운영자의 시설사회화 의식과 시설사회화

아래의 〈표 8-1〉에 시설운영자의 시설사회화 의식에 따른 시설사회화의 차이를 분석한 결과가 제시되어 있다. 시설사회화 의식을 낮은 시설(10~19점), 중간시설(20~21점), 높은 시설(22~25점)의 세 집단으로 구분하였다.

시설운영자의 시설사회화 의식이 낮은 시설의 전체 시설사회화 평균은 101.79점(표준편차 18.68), 중간시설 107.12점(표준편차 19.75), 높은 시설 114.24점(표준편차 22.08)으로 나타났다. 시설운영자의 시설사회화 의식수준이 높은 시설의 전체 시설사회화 정도가 가장 높고 그 다음은 중간시설과 낮은 시설의 순서인 것으로 나타났다. 그리고 이러한 차이는 유의미한 것으로 나타났다($F=7.438$, $p<.001$).

구체적으로 어떤 집단 간에 차이가 있는지를 살펴보기 위해 사후검증(Tukey)을 실시한 결과, 시설운영자의 시설사회화 의식이 높은 시설과 낮은 시설 간에만 전체 시설사회화의 정도에 차이가 있는 것으로 나타났다.

시설운영자의 시설사회화 의식이 낮은 시설의 처우의 사회화 평균은 35.09점(표준편차 5.97), 중간시설 35.44점(표준편차 6.22), 높은 시설 37.47점(표준편차 6.41)으로 나타났다. 시설운영자의 시설사회화 의식수준이 높은 시설의 처우의 사회화 정도가 가장 높고 그 다음은 중간시설과 낮은 시설의 순서인 것으로 나타났다. 그리고 이러한 차이는 유의미한 것으로 나타났다($F=3.505$, $p<.05$).

구체적으로 어떤 집단 간에 차이가 있는지를 살펴보기 위해 사후검

증(Tukey)을 실시한 결과, 시설운영자의 시설사회화 의식이 높은 시설과 낮은 시설 간에만 처우의 사회화 정도에 차이가 있는 것으로 나타났다.

시설운영자의 시설사회화 의식이 낮은 시설의 기능의 사회화 평균은 17.83점(표준편차 6.62), 중간시설 20.15점(표준편차 7.37), 높은 시설 21.33점(표준편차 8.33)으로 나타났다. 시설운영자의 시설사회화 의식수준이 높은 시설의 기능의 사회화 정도가 가장 높고 그 다음은 중간시설과 낮은 시설의 순서인 것으로 나타났다. 그리고 이러한 차이는 유의미한 것으로 나타났다($F=4.265$, $p<.05$).

구체적으로 어떤 집단 간에 차이가 있는지를 살펴보기 위해 사후검증(Tukey)을 실시한 결과, 시설운영자의 시설사회화 의식이 높은 시설과 낮은 시설 간에만 기능의 사회화 정도에 차이가 있는 것으로 나타났다.

시설운영자의 시설사회화 의식이 낮은 시설의 운영의 사회화 평균은 19.99점(표준편차 3.76), 중간시설 20.91점(표준편차 3.99), 높은 시설 22.08점(표준편차 4.94)으로 나타났다. 시설운영자의 시설사회화 의식수준이 높은 시설의 운영의 사회화 정도가 가장 높고 그 다음은 중간시설과 낮은 시설의 순서인 것으로 나타났다. 그리고 이러한 차이는 유의미한 것으로 나타났다($F=4.683$, $p<.05$).

구체적으로 어떤 집단 간에 차이가 있는지를 살펴보기 위해 사후검증(Tukey)을 실시한 결과, 시설운영자의 시설사회화 의식이 높은 시설과 낮은 시설 간에만 운영의 사회화 정도에 차이가 있는 것으로 나타났다.

시설운영자의 시설사회화 의식이 낮은 시설의 문제의 사회화 평균은 15.64점(표준편차 3.93), 중간시설 16.55점(표준편차 3.89), 높은 시설 17.98점(표준편차 4.35)으로 나타났다. 시설운영자의 시설사회화 의식수준이 높은 시설의 문제의 사회화 정도가 가장 높고 그 다음은 중간시설과 낮은 시설의 순서인 것으로 나타났다. 그리고 이러한 차이는 유의미한 것으로 나타났다(F=6.127, p<.01).

구체적으로 어떤 집단 간에 차이가 있는지를 살펴보기 위해 사후검증(Tukey)을 실시한 결과, 시설운영자의 시설사회화 의식이 높은 시설과 낮은 시설 간에만 문제의 사회화 정도에 차이가 있는 것으로 나타났다.

시설운영자의 시설사회화 의식이 낮은 시설의 공공행정과의 연계 평균은 13.24점(표준편차 2.84), 중간시설 14.07점(표준편차 2.82), 높은 시설 15.46점(표준편차 3.07)으로 나타났다. 시설운영자의 시설사회화 의식수준이 높은 시설의 공공행정과의 연계 정도가 가장 높고 그 다음은 중간시설과 낮은 시설의 순서인 것으로 나타났다. 그리고 이러한 차이는 유의미한 것으로 나타났다(F=11.693, p<.001).

구체적으로 어떤 집단 간에 차이가 있는지를 살펴보기 위해 사후검증(Tukey)을 실시한 결과, 시설운영자의 시설사회화 의식이 높은 시설과 낮은 시설, 그리고 높은 시설과 중간시설 간의 공공행정과의 연계 정도에 차이가 있는 것으로 나타났다.

〈표 8-1〉 시설운영자의 시설사회화 의식과 시설사회화

내 용	낮은시설 (N=70)	중간시설 (N=82)	높은시설 (N=87)	F값	사후검증
	평균(S.D)				
전체 시설사회화	101.79(18.68)	107.12(19.75)	114.24(22.08)	7.438**	높은시설>낮은시설
처우의 사회화	35.09(5.97)	35.44(6.22)	37.47(6.41)	3.505*	높은시설>낮은시설
기능의 사회화	17.83(6.62)	20.15(7.37)	21.33(8.33)	4.265*	높은시설>낮은시설
운영의 사회화	19.99(3.76)	20.91(3.99)	22.08(4.94)	4.683*	높은시설>낮은시설
문제의 사회화	15.64(3.93)	16.55(3.89)	17.89(4.35)	6.127**	높은시설>낮은시설
공공행정과의 연계	13.24(2.84)	14.07(2.82)	15.46(3.07)	11.693***	높은시설>낮은시설 높은시설>중간시설

***p<.001, **p<.01, *p<.05

2. 시설운영자의 사회복지사 자격여부와 시설사회화

아래의 〈표 8-2〉에 시설운영자의 사회복지사 자격여부에 따른 시설사회화의 차이를 분석한 결과가 제시되어 있다. 시설운영자가 사회복지사 자격을 소지한 경우와 소지하지 않은 경우의 두 집단으로 나누어 T검증을 실시하였다.

시설운영자가 사회복지사 자격을 소지한 시설의 전체 시설사회화 평균은 110.03점(표준편차 19.94)으로 시설운영자가 사회복지사 자격을 소지하지 않은 시설의 평균 100.69점(표준편차 23.00)에 비해 높은 것으로 나타났다. 그리고 시설운영자의 사회복지사 자격여부에 따른 전체 시설사회화의 차이는 유의미한 것으로 나타났다($t=-2.811$, $p<.01$).

시설운영자가 사회복지사 자격을 소지한 시설의 처우의 사회화 평균은 36.66점(표준편차 6.06)으로 시설운영자가 사회복지사 자격을 소지하지 않은 시설의 평균 33.75점(표준편차 6.68)에 비해 높은 것으로 나타났다. 그리고 시설운영자의 사회복지사 자격여부에 따른 처우의 사회화의 차이는 유의미한 것으로 나타났다($t=-2.912$, $p<.01$).

시설운영자가 사회복지사 자격을 소지한 시설의 기능의 사회화 평균은 20.24점(표준편차 7.52)으로 시설운영자가 사회복지사 자격을 소지하지 않은 시설의 평균 18.56점(표준편차 8.02)에 비해 높은 것으로 나타났다. 그러나 시설운영자의 사회복지사 자격여부에 따른 기능의 사회화의 차이는 유의미하지 않은 것으로 나타났다.

시설운영자가 사회복지사 자격을 소지한 시설의 운영의 사회화 평균은 21.47점(표준편차 4.03)으로 시설운영자가 사회복지사 자격을 소지하지 않은 시설의 평균 19.48점(표준편차 5.25)에 비해 높은 것으로 나타났다. 그리고 시설운영자의 사회복지사 자격여부에 따른 운영의 사회화의 차이는 유의미한 것으로 나타났다($t=-2.448$, $p<.05$).

시설운영자가 사회복지사 자격을 소지한 시설의 문제의 사회화 평균은 17.10점(표준편차 4.11)으로 시설운영자가 사회복지사 자격을 소지하지 않은 시설의 평균 15.46점(표준편차 4.14)에 비해 높은 것으로 나타났다. 그리고 시설운영자의 사회복지사 자격여부에 따른 문제의 사회화의 차이는 유의미한 것으로 나타났다($t=-2.477$, $p<.05$).

시설운영자가 사회복지사 자격을 소지한 시설의 공공행정과의 연계 평균은 14.56점(표준편차 2.93)으로 시설운영자가 사회복지사 자격을 소지하지 않은 시설의 평균 13.44점(표준편차 3.35)에 비해 높은 것으로 나타났다. 그리고 시설운영자의 사회복지사 자격여부에 따른 공공행정과의 연계의 차이는 유의미한 것으로 나타났다($t=-2.303$, $p<.05$).

〈표 8-2〉 시설운영자의 사회복지사 자격여부와 시설사회화

내 용	자격미소지 (N=48)	자격소지 (N=191)	t값
	평균(S.D)		
전체 시설사회화	100.69(23.00)	110.03(19.94)	-2.811**
처우의 사회화	33.75(6.68)	36.66(6.06)	-2.912**
기능의 사회화	18.56(8.02)	20.24(7.52)	-1.360
운영의 사회화	19.48(5.25)	21.47(4.03)	-2.448*
문제의 사회화	15.46(4.14)	17.10(4.11)	-2.477*
공공행정과의 연계	13.44(3.35)	14.56(2.93)	-2.303*

**p<.01, *p<.05

제 2 절 예산규모와 시설사회화

1. 시설총예산 규모와 시설사회화

아래의 〈표 8-3〉에 시설 총예산에 따른 시설사회화의 차이를 분석한 결과가 제시되어 있다. 시설 총예산의 규모를 작은 시설(3억 7천만원 이하), 중간시설(3억 7,000만원 이상~6억원 이하), 큰 시설(6억원 초과)의 세 집단으로 구분하여 분석하였다.

시설 총예산의 규모가 작은 시설의 전체 시설사회화의 평균은 99.47점(표준편차 21.54), 중간시설 112.52점(표준편차 17.48), 큰 시설 113.98점(표준편차 20.85)으로 나타났다. 시설 총예산의 규모가 높은 시설의 전체 시설사회화의 정도가 가장 높고, 그 다음은 중간시설과 작은 시설의 순서인 것으로 나타났다. 그리고 이러한 차이는 유의미한 것으로 나타났다(F=10.502, p〈.001).

구체적으로 어떤 집단 간에 차이가 있는지를 살펴보기 위해 사후검증(Tukey)을 실시한 결과, 시설 총예산의 규모가 큰 시설과 작은 시설, 그리고 중간시설과 낮은 시설 간에 전체 시설사회화의 정도에 차이가 있는 것으로 나타났다.

시설 총예산의 규모가 작은 시설의 처우의 사회화 평균은 34.41점(표준편차 6.98), 중간시설 37.13점(표준편차 5.20), 큰 시설 36.57점(표준편차 6.38)으로 나타났다. 시설 총예산의 규모가 중간 정도인 시설의 처우의 사회화 정도가 가장 높고 그 다음은 큰 시설과 작은 시설의 순서인 것으로 나타났다. 이러한 차이는 유의미한 것으로 나타났다(F=3.536, p〈.05).

구체적으로 어떤 집단 간에 차이가 있는지를 살펴보기 위해 사후검

증(Tukey)을 실시한 결과, 시설 총예산의 규모가 중간인 시설과 작은 시설 간에만 처우의 사회화 정도에 차이가 있는 것으로 나타났다.

시설 총예산의 규모가 작은 시설의 기능의 사회화 평균은 17.91점(표준편차 7.02), 중간시설 20.81점(표준편차 7.11), 큰 시설 21.46점(표준편차 8.33)으로 나타났다. 시설 총예산의 규모가 큰 시설의 기능의 사회화 정도가 가장 높고 그 다음은 중간시설과 작은 시설의 순서인 것으로 나타났다. 그리고 이러한 차이는 유의미한 것으로 나타났다($F=4.175$, $p<.05$).

구체적으로 어떤 집단 간에 차이가 있는지를 살펴보기 위해 사후검증(Tukey)을 실시한 결과, 시설 총예산의 규모가 큰 시설과 작은 시설 간에만 기능의 사회화 정도에 차이가 있는 것으로 나타났다.

시설 총예산의 규모가 작은 시설의 운영의 사회화 평균은 19.36점(표준편차 4.74), 중간시설 21.82점(표준편차 4.01), 큰 시설 22.58점(표준편차 3.39)으로 나타났다. 시설 총예산의 규모가 큰 시설의 운영의 사회화 정도가 가장 높고 그 다음은 중간시설과 작은 시설의 순서인 것으로 나타났다. 이러한 차이는 유의미한 것으로 나타났다($F=11.137$, $p<.001$).

구체적으로 어떤 집단 간에 차이가 있는지를 살펴보기 위해 사후검증(Tukey)을 실시한 결과, 시설 총예산의 규모가 큰 시설과 작은 시설, 그리고 중간시설과 작은 시설 간에 운영의 사회화 정도에 차이가 있는 것으로 나타났다.

시설총예산의 규모가 작은 시설의 문제의 사회화 평균은 14.58점(표준편차 4.26), 중간시설 17.69점(표준편차 3.22), 큰 시설 18.22점(표준편차 3.98)으로 나타났다. 시설 총예산의 규모가 큰 시설의 문제의 사회화 정도가 가장 높고 그 다음은 중간시설과 작은 시설의 순서인 것으로 나타났다. 그리고 이러한 차이는 유의미한 것으로 나타났다($F=17.244$, $p<.001$).

구체적으로 어떤 집단 간에 차이가 있는지를 살펴보기 위해 사후검

증(Tukey)을 실시한 결과, 시설 총예산의 규모가 큰 시설과 작은 시설, 그리고 중간시설과 작은 시설 간에 문제의 사회화 정도에 차이가 있는 것으로 나타났다.

시설 총예산의 규모가 작은 시설의 공공행정과의 연계 평균은 13.21점(표준편차 3.00), 중간시설 15.07점(표준편차 2.65), 큰 시설 15.15점(표준편차 2.66)으로 나타났다. 시설 총예산의 규모가 큰 시설의 공공행정과의 연계 정도가 가장 높고 그 다음은 중간시설과 작은 시설의 순서인 것으로 나타났다. 그리고 이러한 차이는 유의미한 것으로 나타났다(F=10.354, p〈.001).

구체적으로 어떤 집단 간에 차이가 있는지를 살펴보기 위해 사후검증(Tukey)을 실시한 결과, 시설 총예산의 규모가 큰 시설과 작은 시설, 그리고 중간시설과 작은 시설 간에 지역사회 관계의 사회화 정도에 차이가 있는 것으로 나타났다.

〈표 8-3〉 시설총예산 규모와 시설사회화

내 용	낮은 시설 (N=66)	중간시설 (N=67)	높은 시설 (N=65)	F값	사후검증
	평균(S.D)				
전체 시설사회화	99.47(21.54)	112.52(17.48)	113.98(20.85)	10.502***	중간시설〉낮은시설 높은시설〉낮은시설
처우의 사회화	34.41(6.98)	37.13(5.20)	36.57(6.38)	3.536*	중간시설〉낮은시설
기능의 사회화	17.91(7.02)	20.81(7.11)	21.46(8.33)	4.175*	높은시설〉낮은시설
운영의 사회화	19.36(4.74)	21.82(4.01)	22.58(3.39)	11.137***	중간시설〉낮은시설 높은시설〉낮은시설
문제의 사회화	14.58(4.26)	17.69(3.22)	18.22(3.98)	17.244***	중간시설〉낮은시설 높은시설〉낮은시설
공공행정과의 연계	13.21(3.00)	15.07(2.65)	15.15(2.66)	10.354***	중간시설〉낮은시설 높은시설〉낮은시설

***p〈.001, * p〈.05

2. 시설사회화 예산과 시설사회화

아래의 〈표 8-4〉에 시설사회화를 위하여 지출하는 예산 규모에 따른 시설사회화의 차이를 분석한 결과가 제시되어 있다. 시설 총예산의 규모를 작 시설(101만원 이하), 중간시설(108만원~500만원 이하), 큰 시설(500만원 초과)의 세 집단으로 구분하여 분석하였다.

시설사회화 예산의 규모가 작은 시설의 전체 시설사회화의 평균은 98.48점(표준편차 21.83), 중간시설 111.18점(표준편차 18.23), 큰 시설 116.74점(표준편차 20.85)으로 나타났다. 시설사회화 예산의 규모가 큰 시설의 전체 시설사회화의 정도가 가장 높고 그 다음은 중간시설과 작은 시설의 순서인 것으로 나타났다. 그리고 이러한 차이는 유의미한 것으로 나타났다($F=13.434$, $p<.001$).

구체적으로 어떤 집단 간에 차이가 있는지를 살펴보기 위해 사후검증(Tukey)을 실시한 결과, 시설사회화 예산의 규모가 큰 시설과 작은 시설, 그리고 중간시설과 작은 시설 간에 전체 시설사회화 정도에 차이가 있는 것으로 나타났다.

시설사회화 예산의 규모가 작은 시설의 처우의 사회화 평균은 34.03점(표준편차 6.43), 중간시설 36.48점(표준편차 6.24), 큰 시설 37.57점(표준편차 5.59)으로 나타났다. 시설사회화 예산의 규모가 큰 시설의 처우의 사회화 정도가 가장 높고 그 다음은 중간시설과 작은 시설의 순서인 것으로 나타났다. 그리고 이러한 차이는 유의미한 것으로 나타났다($F=5.219$, $p<.01$).

구체적으로 어떤 집단 간에 차이가 있는지를 살펴보기 위해 사후검증(Tukey)을 실시한 결과, 시설사회화 예산의 규모가 큰 시설과 작은 시설 간에만 처우의 사회화 정도에 차이가 있는 것으로 나타났다.

시설사회화 예산의 규모가 작은 시설의 기능의 사회화 평균은 16.47점(표준편차 7.00), 중간시설 20.98점(표준편차 6.53), 큰 시설

22.71점(표준편차 8.35)으로 나타났다. 시설사회화 예산의 규모가 큰 시설의 처우의 사회화 정도가 가장 높고 그 다음은 중간시설과 작은 시설의 순서인 것으로 나타났다. 그리고 이러한 차이는 유의미한 것으로 나타났다($F=11.534$, $p<.001$).

구체적으로 어떤 집단 간에 차이가 있는지를 살펴보기 위해 사후검증(Tukey)을 실시한 결과, 시설사회화 예산의 규모가 큰 시설과 작은 시설, 중간시설과 작은 시설 간에 처우의 사회화 정도에 차이가 있는 것으로 나타났다.

시설사회화 예산의 규모가 작은 시설의 운영의 사회화 평균은 19.50점(표준편차 4.95), 중간시설 22.00점(표준편차 3.34), 큰 시설 22.53점(표준편차 3.78)으로 나타났다. 시설사회화 예산의 규모가 큰 시설의 운영의 사회화 정도가 가장 높고 그 다음은 중간시설과 작은 시설의 순서인 것으로 나타났다. 그리고 이러한 차이는 유의미한 것으로 나타났다($F=9.414$, $p<.001$).

구체적으로 어떤 집단 간에 차이가 있는지를 살펴보기 위해 사후검증(Tukey)을 실시한 결과, 시설사회화 예산의 규모가 큰 시설과 작은 시설, 중간시설과 작은 시설 간에 운영의 사회화 정도에 차이가 있는 것으로 나타났다.

시설사회화 예산의 규모가 작은 시설의 문제의 사회화 평균은 14.97점(표준편차 4.41), 중간시설 17.11점(표준편차 3.84), 큰 시설 18.52점(표준편차 3.33)으로 나타났다. 시설사회화 예산의 규모가 큰 시설의 문제의 사회화 정도가 가장 높고 그 다음은 중간시설과 작은 시설의 순서인 것으로 나타났다. 그리고 이러한 차이는 유의미한 것으로 나타났다($F=12.481$, $p<.001$).

구체적으로 어떤 집단 간에 차이가 있는지를 살펴보기 위해 사후검증(Tukey)을 실시한 결과, 시설사회화 예산의 규모가 큰 시설과 작은 시설, 중간시설과 작은 시설 간에 문제의 사회화 정도에 차이가 있는 것으로 나타났다.

시설사회화 예산의 규모가 작은 시설의 공공행정과의 연계 평균은 13.52점(표준편차 3.51), 중간시설 14.60점(표준편차 2.27), 큰 시설 15.41점(표준편차 2.46)으로 나타났다. 시설사회화 예산의 규모가 큰 시설의 공공행정과의 연계 정도가 가장 높고 그 다음은 중간시설과 작은 시설의 순서인 것으로 나타났다. 그리고 이러한 차이는 유의미한 것으로 나타났다(F=6.824, p<.001).

구체적으로 어떤 집단 간에 차이가 있는지를 살펴보기 위해 사후검증(Tukey)을 실시한 결과, 시설사회화 예산의 규모가 큰 시설과 작은 시설 간에만 공공행정과의 연계 정도에 차이가 있는 것으로 나타났다.

〈표 8-4〉 시설사회화 예산규모와 시설사회화

내 용	낮은시설 (N=60)	중간시설 (N=62)	높은시설 (N=58)	F값	사후검증
	평균(S.D)				
전체 시설사회화	98.48(21.83)	111.18(18.23)	116.74(20.85)	13.434***	중간시설>낮은시설 높은시설>낮은시설
처우의 사회화	34.03(6.43)	36.48(6.24)	37.57(5.59)	5.219**	높은시설>낮은시설
기능의 사회화	16.47(7.00)	20.98(6.53)	22.71(8.35)	11.534***	중간시설>낮은시설 높은시설>낮은시설
운영의 사회화	19.50(4.95)	22.00(3.34)	22.53(3.78)	9.414***	중간시설>낮은시설 높은시설>낮은시설
문제의 사회화	14.97(4.41)	17.11(3.84)	18.52(3.33)	12.481***	중간시설>낮은시설 높은시설>낮은시설
공공행정과의 연계	13.52(3.51)	14.60(2.27)	15.41(2.46)	6.824**	높은시설>낮은시설

** p<.001, ** p<.01

제 3 절 인력수준과 시설사회화

1. 직원비율과 시설사회화

아래의 〈표 8-5〉에 보호대상자에 대한 직원비율에 따른 시설사회화의 차이를 분석한 결과가 제시되어 있다. 직원비율을 낮은 시설(하), 중간시설(상), 높은 시설(중)의 세 집단으로 구분하여 분석하였다.

직원비율이 낮은 시설의 전체 시설사회화 평균은 106.94점(표준편차 20.00), 중간시설 113.45점(표준편차 18.73), 높은 시설 104.37점(표준편차 22.84)으로 나타났다. 직원비율이 중간인 시설의 전체 시설사회화 정도가 가장 높고 그 다음은 낮은 시설과 높은 시설의 순서인 것으로 나타났다. 그리고 이러한 차이는 유의미한 것으로 나타났다 ($F=3.955$, $p<.05$).

구체적으로 어떤 집단 간에 차이가 있는지를 살펴보기 위해 사후검증(Tukey)을 실시한 결과, 직원비율이 중간인 시설과 높은 시설 간에만 전체 시설사회화 정도에 차이가 있는 것으로 나타났다.

직원비율이 낮은 시설의 처우의 사회화 평균은 36.31점(표준편차 6.09), 중간시설 37.92점(표준편차 5.43), 높은 시설 33.95점(표준편차 6.91)으로 나타났다. 직원비율이 중간인 시설의 처우의 사회화 정도가 가장 높고 그 다음은 낮은 시설과 높은 시설의 순서인 것으로 나타났다. 그리고 이러한 차이는 유의미한 것으로 나타났다($F=8.058$, $p<.001$).

구체적으로 어떤 집단 간에 차이가 있는지를 살펴보기 위해 사후검증(Tukey)을 실시한 결과, 직원비율이 중간인 시설과 높은 시설, 그리고 낮은 시설과 높은 시설 간에 처우의 사회화 정도에 차이가 있는 것으로 나타났다.

직원비율이 낮은 시설의 기능의 사회화 평균은 19.10점(표준편차 7.11), 중간시설 21.09점(표준편차 7.29), 높은 시설 19.54점(표준편차 8.41)으로 나타났다. 직원비율이 중간인 시설의 기능의 사회화 정도가 가장 높고 그 다음은 높은 시설과 낮은 시설의 순서인 것으로 나타났다. 그러나 이러한 차이는 유의미하지 않은 것으로 나타났다.

직원비율이 낮은 시설의 운영의 사회화 평균은 21.01점(표준편차 4.28), 중간시설 22.08점(표준편차 3.94), 높은 시설 20.35점(표준편차 4.58)으로 나타났다. 직원비율이 중간인 시설의 운영의 사회화 정도가 가장 높고 그 다음은 낮은 시설과 높은 시설의 순서인 것으로 나타났다. 그리고 이러한 차이는 유의미한 것으로 나타났다($F=3.207$, $p<.05$).

구체적으로 어떤 집단 간에 차이가 있는지를 살펴보기 위해 사후검증(Tukey)을 실시한 결과, 직원비율이 중간인 시설과 높은 시설 간에만 운영의 사회화 정도에 차이가 있는 것으로 나타났다.

직원비율이 낮은 시설의 문제의 사회화 평균은 16.23점(표준편차 3.69), 중간시설 17.43점(표준편차 4.30), 높은 시설 16.77점(표준편차 4.43)으로 나타났다. 직원비율이 중간인 시설의 문제의 사회화 정도가 가장 높고 그 다음은 높은 시설과 낮은 시설의 순서인 것으로 나타났다. 그러나 이러한 차이는 유의미하지 않은 것으로 나타났다.

직원비율이 낮은 시설의 공공행정과의 연계 평균은 14.28점(표준편차 2.92), 중간시설 14.92점(표준편차 2.66), 높은 시설 13.77점(표준편차 3.29)으로 나타났다. 직원비율이 중간인 시설의 운영의 사회화 정도가 가장 높고 그 다음은 낮은 시설과 높은 시설의 순서인 것으로 나타났다. 그리고 이러한 차이는 유의미한 것으로 나타났다($F=2.905$, $p<.05$).

구체적으로 어떤 집단 간에 차이가 있는지를 살펴보기 위해 사후검증(Tukey)을 실시한 결과, 직원비율이 중간시설과 높은 시설 간에만 공공행정과의 연계 정도에 차이가 있는 것으로 나타났다.

〈표 8-5〉 직원비율과 시설사회화

내 용	낮은시설 (N=78)	중간시설 (N=76)	높은시설 (N=78)	F값	사후검증
	평균(S.D)				
전체 시설사회화	106.94(20.00)	113.45(18.73)	104.37(22.84)	3.955*	중간시설〉높은시설
처우의 사회화	36.31(6.09)	37.92(5.43)	33.95(6.91)	8.058***	낮은시설〉높은시설 중간시설〉높은시설
기능의 사회화	19.10(7.11)	21.09(7.29)	19.54(8.41)	1.443	
운영의 사회화	21.01(4.28)	22.08(3.94)	20.35(4.58)	3.207*	중간시설〉높은시설
문제의 사회화	16.23(3.69)	17.43(4.30)	16.77(4.43)	1.622	
공공행정과의 연계	14.28(2.92)	14.92(2.66)	13.77(3.29)	2.905	중간시설〉높은시설

***p〈.001, *p〈.05

2. 사회복지사 비율과 시설사회화

아래의 〈표 8-6〉에 시설의 전체 직원 중 사회복지사 비율에 따른 시설사회화의 차이를 분석한 결과가 제시되어 있다. 사회복지사 비율을 낮은 시설(하), 중간시설(상), 높은 시설(중)의 세 집단으로 구분하여 분석하였다.

사회복지사 비율이 낮은 시설의 전체 시설사회화 평균은 99.72점(표준편차 22.72), 중간시설 113.36점(표준편차 16.45), 높은 시설 112.07점(표준편차 20.01)으로 나타났다. 사회복지사 비율이 높은 시설의 전체 시설사회화 정도가 가장 높고 그 다음은 중간시설과 낮은 시설의 순서인 것으로 나타났다. 그리고 이러한 차이는 유의미한 것으로 나타났다(F=11.287, p〈.001).

구체적으로 어떤 집단 간에 차이가 있는지를 살펴보기 위해 사후검

증(Tukey)을 실시한 결과, 사회복지사 비율이 높은 시설과 낮은 시설, 그리고 중간시설과 낮은 시설 간에 전체 시설사회화의 정도에 차이가 있는 것으로 나타났다.

사회복지사 비율이 낮은 시설의 처우의 사회화 평균은 33.39점(표준편차 7.01), 중간시설 38.24점(표준편차 4.99), 높은 시설 36.82점(표준편차 5.68)으로 나타났다. 사회복지사 비율이 중간시설의 처우의 사회화 정도가 가장 높고 그 다음은 높은 시설과 낮은 시설의 순서인 것으로 나타났다. 그리고 이러한 차이는 유의미한 것으로 나타났다(F=13.583, p〈.001).

구체적으로 어떤 집단 간에 차이가 있는지를 살펴보기 위해 사후검증(Tukey)을 실시한 결과, 사회복지사 비율이 높은 시설과 낮은 시설, 그리고 중간시설과 낮은 시설 간에 처우의 사회화 정도에 차이가 있는 것으로 나타났다.

사회복지사 비율이 낮은 시설의 기능의 사회화 평균은 18.18점(표준편차 7.86), 중간시설 21.19점(표준편차 6.45), 높은 시설 20.63점(표준편차 8.00)으로 나타났다. 사회복지사 비율이 중간인 시설의 기능의 사회화 정도가 가장 높고 그 다음은 높은 시설과 낮은 시설의 순서인 것으로 나타났다. 그리고 이러한 차이는 유의미한 것으로 나타났다(F=3.598, p〈.05).

구체적으로 어떤 집단 간에 차이가 있는지를 살펴보기 위해 사후검증(Tukey)을 실시한 결과, 사회복지사 비율이 중간인 시설과 낮은 시설 간에만 기능의 사회화 정도에 차이가 있는 것으로 나타났다.

사회복지사 비율이 낮은 시설의 운영의 사회화 평균은 19.41점(표준편차 4.60), 중간시설 21.71점(표준편차 4.06), 높은 시설 22.12점(표준편차 3.96)으로 나타났다. 사회복지사 비율이 높은시 설의 운영의 사회화 정도가 가장 높고 그 다음은 중간시설과 낮은 시설의 순서인 것으로 나타났다. 그리고 이러한 차이는 유의미한 것으로 나타났다(F=9.722, p〈.001).

구체적으로 어떤 집단 간에 차이가 있는지를 살펴보기 위해 사후검증(Tukey)을 실시한 결과, 사회복지사 비율이 높은 시설과 낮은 시설, 그리고 중간시설과 낮은 시설 간에 운영의 사회화 정도에 차이가 있는 것으로 나타났다.

사회복지사 비율이 낮은 시설의 문제의 사회화 평균은 15.23점(표준편차 4.13), 중간시설 17.40점(표준편차 3.78), 높은 시설 17.75점(표준편차 4.14)으로 나타났다. 사회복지사 비율이 높은 시설의 문제의 사회화 정도가 가장 높고 그 다음은 중간시설과 낮은 시설의 순서인 것으로 나타났다. 그리고 이러한 차이는 유의미한 것으로 나타났다 ($F=9.347$, $p<.001$).

구체적으로 어떤 집단 간에 차이가 있는지를 살펴보기 위해 사후검증(Tukey)을 실시한 결과, 사회복지사 비율이 높은 시설과 낮은 시설, 그리고 중간시설과 낮은 시설 간에 문제의 사회화 정도에 차이가 있는 것으로 나타났다.

사회복지사 비율이 낮은 시설의 공공행정과의 연계 평균은 13.50점(표준편차 3.39), 중간시설 14.82점(표준편차 2.68), 높은 시설 14.75점(표준편차 2.86)으로 나타났다. 사회복지사 비율이 중간인 시설의 공공행정과의 연계 정도가 가장 높고 그 다음은 높은 시설과 낮은 시설의 순서인 것으로 나타났다. 그리고 이러한 차이는 유의미한 것으로 나타났다($F=4.909$, $p<.01$).

구체적으로 어떤 집단 간에 차이가 있는지를 살펴보기 위해 사후검증(Tukey)을 실시한 결과, 사회복지사 비율이 높은 시설과 낮은 시설, 그리고 중간시설과 낮은 시설 간에 공공행정과의 연계 정도에 차이가 있는 것으로 나타났다.

〈표 8-6〉 사회복지사 비율과 시설사회화

내 용	낮은시설 (N=82)	중간시설 (N=72)	높은시설 (N=84)	F값	사후검증
	평균(S.D)				
전체 시설사회화	99.72(22.77)	113.36(16.45)	112.07(20.01)	11.287***	중간시설〉낮은시설 높은시설〉낮은시설
처우의 사회화	33.39(7.01)	38.24(4.99)	36.82(5.68)	13.583***	중간시설〉낮은시설 높은시설〉낮은시설
기능의 사회화	18.18(7.86)	21.19(6.45)	20.63(8.00)	3.598*	중간시설〉낮은시설
운영의 사회화	19.41(4.60)	21.71(4.06)	22.12(3.96)	9.722***	중간시설〉낮은시설 높은시설〉낮은시설
문제의 사회화	15.23(4.13)	17.40(3.78)	17.75(4.14)	9.347***	중간시설〉낮은시설 높은시설〉낮은시설
공공행정과의 연계	13.50(3.39)	14.82(2.68)	14.75(2.86)	4.909**	중간시설〉낮은시설 높은시설〉낮은시설

***p〈.001, **p〈.01, *p〈.05

3. 시설사회화 담당직원의 비율과 시설사회화

아래의 〈표 9-7〉에 시설사회화 담당직원의 비율에 따른 시설사회화의 차이를 분석한 결과가 제시되어 있다. 시설사회화 담당직원의 비율을 낮은 시설(하), 중간시설(상), 높은 시설(중)의 세 집단으로 구분하여 분석하였다.

시설사회화 담당직원의 비율이 낮은 시설의 전체 시설사회화 평균은 98.47점(표준편차 22.62), 중간시설 112.84점(표준편차 15.89), 높은 시설 111.81점(표준편차 21.12)으로 나타났다. 시설사회화 담당직원의 비율이 중간시설의 전체 시설사회화 정도가 가장 높고 그 다음은 높은 시설과 낮은 시설의 순서인 것으로 나타났다. 그리고 이러한 차이는 유의미한 것으로 나타났다(F=11.331, p〈.001).

구체적으로 어떤 집단 간에 차이가 있는지를 살펴보기 위해 사후검

증(Tukey)을 실시한 결과, 사회복지사 비율이 높은 시설과 낮은 시설, 그리고 중간시설과 낮은 시설 간에 전체 시설사회화 정도에 차이가 있는 것으로 나타났다.

시설사회화 담당직원의 비율이 낮은 시설의 처우의 사회화 평균은 33.51점(표준편차 6.71), 중간시설 37.34점(표준편차 5.04), 높은 시설 37.04점(표준편차 6.47)으로 나타났다. 시설사회화 담당직원의 비율이 중간시설의 처우의 사회화 정도가 가장 높고 그 다음은 높은 시설과 낮은 시설의 순서인 것으로 나타났다. 그리고 이러한 차이는 유의미한 것으로 나타났다($F=8.621$, $p<.001$).

구체적으로 어떤 집단 간에 차이가 있는지를 살펴보기 위해 사후검증(Tukey)을 실시한 결과, 시설사회화 담당직원의 비율이 높은 시설과 낮은 시설, 그리고 중간시설과 낮은 시설 간에 처우의 사회화 정도에 차이가 있는 것으로 나타났다.

시설사회화 담당직원의 비율이 낮은 시설의 기능의 사회화 평균은 16.83점(표준편차 7.21), 중간시설 20.39점(표준편차 7.19), 높은 시설 21.43점(표준편차 8.22)으로 나타났다. 시설사회화 담당직원의 비율이 높은 시설의 기능의 사회화 정도가 가장 높고 그 다음은 중간시설과 낮은 시설의 순서인 것으로 나타났다. 그리고 이러한 차이는 유의미한 것으로 나타났다($F=7.252$, $p<.01$).

구체적으로 어떤 집단 간에 차이가 있는지를 살펴보기 위해 사후검증(Tukey)을 실시한 결과, 시설사회화 담당직원의 비율이 높은 시설과 낮은 시설, 그리고 중간시설과 낮은 시설 간에 기능의 사회화 정도에 차이가 있는 것으로 나타났다.

시설사회화 담당직원의 비율이 낮은 시설의 운영의 사회화 평균은 19.58점(표준편차 4.88), 중간시설 22.13점(표준편차 3.32), 높은 시설 21.49점(표준편차 4.31)으로 나타났다. 시설사회화 담당직원의 비율이 중간인 시설의 운영의 사회화 정도가 가장 높고 그 다음은 높은 시설과 낮은 시설의 순서인 것으로 나타났다. 그리고 이러한 차이는 유의미한 것으로 나타났다(F=6.991, p<.01).

구체적으로 어떤 집단 간에 차이가 있는지를 살펴보기 위해 사후검증(Tukey)을 실시한 결과, 시설사회화 담당직원의 비율이 높은 시설과 낮은 시설, 그리고 중간시설과 낮은 시설 간에 운영의 사회화 정도에 차이가 있는 것으로 나타났다.

시설사회화 담당직원의 비율이 낮은 시설의 문제의 사회화 평균은 15.28점(표준편차 4.53), 중간시설 17.93점(표준편차 3.71), 높은 시설 17.26점(표준편차 3.74)으로 나타났다. 시설사회화 담당직원의 비율이 중간인 시설의 문제의 사회화 정도가 가장 높고 그 다음은 높은 시설과 낮은 시설의 순서인 것으로 나타났다. 그리고 이러한 차이는 유의미한 것으로 나타났다(F=8.395, p<.001).

구체적으로 어떤 집단 간에 차이가 있는지를 살펴보기 위해 사후검증(Tukey)을 실시한 결과, 시설사회화 담당직원의 비율이 높은 시설과 낮은 시설, 그리고 중간시설과 낮은 시설 간에 문제의 사회화 정도에 차이가 있는 것으로 나타났다.

시설사회화 담당직원의 비율이 낮은 시설의 공공행정과의 연계 평균은 13.26점(표준편차 3.24), 중간시설 15.06점(표준편차 2.34), 높은 시설 14.60점(표준편차 2.95)으로 나타났다. 시설사회화 담당직원의 비율 중간시설의 공공행정과의 연계 정도가 가장 높고 그 다음은 높은 시설과 낮은 시설의 순서인 것으로 나타났다. 그리고 이러한 차이는 유의미한 것으로 나타났다(F=7.514, p<.01).

구체적으로 어떤 집단 간에 차이가 있는지를 살펴보기 위해 사후검증(Tukey)을 실시한 결과, 시설사회화 담당직원의 비율이 높은 시설과 낮은 시설, 그리고 중간시설과 낮은 시설 간에 공공행정과의 연계 정도에 차이가 있는 것으로 나타났다.

〈표 8-7〉 시설사회화 담당직원의 비율과 시설사회화

내 용	낮은시설 (N=72)	중간시설 (N=70)	높은시설 (N=70)	F값	사후검증
	평균(S.D)				
전체 시설사회화	98.47(22.62)	112.84(15.89)	111.81(21.12)	11.331***	중간시설〉낮은시설 높은시설〉낮은시설
처우의 사회화	33.51(6.71)	37.34(5.04)	37.04(6.47)	8.621***	중간시설〉낮은시설 높은시설〉낮은시설
기능의 사회화	16.83(7.21)	20.39(7.19)	21.43(8.22)	7.252**	중간시설〉낮은시설 높은시설〉낮은시설
운영의 사회화	19.58(4.88)	22.13(3.32)	21.49(4.31)	6.991**	중간시설〉낮은시설 높은시설〉낮은시설
문제의 사회화	15.28(4.53)	17.93(3.71)	17.26(3.74)	8.395***	중간시설〉낮은시설 높은시설〉낮은시설
공공행정과의 연계	13.26(3.24)	15.06(2.34)	14.60(2.95)	7.514**	중간시설〉낮은시설 높은시설〉낮은시설

***p〈.001, ** p〈.01

제 4 절 시설특성 요인과 시설사회화

1. 비용부담 시설종류와 시설사회화

아래의 〈표 8-8〉에 비용부담에 따른 시설종류와 시설사회화의 차이를 분석한 결과가 제시되어 있다. 비용부담별 시설종류는 무료시설, 실비시설, 유료시설의 세 집단으로 구분하여 분석하였다.

무료시설의 전체 시설사회화 평균은 112.49점(표준편차 18.07), 실비시설 103.06점(표준편차 19.72), 유료시설 83.90점(표준편차 21.04)으로 나타났다. 무료시설의 전체 시설사회화 정도가 가장 높고 그 다음은 실비시설과 유료시설의 순서인 것으로 나타났다. 그리고 이러한 차이는 유의미한 것으로 나타났다(F=32.238, p〈.001).

구체적으로 어떤 집단 간에 차이가 있는지를 살펴보기 위해 사후검증(Tukey)을 실시한 결과, 무료시설과 유료시설, 무료시설과 실비시설, 그리고 실비시설과 유료시설 모든 집단 간에 전체 시설사회화 정도에 차이가 있는 것으로 나타났다.

무료시설의 처우의 사회화 평균은 37.17점(표준편차 5.65), 실비시설 34.25점(표준편차 6.22), 유료시설 30.23점(표준편차 6.81)으로 나타났다. 무료시설의 처우의 사회화 정도가 가장 높고 그 다음은 실비시설과 유료시설의 순서인 것으로 나타났다. 그리고 이러한 차이는 유의미한 것으로 나타났다($F=19.690$, $p<.001$).

구체적으로 어떤 집단 간에 차이가 있는지를 살펴보기 위해 사후검증(Tukey)을 실시한 결과, 무료시설과 유료시설 간에만 처우의 사회화 정도에 차이가 있는 것으로 나타났다.

무료시설의 기능의 사회화 평균은 20.68점(표준편차 7.40), 실비시설 18.44점(표준편차 7.82), 유료시설 15.84점(표준편차 7.81)으로 나타났다. 무료시설의 기능의 사회화 정도가 가장 높고 그 다음은 실비시설과 유료시설의 순서인 것으로 나타났다. 그리고 이러한 차이는 유의미한 것으로 나타났다($F=5.907$, $p<.001$).

구체적으로 어떤 집단 간에 차이가 있는지를 살펴보기 위해 사후검증(Tukey)을 실시한 결과, 무료시설과 유료시설, 그리고 무료시설과 실비시설 간에 기능의 사회화 정도에 차이가 있는 것으로 나타났다.

무료시설의 운영의 사회화 평균은 22.04점(표준편차 3.62), 실비시설 20.38점(표준편차 4.00), 유료시설 15.39점(표준편차 4.49)으로 나타났다. 무료시설의 운영의 사회화 정도가 가장 높고 그 다음은 실비시설과 유료시설의 순서인 것으로 나타났다. 그리고 이러한 차이는 유의미한 것으로 나타났다($F=41.987$, $p<.001$).

구체적으로 어떤 집단 간에 차이가 있는지를 살펴보기 위해 사후검증(Tukey)을 실시한 결과, 무료시설과 유료시설, 그리고 실비시설과 유료시설 간에 기능의 사회화 정도에 차이가 있는 것으로 나타났다.

무료시설의 문제의 사회화 평균은 17.72점(표준편차 3.57), 실비시설 15.69점(표준편차 3.46), 유료시설 11.45점(표준편차 3.82)으로 나타났다. 무료시설의 문제의 사회화 정도가 가장 높고 그 다음은 실비시설과 유료시설의 순서인 것으로 나타났다. 그리고 이러한 차이는 유의미한 것으로 나타났다($F=41.416$, $p<.001$).

구체적으로 어떤 집단 간에 차이가 있는지를 살펴보기 위해 사후검증(Tukey)을 실시한 결과, 무료시설과 유료시설, 그리고 실비시설과 유료시설 간에 문제의 사회화 정도에 차이가 있는 것으로 나타났다.

무료시설의 공공행정과의 연계 평균은 14.88점(표준편차 2.59), 실비시설 14.31점(표준편차 1.85), 유료시설 11.00점(표준편차 4.00)으로 나타났다. 무료시설의 공공행정과의 연계 정도가 가장 높고 그 다음은 실비시설과 유료시설의 순서인 것으로 나타났다. 그리고 이러한 차이는 유의미한 것으로 나타났다($F=26.151$, $p<.001$).

구체적으로 어떤 집단 간에 차이가 있는지를 살펴보기 위해 사후검증(Tukey)을 실시한 결과, 무료시설과 유료시설, 그리고 실비시설과 유료시설 간에 공공행정과의 연계 정도에 차이가 있는 것으로 나타났다.

전체적으로 볼 때, 정부의 재정지원을 받는 무료시설과 그렇지 않은 유료시설 간에 차이가 있는 것으로 나타났다. 이러한 결과는 무료시설의 경우 정부의 재정지원을 받아서 운영하기 때문에 정기적으로 정부의 지도감독을 더 많이 받고, 또한 유료시설에 비해서 사회복지시설의 사회적 책임을 의식하고 있기 때문인 것으로 판단된다.

특히, 정부의 재정지원을 받는 시설의 경우 사회복지사업법과 기타 사회복지법들의 개정에 따라서 정기적으로 시설평가를 받아야 한다. 앞에서 지적한 것처럼 시설평가 항목에는 시설과 지역사회의 교류, 처우수준의 향상, 시설운영의 공개와 민주화 등 시설사회화와 관련된 내용들이 상당수를 차지하고 있다. 따라서 시설평가제가 실시되면서 정부의 재정지원을 받아서 운영하는 무료시설의 시설사회화 수준이 전반적으로 높아진 것으로 판단된다.

〈표 8-8〉 비용부담 시설증가와 시설사회화

내 용	무료시설 (N=192)	실비시설 (N=16)	유료시설 (N=31)	F값	사후검증
	평균(S.D)				
전체 시설사회화	112.49(18.07)	103.06(19.72)	83.90(21.04)	32.238***	무료시설〉유료시설 무료시설〉실비시설 실비시설〉유료시설
처우의 사회화	37.17(5.65)	34.25(6.22)	30.23(6.81)	19.690***	무료시설〉유료시설
기능의 사회화	20.68(7.40)	18.44(7.82)	15.84(7.81)	5.907**	무료시설〉유료시설 무료시설〉실비시설
운영의 사회화	22.04(3.62)	20.38(4.00)	15.39(4.49)	41.987***	무료시설〉유료시설 실비시설〉유료시설
문제의 사회화	17.72(3.57)	15.69(3.46)	11.45(3.82)	41.416***	무료시설〉유료시설 실비시설〉유료시설
공공행정과의 연계	14.88(2.59)	14.31(1.85)	11.00(4.00)	26.151***	무료시설〉유료시설 실비시설〉유료시설

***p〈.001, ** p〈.01

2. 기능별 시설종류와 시설사회화

아래의 〈표 8-9〉에 기능별 시설종류에 따른 시설사회화의 차이를 분석한 결과가 제시되어 있다. 기능별 시설종류는 양로시설, 요양시설, 전문요양시설의 세 집단으로 구분하여 분석하였다.

양로시설의 전체 시설사회화 평균은 106.08점(표준편차 20.86), 요양시설 110.25점(표준편차 20.24), 전문요양시설 107.08점(표준편차 21.95)으로 나타났다. 요양시설의 전체 시설사회화 정도가 가장 높고 그 다음은 전문요양시설과 양로시설의 순서인 것으로 나타났다. 그러나 이러한 차이는 유의미하지 않은 것으로 나타났다.

양로시설의 처우의 사회화 평균은 36.42점(표준편차 5.54), 요양시설 37.27점(표준편차 6.16), 전문요양시설 33.62점(표준편차 6.74)으로 나타났다. 요양시설의 처우의 사회화 정도가 가장 높고 그 다음은 양로시설과 전문요양시설의 순서인 것으로 나타났다. 그리고 이러한 차이는 유의미한 것으로 나타났다($F=6.960$, $p<.001$).

구체적으로 어떤 집단 간에 차이가 있는지를 살펴보기 위해 사후검증(Tukey)을 실시한 결과, 양로시설과 전문요양시설, 그리고 요양시설과 전문요양시설 간에 처우의 사회화 정도에 차이가 있는 것으로 나타났다.

양로시설의 기능의 사회화 평균은 18.88점(표준편차 7.30), 요양시설 20.00점(표준편차 7.42), 전문요양시설 20.97점(표준편차 8.33)으로 나타났다. 전문요양시설의 기능의 사회화 정도가 가장 높고 그 다음은 요양시설과 양로시설의 순서인 것으로 나타났다. 그러나 이러한 차이는 유의미하지 않은 것으로 나타났다.

양로시설의 운영의 사회화 평균은 21.00점(표준편차 4.45), 요양시설 21.42점(표준편차 4.17), 전문요양시설 20.54점(표준편차 4.59)으로 나타났다. 요양시설의 운영의 사회화 정도가 가장 높고 그 다음은 양로시설과 전문요양시설의 순서인 것으로 나타났다. 그러나 이러한 차이는 유의미하지 않은 것으로 나타났다.

양로시설의 문제의 사회화 평균은 15.82점(표준편차 4.27), 요양시설 17.05점(표준편차 4.03), 전문요양시설 17.46점(표준편차 4.11)으로 나타났다. 전문요양시설의 문제의 사회화 정도가 가장 높고 그 다음은 요양시설과 양로시설의 순서인 것으로 나타났다. 그러나 이러한 차이는 유의미하지 않은 것으로 나타났다.

양로시설의 공공행정과의 연계 평균은 13.96점(표준편차 3.23), 요양시설 14.51점(표준편차 2.79), 전문요양시설 14.49점(표준편차 3.23)으로 나타났다. 요양시설의 공공행정과의 연계 정도가 가장 높고 그 다음은 전문요양시설과 양로시설의 순서인 것으로 나타났다. 그러나 이러한 차이는 유의미하지 않은 것으로 나타났다.

처우의 사회화에 있어 시설기능에 따라 차이가 있는데, 인력을 비롯하여 전반적으로 예산지원 수준이 높은 전문요양시설이 양로시설과 요양시설에 비해서 처우의 사회화 수준이 오히려 낮은 것으로 나타났다.

이러한 결과는 본 연구의 조사대상과 시설의 기능별 특성, 그리고 처우의 사회화를 측정하는 문항과의 관계를 살펴보면 이해할 수 있다. 먼저, 본 연구의 조사대상에 무료시설, 실비시설, 유료시설이 포함되었는데, 무료시설에 대해서는 정부의 예산지원 기준이 명확하여 직원 등의 시설생활자수와 기능별로 거의 유사한 수준이라고 할 수 있다. 그러나 유료시설의 경우에는 무료시설과는 다르게 정부의 예산지원 기준이 정해져 있지 않고 처우의 여건이 시설별로 상당히 다양하다.

그리고 전문요양시설에는 치매나 중증의 환자에 속하는 시설생활자들이 대부분이다. 따라서 전문요양시설의 시설생활자에 대한 의식주를 비롯한 기초적인 생활서비스에 있어서는 양로나 요양시설에 비해서는 훨씬 높은 수준이라고 할 수 있다. 그러나 본 연구에서 제시된 시설사회화의 측정항목에는 시설생활자의 지역사회교류나 시설생활자의 의견을 반영하는 것이 대부분이다. 따라서 전문요양시설에 비해 비교적 신체적으로나 정신적으로 건강한 시설생활자들이 입소하는 요양과 양로시설의 처우의 사회화 수준이 높게 나타날 수밖에 없는 것이다.

한편, 이러한 조사결과에 대해 전체적으로 전문요양시설의 시설생활자에 대한 처우수준이 양로시설이나 요양시설에 비해서 낮다고 해석하는 것은 무리가 있을 것이다. 왜냐하면, 시설은 기능별로 고유한 업무가 부여되어 있기 때문에 지역사회교류 등 다른 서비스에 충실하지 않다는 이유로 전체적인 처우의 사회화 수준이 낮다는 단순한 판단을 해서는 안 될 것이다.

〈표 8-9〉 기능별 시설 종류와 시설사회화

내 용	양로시설 (N=74)	요양시설 (N=104)	전문요양시설 (N=61)	F값	사후검증
	평균(S.D)				
전체 시설사회화	106.08(20.86)	110.25(20.24)	107.08(21.95)	0.969	
처우의 사회화	36.42(5.54)	37.27(6.16)	33.62(6.74)	6.960***	양로〉전문요양 요양〉전문요양
기능의 사회화	18.88(7.30)	20.00(7.42)	20.97(8.33)	1.270	
운영의 사회화	21.00(4.45)	21.42(4.17)	20.54(4.59)	0.796	
문제의 사회화	15.82(4.27)	17.05(4.03)	17.46(4.11)	3.031	
공공행정과의 연계	13.96(3.23)	14.51(2.79)	14.49(3.23)	0.812	

***p〈.001

3. 시설생활자의 건강상태와 시설사회화

아래의 〈표 8-10〉에 시설생활자의 건강상태에 따른 시설사회화의 차이를 분석한 결과가 제시되어 있다. 시설생활자의 건강상태를 낮은 시설(하), 중간시설(중), 높은 시설(상)의 세 집단으로 구분하여 분석하였다.

시설생활자의 건강상태가 낮은 시설의 전체 시설사회화 평균은 107.25점(표준편차 22.12), 중간시설 112.54점(표준편차 19.35), 높은 시설 104.62점(표준편차 20.53)으로 나타났다. 시설생활자의 건강상태가 중간시설의 전체 시설사회화 정도가 가장 높고 그 다음은 낮은 시설과 높은 시설의 순서인 것으로 나타났다. 그러나 이러한 차이는 유의미하지 않은 것으로 나타났다.

시설생활자의 건강상태가 낮은 시설의 처우의 사회화 평균은 34.71점(표준편차 7.02), 중간시설 37.18점(표준편차 5.35), 높은 시설 36.34점(표준편차 6.20)으로 나타났다. 시설생활자의 건강상태가 중간시설의 처우의 사회화 정도가 가장 높고 그 다음은 높은 시설과 낮은 시설의 순서인 것으로 나타났다. 그러나 이러한 차이는 유의미하지 않은 것으로 나타났다.

시설생활자의 건강상태가 낮은 시설의 기능의 사회화 평균은 20.25점(표준편차 7.80), 중간시설 20.55점(표준편차 7.64), 높은 시설 18.89점(표준편차 7.46)으로 나타났다. 시설생활자의 건강상태가 중간시설의 기능의 사회화 정도가 가장 높고 그 다음은 낮은 시설과 높은 시설의 순서인 것으로 나타났다. 그러나 이러한 차이는 유의미하지 않은 것으로 나타났다.

시설생활자의 건강상태가 낮은 시설의 운영의 사회화 평균은 21.09점(표준편차 4.49), 중간시설 21.73점(표준편차 4.34), 높은 시설 20.38점(표준편차 4.21)으로 나타났다. 시설생활자의 건강상태가 중간시설의 운영의 사회화 정도가 가장 높고 그 다음은 낮은 시설과 높은 시설의 순서인 것으로 나타났다. 그러나 이러한 차이는 유의미하지 않은 것으로 나타났다.

시설생활자의 건강상태가 낮은 시설의 문제의 사회화 평균은 17.06점(표준편차 4.13), 중간시설 17.70점(표준편차 4.08), 높은 시설 15.54점(표준편차 4.02)으로 나타났다. 시설생활자의 건강상태가 중간시설의 문제의 사회화 정도가 가장 높고 그 다음은 낮은 시설과 높은 시설의 순서인 것으로 나타났다. 그리고 이러한 차이는 유의미한 것으로 나타났다($F=5.854$, $p<.01$).

구체적으로 어떤 집단 간에 차이가 있는지를 살펴보기 위해 사후검증(Tukey)을 실시한 결과, 시설생활자의 건강상태가 중간인 시설과 높은 시설 간에만 문제의 사회화 정도에 차이가 있는 것으로 나타났다.

시설생활자의 건강상태가 낮은 시설의 공공행정과의 연계 평균은 14.14점(표준편차 3.14), 중간시설 15.39점(표준편차 2.60), 높은 시설 13.47점(표준편차 3.09)으로 나타났다. 시설생활자의 건강상태가 중간시설의 공공행정과의 연계 정도가 가장 높고 그 다음은 낮은 시설과 높은 시설의 순서인 것으로 나타났다. 그리고 이러한 차이는 유의미한 것으로 나타났다(F=8.662, p<.001).

구체적으로 어떤 집단 간에 차이가 있는지를 살펴보기 위해 사후검증(Tukey)을 실시한 결과, 시설생활자의 건강상태가 중간인 시설과 높은 시설, 중간인 시설과 낮은 시설 간에만 공공행정과의 연계 정도에 차이가 있는 것으로 나타났다.

〈표 8-10〉 시설생활자의 건강상태와 시설사회화

내 용	낮은시설 (N=80)	중간시설 (N=80)	높은시설 (N=79)	F값	사후검증
	평균(S.D)				
전체 시설사회화	107.25(22.12)	112.54(19.35)	104.62(20.53)	3.021	
처우의 사회화	34.71(7.02)	37.18(5.35)	36.34(6.20)	3.235*	중간시설>낮은시설
기능의 사회화	20.25(7.80)	20.55(7.64)	18.89(7.46)	1.071	
운영의 사회화	21.09(4.49)	21.73(4.34)	20.38(4.21)	1.903	
문제의 사회화	17.06(4.13)	17.70(4.08)	15.54(4.02)	5.854**	중간시설>높은시설
공공행정과의 연계	14.14(3.14)	15.39(2.60)	13.47(3.09)	8.662***	중간시설>낮은시설 중간시설>높은시설

***p<.001, **p<.01, *p<.05

4. 시설설비와 시설사회화

아래의 〈표 8-11〉에 시설설비의 양에 따른 시설의 사회화 차이를 분석한 결과가 제시되어 있다. 시설생활자의 건강상태를 낮은 시설(0~2개), 중간시설(3개), 높은 시설(4개)의 세 집단으로 구분하여 분석하였다.

시설설비의 양이 낮은 시설의 전체 시설사회화 평균은 97.57점(표준편차 20.50), 중간시설 106.56점(표준편차 18.81), 높은 시설 114.07

점(표준편차 19.49)으로 나타났다. 시설설비의 양이 중간시설의 전체 시설사회화 정도가 가장 높고 그 다음은 낮은 시설과 높은 시설의 순서인 것으로 나타났다. 그리고 이러한 차이는 유의미한 것으로 나타났다(F=15.918, p<.001).

구체적으로 어떤 집단 간에 차이가 있는지를 살펴보기 위해 사후검증(Tukey)을 실시한 결과, 시설설비의 양이 높은 시설과 낮은 시설 간에만 전체 시설사회화의 정도에 차이가 있는 것으로 나타났다.

시설설비의 양이 낮은 시설의 처우의 사회화 평균은 34.49점(표준편차 6.37), 중간시설 36.23점(표준편차 7.42), 높은 시설 36.85점(표준편차 5.75)으로 나타났다. 시설설비의 양이 높은 시설의 처우의 사회화 정도가 가장 높고 그 다음은 중간시설과 낮은 시설의 순서인 것으로 나타났다. 그리고 이러한 차이는 유의미한 것으로 나타났다(F=3.246, p<.05).

구체적으로 어떤 집단 간에 차이가 있는지를 살펴보기 위해 사후검증(Tukey)을 실시한 결과, 시설설비의 양이 높은 시설과 낮은 시설 간에만 처우의 사회화 정도에 차이가 있는 것으로 나타났다.

시설설비의 양이 낮은 시설의 기능의 사회화 평균은 14.37점(표준편차 6.48), 중간시설 19.15점(표준편차 5.56), 높은 시설 22.97점(표준편차 7.07)으로 나타났다. 시설설비의 양이 높은 시설의 기능의 사회화 정도가 가장 높고 그 다음은 중간시설과 낮은 시설의 순서인 것으로 나타났다. 그리고 이러한 차이는 유의미한 것으로 나타났다(F=37.509, p<.001).

구체적으로 어떤 집단 간에 차이가 있는지를 살펴보기 위해 사후검증(Tukey)을 실시한 결과, 시설설비의 양이 높은 시설과 낮은 시설, 높은 시설과 중간시설, 중간시설과 낮은 시설 모든 집단간에 기능의 사회화 정도에 차이가 있는 것으로 나타났다.

시설설비의 양이 낮은 시설의 운영의 사회화 평균은 19.62점(표준편차 4.62), 중간시설 20.84점(표준편차 3.80), 높은 시설 21.88점(표준편차 4.21)으로 나타났다. 시설설비의 양이 높은 시설의 운영의 사회화 정도가 가장 높고 그 다음은 중간시설과 낮은 시설의 순서인 것으로 나타났다. 그리고 이러한 차이는 유의미한 것으로 나타났다($F=6.354$, $p<.01$).

구체적으로 어떤 집단 간에 차이가 있는지를 살펴보기 위해 사후검증(Tukey)을 실시한 결과, 시설설비의 양이 높은 시설과 낮은 시설 간에만 운영의 사회화 정도에 차이가 있는 것으로 나타났다.

시설설비의 양이 낮은 시설의 문제의 사회화 평균은 15.50점(표준편차 4.15), 중간시설 16.41점(표준편차 3.82), 높은 시설 17.54점(표준편차 4.12)으로 나타났다. 시설설비의 양이 높은 시설의 문제의 사회화 정도가 가장 높고 그 다음은 중간시설과 낮은 시설의 순서인 것으로 나타났다. 그리고 이러한 차이는 유의미한 것으로 나타났다($F=5.786$, $p<.01$).

구체적으로 어떤 집단 간에 차이가 있는지를 살펴보기 위해 사후검증(Tukey)을 실시한 결과, 시설설비의 양이 높은 시설과 낮은 시설 간에만 문제의 사회화 정도에 차이가 있는 것으로 나타났다.

시설설비의 양이 낮은 시설의 공공행정과의 연계 평균은 13.60점(표준편차 3.26), 중간시설 13.92점(표준편차 2.43), 높은 시설 14.83점(표준편차 3.02)으로 나타났다. 시설설비의 양이 높은 시설의 공공행정과의 연계 정도가 가장 높고 그 다음은 중간시설과 낮은 시설의 순서인 것으로 나타났다. 그리고 이러한 차이는 유의미한 것으로 나타났다($F=4.195$, $p<.05$).

구체적으로 어떤 집단 간에 차이가 있는지를 살펴보기 위해 사후검증(Tukey)을 실시한 결과, 시설설비의 양이 높은 시설과 낮은 시설 간에만 공공행정과의 연계 정도에 차이가 있는 것으로 나타났다.

〈표 8-11〉 시설설비와 시설사회화

내 용	낮은시설 (N=68)	중간시설 (N=39)	높은시설 (N=132)	F값	사후검증
	평균(S.D)				
전체 시설사회화	97.57(20.50)	106.56(18.81)	114.07(19.49)	15.918***	높은시설>낮은시설
처우의 사회화	34.49(6.37)	36.23(7.42)	36.85(5.75)	3.246*	높은시설>낮은시설
기능의 사회화	14.37(6.48)	19.15(5.56)	22.97(7.07)	37.509***	중간시설>낮은시설 높은시설>낮은시설 높은시설>중간시설
운영의 사회화	19.62(4.62)	20.84(3.80)	21.88(4.21)	6.354**	높은시설>낮은시설
문제의 사회화	15.50(4.15)	16.41(3.82)	17.54(4.12)	5.786**	높은시설>낮은시설
공공행정과의 연계	13.60(3.26)	13.92(2.43)	14.83(3.02)	4.195*	높은시설>낮은시설

***p<.001, **p<.01, *p<.05

5. 시설위치와 시설사회화

아래의 〈표 8-12〉에 시설위치에 따른 시설의 사회화 차이를 분석한 결과가 제시되어 있다. 시설위치를 군단위지역, 중소도시지역, 대도시지역의 세 집단으로 구분하여 분석하였다.

군단위지역 시설의 전체 시설사회화 평균은 109.40점(표준편차 22.18), 중소도시지역 시설의 평균은 108.13점(표준편차 20.59), 대도시지역 시설의 평균은 106.88점(표준편차 20.19)으로 나타났다. 군단위지역 시설의 전체 시설사회화 정도가 가장 높고 그 다음은 중소도시지역 시설과 대도시지역 시설의 순서인 것으로 나타났는데, 이러한 차이는 유의미하지 않은 것으로 나타났다.

군단위지역 시설의 처우의 사회화 평균은 36.55점(표준편차 6.99), 중소도시지역 35.93점(표준편차 6.29), 대도시지역 35.83점(표준편차 5.52)으로 나타났다. 군단위지역 시설의 처우의 사회화 정도가 가장 높고 그 다음은 중소도시지역 시설과 대도시지역 시설의 순서인 것으로 나타났다. 그러나 이러한 차이는 유의미하지 않은 것으로 나타났다.

군단위지역 시설의 기능의 사회화 평균은 21.21점(표준편차 8.00), 중소도시지역 19.72점(표준편차 7.75), 대도시지역 18.83점(표준편차 6.94)으로 나타났다. 군단위지역 시설의 기능의 사회화 정도가 가장 높고 그 다음은 중소도시지역 시설과 대도시지역 시설의 순서인 것으로 나타났다. 그러나 이러한 차이는 유의미하지 않은 것으로 나타났다.

군단위지역 시설의 운영의 사회화 평균은 20.85점(표준편차 4.43), 중소도시지역 21.06점(표준편차 4.16), 대도시지역 21.31점(표준편차 4.68)으로 나타났다. 대도시지역 시설의 운영의 사회화 정도가 가장 높고 그 다음은 중소도시지역 시설과 군단위지역 시설의 순서인 것으로 나타났다. 그러나 이러한 차이는 유의미하지 않은 것으로 나타났다.

군단위지역 시설의 문제의 사회화 평균은 16.25점(표준편차 4.38), 중소도시지역 17.04점(표준편차 4.18), 대도시지역 16.88점(표준편차 3.90)으로 나타났다. 군단위지역 시설의 문제의 사회화 정도가 가장 높고 그 다음은 중소도시지역 시설과 대도시지역 시설의 순서인 것으로 나타났다. 그러나 이러한 차이는 유의미하지 않은 것으로 나타났다.

군단위지역 시설의 공공행정과의 연계 평균은 14.54점(표준편차 3.26), 중소도시지역 14.39점(표준편차 2.88), 대도시지역 14.03점(표준편차 3.17)으로 나타났다. 군단위지역 시설의 문제의 사회화 정도가 가장 높고 그 다음은 중소도시지역 시설과 대도시지역 시설의 순서인 것으로 나타났다. 그러나 이러한 차이는 유의미하지 않은 것으로 나타났다.

시설이 위치한 지역 즉, 대도시, 중소도시, 군단위 지역에 따라서 각 시설사회화의 정도에 차이가 없는 것으로 나타났다. 이 결과는 다른 선행 연구들의 주장이나 조사결과와는 다른 것이다. 瀧口桂子

(1978)와 岡村重夫(1979)가 시설위치가 대도시나 중심지에 위치할수록 시설사회화에 유리하다고 주장하였고, 국내의 박태영(1995:76)도 이들의 주장을 수용하였다. 특히, 박태영의 조사연구 결과에서 시설위치에 따라서 지역사회 자원활용에 차이가 있는 것으로 나타났다.

그러나 지역사회의 성격이나 시설과 지역사회의 관계 및 시설사회화에 대해서 좀 더 깊은 통찰이 필요하다고 판단된다. 즉, 대도시나 도심지의 경우 농어촌 지역이나 주변지역에 비해 시설이 교류하고 활용할 수 있는 자원의 측면에서 더 유리하다고 평가할 수도 있다. 그러나 다른 시각에서 보면, 오히려 군단위 지역 등 전통적인 가치관과 생활풍토가 아직 남아 있는 농어촌지역이 상부상조나 이타심 등 전통적인 가치관이 오히려 도시지역에 비해서 더 강할 수도 있는 것이다.

이와 관련한 이론적 근거를 오정수 · 류진석(2004:25-27)의 연구에서 찾을 수 있다. 그들은 Tonnies의 논의를 검토하여, 지역사회의 구분과 변화에 대해서 제시하고 있다. 공동사회(Gemeinschaft)에서는 정서적이고 전통적인 관계가 원활하게 이루어지는 반면, 이익사회(Gesellschaft)는 개인주의 · 계약 · 합리적인 이익추구에 기초하고 있다. 그리고 지역사회가 공동사회의 연합체→공동사회의 협의체→이익사회의 협의체→이익사회의 연합체의 형태로 발전하였다. 공동사회에서는 혈연, 이웃, 친구, 직장 등의 관계 속에서 상호부조와 사회연대가 이루어지는 반면, 이익사회에서는 사회구성원 간에 고립과 긴장상태가 지속되고 공동사회의 상호부조와 사회연대가 아닌 국가의 정책적 지원이라는 사회연대가 추구된다는 것이다.

한국의 도시지역 또한 이익사회의 단계에 와 있다고 판단할 수 있다. 따라서 상호부조 등의 전통적 가치가 매우 약하기 때문에 지역사회의 사회복지시설에 대해서 적극적으로 지원하고 참여하는 등의 활동은 적극적이지 않다고 할 수 있다. 반면, 한국의 농어촌지역의 경우 공동사회의 성격을 유지하고 있어 상호부조와 사회연대가 상대적으로 활발하게 이루어지고 있는 편이다. 결국 사회복지시설에 대해서도 농어촌지역이 보다 적극적으로 운영에 참여하고 지원하는 등 시설사회화 실천의 정도는 더 높은 것으로 추측된다.

〈표 8-12〉 시설의 위치와 시설사회화

내 용	군단위지역 (N=67)	중소도시지역 (N=108)	대도시지역 (N=64)	F값
	평균(S.D)			
전체 시설사회화	109.40(22.18)	108.13(20.59)	106.88(20.19)	0.239
처우의 사회화	36.55(6.99)	35.93(6.29)	35.83(5.52)	0.271
기능의 사회화	21.21(8.00)	19.72(7.75)	18.83(6.94)	1.653
운영의 사회화	20.85(4.43)	21.06(4.16)	21.31(4.68)	0.183
문제의 사회화	16.25(4.38)	17.04(4.18)	16.88(3.90)	0.757
공공행정과의 연계	14.54(3.26)	14.39(2.88)	14.03(3.17)	0.481

6. 시설의 역사와 시설사회화

아래의 〈표 8-13〉에 시설역사에 따른 시설의 사회화 차이를 분석한 결과가 제시되어 있다. 시설역사를 짧은 시설(3~43개월), 중간시설(44~143개월), 오랜 시설(144~919개월)의 세 집단으로 구분하여 분석하였다.

시설역사가 짧은 시설의 전체 시설사회화 평균은 103.56점(표준편차 22.88), 중간시설 111.95점(표준편차 19.71), 오랜 시설 109.23점(표준편차 19.20)으로 나타났다. 시설역사가 중간시설의 전체 시설사회화 정도가 가장 높고 그 다음은 오랜 시설과 짧은 시설의 순서인 것으로 나타났다. 그리고 이러한 차이는 유의미한 것으로 나타났다($F=3.379$, $p<.05$).

구체적으로 어떤 집단 간에 차이가 있는지를 살펴보기 위해 사후검증(Tukey)을 실시한 결과, 시설역사가 중간시설과 짧은 시설 간에만 전체 시설사회화의 정도에 차이가 있는 것으로 나타났다.

시설역사가 낮은 시설의 처우의 사회화 평균은 33.86점(표준편차 6.49), 중간시설 37.49점(표준편차 6.44), 오랜 시설 36.88점(표준편차 5.34)으로 나타났다. 시설역사가 중간시설의 처우의 사회화 정도가 가장 높고 그 다음은 오랜 시설과 짧은 시설의 순서인 것으로 나타났다. 그리고 이러한 차이는 유의미한 것으로 나타났다($F=7.942$, $p<.001$).

구체적으로 어떤 집단 간에 차이가 있는지를 살펴보기 위해 사후검증(Tukey)을 실시한 결과, 시설역사가 오랜 시설과 짧은 시설, 그리고 중간시설과 짧은 시설 간에 처우의 사회화 정도에 차이가 있는 것으로 나타났다.

시설역사가 낮은 시설의 기능의 사회화 평균은 19.87점(표준편차 8.50), 중간시설 20.86점(표준편차 7.48), 오랜 시설 18.97점(표준편차 6.74)으로 나타났다. 시설역사가 중간시설의 기능의 사회화 정도가 가장 높고 그 다음은 짧은 시설과 오랜 시설의 순서인 것으로 나타났다. 그러나 이러한 차이는 유의미하지 않은 것으로 나타났다.

시설역사가 낮은 시설의 운영의 사회화 평균은 20.00점(표준편차 4.85), 중간시설 21.44점(표준편차 3.95), 오랜 시설 21.87점(표준편차 4.11)으로 나타났다. 시설역사가 높은 시설의 운영의 사회화 정도가 가장 높고 그 다음은 중간시설과 짧은 시설의 순서인 것으로 나타났다. 그리고 이러한 차이는 유의미한 것으로 나타났다($F=4.023$, $p<.05$).

구체적으로 어떤 집단 간에 차이가 있는지를 살펴보기 위해 사후검증(Tukey)을 실시한 결과, 시설역사가 오랜 시설과 짧은 시설 간에만 운영의 사회화 정도에 차이가 있는 것으로 나타났다.

시설역사가 낮은 시설의 문제의 사회화 평균은 16.17점(표준편차 4.32), 중간시설 17.25점(표준편차 4.05), 오랜 시설 17.01점(표준편차 4.06)으로 나타났다. 시설역사가 중간인 시설의 문제의 사회화 정도가 가장 높고 그 다음은 오랜 시설과 짧은 시설의 순서인 것으로 나타났다. 그러나 이러한 차이는 유의미하지 않은 것으로 나타났다.

시설역사가 낮은 시설의 공공행정과의 연계 평균은 13.67점(표준편차 3.33), 중간시설 14.91점(표준편차 2.99), 오랜 시설 14.49점(표준편차 2.71)으로 나타났다. 시설역사가 중간인 시설의 공공행정과의 연계 정도가 가장 높고 그 다음은 오랜 시설과 짧은 시설의 순서인 것으로 나타났다. 그리고 이러한 차이는 유의미한 것으로 나타났다($F=3.463$, $p<.05$).

구체적으로 어떤 집단 간에 차이가 있는지를 살펴보기 위해 사후검증(Tukey)을 실시한 결과, 시설역사가 중간시설과 짧은 시설 간에만 공공행정과의 연계 정도에 차이가 있는 것으로 나타났다.

〈표 8-13〉 시설역사와 시설사회화

내 용	짧은 시설 (N=78)	중간시설 (N=80)	오랜 시설 (N=78)	F값	사후검증
	평균(S.D)				
전체 시설사회화	103.56(22.88)	111.95(19.71)	109.23(19.20)	3.379*	중간시설〉낮은시설
처우의 사회화	33.86(6.49)	37.49(6.44)	36.88(5.34)	7.942***	중간시설〉낮은시설 높은시설〉낮은시설
기능의 사회화	19.87(8.50)	20.86(7.48)	18.97(6.74)	1.218	
운영의 사회화	20.00(4.85)	21.44(3.95)	21.87(4.11)	4.023*	높은시설〉낮은시설
문제의 사회화	16.17(4.32)	17.25(4.05)	17.01(4.06)	1.483	
공공행정과의 연계	13.67(3.33)	14.91(2.99)	14.49(2.71)	3.463*	중간시설〉낮은시설

***$p<.001$, *$p<.05$

제 5 절 주민참여 요인과 시설사회화

아래의 〈표 9-14〉에 주민참여 수준에 따른 시설의 사회화 차이를 분석한 결과가 제시되어 있다. 주민참여 수준을 낮은 시설(2~4점),

중간시설(5~6점), 높은 시설(7~9점)의 세 집단으로 구분하여 분석하였다.

주민참여수준이 낮은 시설의 전체 시설사회화 평균은 85.88점(표준편차 16.81), 중간시설 108.86점(표준편차 16.69), 높은 시설 125.07점(표준편차 14.78)으로 나타났다. 주민참여수준이 높은 시설의 전체 시설사회화 정도가 가장 높고 그 다음은 중간시설과 낮은 시설의 순서인 것으로 나타났다. 그리고 이러한 차이는 유의미한 것으로 나타났다 ($F=77.956$, $p<.001$).

구체적으로 어떤 집단 간에 차이가 있는지를 살펴보기 위해 사후검증(Tukey)을 실시한 결과, 시설역사가 높은 시설과 낮은 시설, 높은 시설과 중간시설, 중간시설과 낮은 시설 모든 집단간에 전체 시설사회화 정도에 차이가 있는 것으로 나타났다.

주민참여수준이 낮은 시설의 처우의 사회화 평균은 30.98점(표준편차 7.07), 중간시설 36.47점(표준편차 5.35), 높은 시설 39.42점(표준편차 4.79)으로 나타났다. 주민참여수준이 높은 시설의 처우의 사회화 정도가 가장 높고 그 다음은 중간시설과 낮은 시설의 순서인 것으로 나타났다. 그리고 이러한 차이는 유의미한 것으로 나타났다 ($F=30.959$, $p<.001$).

구체적으로 어떤 집단 간에 차이가 있는지를 살펴보기 위해 사후검증(Tukey)을 실시한 결과, 시설역사가 높은 시설과 낮은 시설, 높은 시설과 중간시설, 중간시설과 낮은 시설 모든 집단간에 처우의 사회화 정도에 차이가 있는 것으로 나타났다.

주민참여수준이 낮은 시설의 기능의 사회화 평균은 12.98점(표준편차 6.34), 중간시설 20.01점(표준편차 6.94), 높은 시설 25.41점(표준편차 6.03)으로 나타났다. 주민참여수준이 높은 시설의 기능의 사회화 정도가 가장 높고 그 다음은 중간시설과 낮은 시설의 순서인 것으로 나타났다. 그리고 이러한 차이는 유의미한 것으로 나타났다($F=50.134$, $p<.001$).

구체적으로 어떤 집단 간에 차이가 있는지를 살펴보기 위해 사후검

증(Tukey)을 실시한 결과, 시설역사가 높은 시설과 낮은 시설, 높은 시설과 중간시설, 중간시설과 낮은 시설 모든 집단간에 기능의 사회화 정도에 차이가 있는 것으로 나타났다.

주민참여수준이 낮은 시설의 운영의 사회화 평균은 17.20점(표준편차 3.87), 중간시설 21.14점(표준편차 3.68), 높은 시설 24.12점(표준편차 3.66)으로 나타났다. 주민참여수준이 높은 시설의 운영의 사회화 정도가 가장 높고 그 다음은 중간시설과 낮은 시설의 순서인 것으로 나타났다. 그리고 이러한 차이는 유의미한 것으로 나타났다 (F=46.464, p<.001).

구체적으로 어떤 집단 간에 차이가 있는지를 살펴보기 위해 사후검증(Tukey)을 실시한 결과, 시설역사가 오랜 시설과 짧은 시설, 오랜 시설과 중간시설, 중간시설과 짧은 시설 모든 집단간에 운영의 사회화 정도에 차이가 있는 것으로 나타났다.

주민참여 수준이 짧은 시설의 문제의 사회화 평균은 12.94점(표준편차 3.81), 중간시설 16.76점(표준편차 3.59), 높은 시설 20.00점(표준편차 2.66)으로 나타났다. 주민참여수준이 높은 시설의 문제의 사회화 정도가 가장 높고 그 다음은 중간시설과 낮은 시설의 순서인 것으로 나타났다. 그리고 이러한 차이는 유의미한 것으로 나타났다 (F=56.5555, p<.001).

구체적으로 어떤 집단 간에 차이가 있는지를 살펴보기 위해 사후검증(Tukey)을 실시한 결과, 시설역사가 오랜 시설과 짧은 시설, 오랜 시설과 중간시설, 중간시설과 짧은 시설 모든 집단간에 문제의 사회화 정도에 차이가 있는 것으로 나타났다.

주민참여수준이 낮은 시설의 공공행정과의 연계 평균은 11.78점(표준편차 3.15), 중간시설 14.49점(표준편차 2.67), 높은 시설 16.12점(표준편차 2.24)으로 나타났다. 주민참여수준이 높은 시설의 공공행정과의 연계 정도가 가장 높고 그 다음은 중간시설과 낮은 시설의 순서인 것으로 나타났다. 그리고 이러한 차이는 유의미한 것으로 나타났다

(F=35.578, p<.001).

구체적으로 어떤 집단 간에 차이가 있는지를 살펴보기 위해 사후검증(Tukey)을 실시한 결과, 시설역사가 오랜 시설과 짧은 시설, 오랜 시설과 중간시설, 중간시설과 짧은 시설 모든 집단간에 공공행정과의 연계 정도에 차이가 있는 것으로 나타났다.

〈표 8-14〉 주민참여수준과 시설사회화

내 용	낮은 시설 (N=49)	중간시설 (N=131)	높은 시설 (N=59)	F값	사후검증
	평균(S.D)				
전체 시설사회화	85.88(16.81)	108.86(16.69)	125.07(14.78)	77.956***	중간시설>낮은시설 높은시설>낮은시설 높은시설>중간시설
처우의 사회화	30.98(7.07)	36.47(5.35)	39.42(4.79)	30.959***	중간시설>낮은시설 높은시설>낮은시설 높은시설>중간시설
기능의 사회화	12.98(5.34)	20.01(6.94)	25.41(6.03)	50.134***	중간시설>낮은시설 높은시설>낮은시설 높은시설>중간시설
운영의 사회화	17.20(3.87)	21.14(3.68)	24.12(3.66)	46.464***	중간시설>낮은시설 높은시설>낮은시설 높은시설>중간시설
문제의 사회화	12.94(3.81)	16.76(3.59)	20.00(2.66)	56.555***	중간시설>낮은시설 높은시설>낮은시설 높은시설>중간시설
공공행정과의 연계	11.78(3.15)	14.49(2.67)	16.12(2.24)	35.578***	중간시설>낮은시설 높은시설>낮은시설 높은시설>중간시설

***p<.001

제9장

변수간 상관관계

종속변수인 전체 시설사회화, 처우의 사회화, 기능의 사회화, 운영의 사회화, 문제의 사회화, 공공행정과의 연계에 대해 독립변수가 어떠한 영향을 미치는지를 파악하기 위한 중다회귀분석을 실시하기 전에 변수간의 상관관계를 살펴보았다. 분석결과를 정리한 내용이 〈표 10-1〉에 제시되어 있다.

제1절 전체 시설사회화의 상관관계

전체 시설사회화와 상관관계가 있는 변수는 시설운영자 요인 중 시설운영자의 시설사회화에 대한 의식($r=.264$, $p<.001$), 예산 요인 중 시설총예산($r=.151$, $p<.05$), 인력 요인 중 사회복지사 비율($r=.256$, $p<.001$)과 시설사회화 담당직원의 비율($r=.222$, $p<.01$), 시설특성 요인 중 비용별 시설종류($r=-.460$, $p<.001$), 시설설비의 양($r=.404$, $p<.001$), 주민참여 요인인 주민참여수준($r=.651$, $p<.001$)으로 분석되었다.

한편, 전체 시설사회화와 상관관계가 없는 변수는 예산 요인 중 시설사회화 예산, 인력 요인 중 직원비율, 시설특성 요인 중 기능별 시설종류, 시설생활자의 건강상태, 시설의 위치, 시설의 역사인 것으로 나타났다.

이 분석결과는 시설사회화에 대한 시설운영자의 의식이 높을수록 전체적인 시설사회화의 수준이 높다는 것을 의미하고 시설총예산의 규모가 클수록 전체적인 시설사회화의 수준이 높다는 사실을 나타낸다. 그리고 전체 직원 중 사회복지사와 시설사회화 담당직원의 비율이 높을수록 전체적인 시설사회화의 수준이 높다는 것을 나타낸다. 또한 무료시설일수록, 그리고 시설이 시설설비를 충분히 갖추고 있을수록 전체적인 시설사회화의 수준이 높다는 것을 의미한다. 그리고 시설에 대한 주민참여의 수준이 높을수록 전체적인 시설사회화 수준이 높다는 것을 의미한다.

제 2 절 처우의 사회화의 상관관계

분석결과 처우의 사회화와 상관관계가 있는 변수는 다음과 같다. 시설운영자 요인인 시설운영자의 시설사회화에 대한 의식($r=.165$, $p<.05$)이 유의미한 상관관계를 보였다. 인력 요인인 직원비율($r=-.165$, $p<.05$), 사회복지사 비율($r=.212$, $p<.01$), 시설사회화 담당직원 비율($r=.179$, $p<.01$) 등 모든 변수가 처우의 사회화와 상관관계가 있는 것으로 분석되었다. 시설특성 요인 중 비용별 시설종류($r=-.378$, $p<.001$), 기능별 시설종류($r=-.156$, $p<.05$), 시설생활자의 건강수준($r=-.194$, $p<.01$), 시설설비의 양($r=.227$, $p<.001$), 시설역사($r=.137$, $p<.05$)가 처우의 사회화와 상관관계가 있는 것으로 나타났다. 주민참여 요인인 주민참여 수준($r=.478$, $p<.001$)이 처우의 사회화와 상관관계가 있는 것으로 분석되었다.

반면, 처우의 사회화와 상관관계가 없는 것으로 나타난 변수는 예산 요인 중 시설총예산, 인력 요인 중 직원비율, 시설특성 요인 중 기능별 시설종류, 시설생활자의 건강상태, 시설의 위치, 시설의 역사로 나타났다.

이러한 분석결과는 시설운영자의 시설사회화에 대한 의식수준이 높을수록 처우의 사회화 수준이 높다는 것을 의미한다. 그리고 시설생활자에게 서비스를 제공하는 직원비율이 낮을수록, 전체 직원 중에서 사회복지사의 비율이 높을수록, 그리고 시설사회화를 담당하는 직원의 비율이 높을수록 시설사회화의 수준이 높은 것으로 분석되었다. 또한 정부의 재정지원을 받는 무료시설일수록, 시설의 기능수준(서비스수준)이 낮을수록, 시설생활자의 건강상태가 양호할수록, 시설설비의 양이 많을수록, 시설설립 이후 시설운영의 역사가 오래될수록 처우의 사회화 수준이 높은 것으로 나타났다. 그리고 시설에 대한 주민참여의 수준이 높을수록 처우의 사회화 수준이 높다는 사실을 나타내 주고 있다.

제 3 절 기능의 사회화의 상관관계

기능의 사회화와 상관관계가 있는 변수는 시설운영자 요인인 시설사회화에 대한 시설운영자의 의식($r=.196$, $p<.01$), 예산요인 중 시설사회화 예산($r=.226$, $p<.01$), 인력 요인 중 사회복지사 비율($r=.154$, $p<.05$), 시설사회화 담당직원 비율($r=.250$, $p<.001$), 시설특성 요인 중 비용별 시설종류($r=-.218$, $p<.01$), 시설설비의 양($r=.544$, $p<.001$), 주민참여 요인인 주민참여 수준($r=.545$, $p<.001$)으로 나타났다.

반면, 예산 요인 중 시설총예산, 인력 요인 중 직원비율, 시설특성 요인 중 기능별 시설종류, 시설생활자의 건강상태, 시설위치, 시설역사 등은 기능의 사회화와 상관관계가 없는 것으로 분석되었다.

즉, 시설사회화에 대한 시설운영자의 의식수준이 높을수록 기능의 사회화 수준이 높은 것으로 나타났다. 시설사회화 예산이 높을수록 기능의 사회와 수준이 높은 것으로 분석되었다. 그리고 전체 직원 중 사회복지사와 시설사회화 담당직원의 높을수록 기능의 사회화 수준이 높은 것으로 나타났다. 또한 무료시설일수록, 그리고 시설설비비의 양이 많을수록 기능의 사회화 수준이 높은 것으로 나타났다. 시설에 대한 주민참여의 수준이 높을수록 기능의 사회화 수준이 높은 것으로 나타났다.

제 4 절 운영의 사회화의 상관관계

운영의 사회화와 상관관계가 있는 변수는 시설운영자 요인인 시설운영자의 의식(r=.228, p〈.001), 예산요인 중 시설총예산(r=.192, p〈.01), 인력 요인인 직원비율(r=-.144, p〈.05), 사회복지사 비율(r=.282, p〈.001), 시설사회화 담당직원 비율(r=.150, p〈.05), 시설특성 요인 중 비용별 시설종류(r=-.504, p〈.001), 시설설비의 양(r=.264, p〈.001), 시설역사(r=.153, p〈.05), 주민참여 요인인 주민참여 수준(r=.568, p〈.001)인 나타났다.

한편, 운영의 사회화와 상관관계가 없는 변수는 예산 요인 중 시설사회화 예산, 시설특성 요인 중 기능별 시설유형, 시설생활자의 건강상태, 시설위치인 것으로 분석되었다.

이러한 분석결과는 시설운영자의 의식이 높을수록 운영의 사회화 수준이 높다는 것을 의미한다. 시설의 총예산 규모가 클수록 운영의 사회화 수준이 높다는 것을 말해준다. 그리고 시설생활자에게 서비스를 제공하는 직원비율이 높을수록, 전체 직원 중 사회복지사의 비율이 높을수록, 전체 직원 중 시설사회화를 직원이 많을수록 운영의 사회화의 수준이 높다는 것을 의미한다. 또한 정부의 운영비 지원을 받는 무료시설일수록, 시설설비가 충분히 갖추어져 있을수록, 시설운영의 역사가 오래될수록 운영의 사회화 수준이 높다는 것을 말해준다. 그리고 시설에 대한 주민참여의 수준이 높을수록 운영의 사회화 수준이 높다는 것을 의미한다.

제 5 절 문제의 사회화의 상관관계

문제의 사회화와 상관관계가 있는 변수는 시설운영자 요인인 시설사회화에 대한 시설운영자의 의식($r=.248$, $p<.001$), 예산 요인인 시설총예산($r=.194$, $p<.01$), 시설사회화 예산($r=.182$, $p<.05$), 인력 요인 중 사회복지사 비율($r=.194$, $p<.01$), 시설사회화 담당직원 비율($r=.160$, $p<.05$), 시설특성 요인 중 비용별 시설종류($r=-.506$, $p<.001$), 기능별 시설종류($r=.151$, $p<.05$), 시설설비의 양($r=.249$, $p<.001$), 주민참여 요인인 주민참여 수준($r=.589$, $p<.001$)인 것으로 나타났다.

반면, 문제의 사회화와 상관관계가 없는 것으로 나타난 변수는 인력 요인 중 직원비율과 시설특성 요인 중 시설생활자의 건강상태, 시설의 위치, 시설의 역사인 것으로 분석되었다.

이것은 시설운영자의 의식수준이 높을수록 문제의 사회화 수준이 높다는 것을 의미한다. 시설의 총예산과 시설사회화 예산의 규모가 클수록 문제의 사회화 수준이 높다는 것을 말해준다. 그리고 전체 직원 중 사회복지사의 비율과 시설사회화를 담당하는 직원의 비율이 높을수록 문제의 사회화 수준이 높다는 것을 의미한다. 그리고 무료시설일수록, 시설의 기능수준이 낮을수록, 시설설비가 충분히 갖추어져 있을수록 문제의 사회화 수준이 높다는 것을 말해 준다. 또한 시설에 대한 주민참여의 수준이 높을수록 문제의 사회화 수준이 높다는 것을 의미한다.

제 6 절 공공행정과의 연계의 상관관계

공공행정과의 연계와 상관관계가 있는 변수는 시설운영자 요인인 시설사회화에 대한 시설운영자의 의식(r=.315, p<.001), 예산 요인 중 시설총예산(r=.108, p<.01), 인력 요인 중 사회복지사 비율(r=.170, p<.01), 시설특성 요인 중 비용별 시설종류(r=-.412, p<.001)와 시설설비의 양(r=.217, p<.01), 주민참여 요인인 주민참여 수준(r=.490, p<.001)인 것으로 조사되었다.

한편, 공공행정과의 연계와 상관관계가 없는 변수는 예산 요인 중 시설사회화 예산, 인력 요인 중 직원비율과 시설사회화 담당직원의 비율, 시설특성 요인 중 기능별 시설종류, 시설생활자의 건강상태, 시설위치, 시설역사인 것으로 나타났다.

이 분석결과가 의미하는 바는 다음과 같다. 시설운영자의 시설사회화에 대한 의식수준이 높을수록 공공행정과의 연계 수준이 높다는 것을 의미한다. 시설의 총예산 규모가 클수록 공공행정과의 연계수준이 높다는 것을 나타낸다. 전체 직원 중 사회복지사 비율이 높을수록 공공행정과의 연계 수준이 높다고 할 수 있다. 그리고 무료시설일수록, 시설설비가 충분하게 갖추어져 있을수록 공공행정과의 연계 수준이 높다는 것을 의미한다. 또한 시설에 대한 주민참여의 수준이 높을수록 공공행정과의 연계의 수준이 높다는 것을 나타낸다.

〈표 9-1〉 변수간 상관관계

변 수	전체 시설사회화	처우사회화	기능사회화	운영사회화	문제사회화	공공행정 연계
시설운영자의식	.264***	.165*	.196**	.228***	.248***	.315***
시설총예산	.151*	.081	.094	.192**	.194**	.108**
시설사회화예산	.041	.076	.226**	.090	.182*	.135
직원비율	-.094	-.165*	.003	-.144*	-.016	-.084
사회복지사비율	.256***	.212**	.154*	.282***	.261***	.170**
사회화직원비율	.222**	.179**	.250***	.150*	.160*	.105
비용별시설종류	-.460***	-.378***	-.218**	-.504***	-.506***	-.412***
기능별시설종류	.024	-.156*	.103	-.035	.151*	.069
건강상태	-.036	-.194**	.030	.004	.061	-.013
시설설비의 양	.404***	.227***	.544***	.264***	.249***	.217**
시설위치	-.045	-.043	-.116	.039	.056	-.061
시설역사	.068	.137*	-.082	.153*	.068	.072
주민참여수준	.651***	.478***	.545***	.568***	.589***	.490***

***p〈.001 **p〈.01 *p〈.05

이러한 분석결과를 각 변수별로 정리하면 다음과 같다.

시설운영자 요인인 시설사회화에 대한 시설운영자의 의식은 처우의 사회화, 기능의 사회화, 운영의 사회화, 문제의 사회화, 공공행정과의 연계, 전체 시설사회화 등 시설사회화의 모든 영역과 상관관계가 있는 것으로 나타났다. 그리고 그 유의수준도 상당히 높은 것으로 나타났다.

예산 요인 중 시설 총예산은 각 시설사회화의 영역 중 운영의 사회화, 문제의 사회화, 공공행정과의 연계, 전체 시설사회화와 상관관계가 있는 것으로 나타났다. 처우의 사회화와 기능의 사회화의 경우 상관관계가 없는 것으로 분석되었다. 시설사회화 예산은 기능의 사회화와 문제의 사회화와 상관관계가 있는 반면, 처우의 사회화, 운영의 사회화,

전체 시설사회화와는 상관관계가 없는 것으로 나타났다.

인력 요인 중 직원비율은 처우의 사회화 및 운영의 사회화와 상관관계가 있고 전체 시설사회화, 기능의 사회화, 문제의 사회화, 공공행정과의 연계와는 상관관계가 없는 것으로 나타났다. 사회복지사 비율은 모든 시설사회화의 영역과 상관관계가 있고 유의도 수준도 상당히 높은 것으로 분석되었다. 시설사회화 담당직원의 비율은 공공행정과의 연계를 제외한 나머지 시설사회화의 영역과 상관관계가 있는 것으로 나타났다.

시설특성 요인 중 비용별 시설종류는 모든 시설사회화의 영역과 상관관계가 있는 것으로 나타났고 유의도 수준도 매우 높은 것으로 분석되었다. 기능별 시설종류는 처우의 사회화와 문제의 사회화와 상관관계가 있는 반면, 기능의 사회화, 운영의 사회화, 공공행정과의 연계, 전체 시설사회화와는 상관관계가 없는 것으로 나타났다. 시설생활자의 건강상태는 처우의 사회화와만 상관관계가 있고 기능의 사회화, 운영의 사회화, 문제의 사회화, 공공행정과의 연계, 전체 시설사회화와는 상관관계가 없는 것으로 조사되었다. 시설설비의 양은 시설사회화의 모든 영역과 상관관계가 있는 것으로 분석되었고 유의도 수준도 매우 높은 것으로 나타났다. 시설의 위치는 시설사회화의 모든 영역과 상관관계가 없는 것으로 나타났다. 시설의 역사는 처우의 사회화와 운영의 사회화와 상관관계가 있고 기능의 사회화, 문제의 사회화, 공공행정과의 연계, 전체 시설사회화와는 상관관계가 없는 것으로 조사되었다.

주민참여 요인인 시설에 대한 주민참여 수준은 모든 시설사회화의 영역과 상관관계가 있는 것으로 나타났고 유의도 수준은 모든 변수 중에서 가장 높은 것으로 조사되었다.

분석결과를 각 시설사회화의 영역을 기준으로 정리하면 다음과 같다.

전체 시설사회화와 상관관계가 있는 변수는 시설에 대한 주민참여 수준, 비용별 시설종류, 시설설비의 양, 시설사회화에 대한 시설운영자의 의식, 사회복지사 비율, 시설사회화 담당직원의 비율, 시설총예산의 순서인 것으로 나타났다.

처우의 사회화와 상관관계가 있는 변수는 시설에 대한 주민참여수준, 비용별 시설종류, 시설설비의 양, 사회복지사 비율, 시설생활자의 건강상태, 시설사회화 담당직원의 비율, 시설사회화에 대한 시설운영자의 의식, 직원비율, 기능별 시설종류의 순서로 나타났다.

기능의 사회화와 상관관계가 있는 변수는 시설에 대한 주민참여수준, 시설설비의 양, 시설사회화 담당직원의 비율, 시설사회화 예산, 비용별 시설종류, 시설사회화에 대한 시설운영자의 의식의 순서인 것으로 분석되었다.

운영의 사회화와 상관관계가 있는 변수는 시설에 대한 주민참여 수준, 비용별 시설종류, 사회복지사 비율, 시설설비의 양, 시설사회화에 대한 시설운영자의 의식, 시설 총예산, 시설의 역사, 시설사회화 담당직원의 비율, 직원비율의 순서인 것으로 나타났다.

문제의 사회화와 상관관계가 있는 변수는 시설에 대한 주민참여 수준, 비용별 시설종류, 사회복지사 비율, 시설설비의 양, 시설사회화에 대한 시설운영자의 의식, 시설 총예산, 시설사회화 예산, 시설사회화 담당직원의 비율, 기능별 시설종류의 순서로 나타났다.

공공행정과의 연계와 상관관계가 있는 변수는 시설에 대한 주민참여수준, 비용별 시설종류, 시설사회화에 대한 시설운영자의 의식, 시설설비의 양, 사회복지사 비율, 시설 총예산의 순서인 것으로 나타났다.

제10장

사회복지시설의 사회화 영향요인

본 연구에서는 종속변수인 시설사회화를 ① 전체 시설사회화, ② 처우의 사회화, ③ 기능의 사회화, ④ 운영의 사회화, ⑤ 문제의 사회화, ⑥ 공공행정과의 연계로 구분하여 독립변수가 미치는 영향을 살펴보았다. 여기에서 ① 전체 시설사회화는 처우의 사회화, 기능의 사회화, 운영의 사회화, 문제의 사회화, 공공행정과의 연계를 합산한 것이다. 그리고 독립변수는 시설운영자 요인, 재정 요인, 인력 요인, 시설특성 요인, 주민참여 요인으로 설정하였다.

〈부록 1〉에 제시된 것처럼 독립변수간 상관관계를 실시하여 다중공선성의 발생여부를 확인한 결과, Multicollinearity가 .7보다 높게 나타난 문항들은 발견되지 않았다. 또한 〈표 11-1〉에서 제시되는 것처럼 Tolerance와 VIF의 값이 각각 .4 이하이거나 4 이상인 문항이 발견되지 않았다. 따라서 본 연구에서 설정한 모든 독립변수를 투입하여 다중회귀분석을 실시하였다.

제1절 전체 시설사회화의 영향요인

본 연구의 가설에서 시설운영자 요인, 재정 요인, 인력 요인, 시설특성 요인, 주민참여 요인이 전체 시설사회화에 영향을 미칠 것이라고 하였다. 전체 시설사회화의 영향요인에 대한 분석결과가 〈표 11-1〉에 제시되어 있다.

전체 시설사회화에 영향을 미치는 요인을 규명하는 회귀식은 전체의 63.7%의 설명력을 가지고 있으며, 분산분석 모형 검정(F값)을 보면 알 수 있듯이 유의미한 것($p<0.001$)으로 나타나고 있다. 각 요인별 전체 시설사회화에 대한 영향은 다음과 같이 분석되었다.

통계검증 결과 주민참여 요인인 주민참여 수준($t=8.663$, $Beta=.458$, $p<.001$), 시설특성 요인 중 시설설비의 양($t=6.215$, $Beta=.314$, $p<.001$)과 비용부담별 시설종류($t=-3.952$, $Beta=-.212$, $p<.01$), 시설운영자 요인 중 시설운영자의 시설사회화에 대한 의식($t=3.660$, $Beta=.188$, $p<.001$), 인력 요인 중 시설사회화 직원 비율($t=2.319$, $Beta=.120$, $p<.05$)의 순서로 전체 시설사회화에 영향을 미치는 것으로 나타났다. 반면, 시설운영자 요인 중 시설운영자의 사회복지사 자격유무, 재정 요인, 인력 요인 중 직원비율, 사회복지사 비율, 시설특성 요인 중 기능별 시설종류, 시설생활자의 건강수준, 시설위치, 시설역사 등은 영향을 미치지 않는 것으로 나타났다.

시설운영자의 시설사회화에 대한 의식은 전체 시설사회화에 정(+)적으로 영향을 미치며 통계적으로 유의미하게 나타나 본 연구에서 설정한 가설이 채택되었다. 즉, 시설운영자가 시설사회화가 필요하다고 느끼고 시설사회화에 대해서 긍정적으로 평가하며 시설사회화에 찬성하는 정도가 높을수록 전체 시설사회화의 수준이 높다는 것을 의미한다. 따라서 전체적인 시설사회화의 수준을 높이기 위해서는 시설운영자에 대해서 시설사회화의 필요성과 긍정적 측면에 대한 교육과 홍보를 실시해야 할 필요성이 제시된다.

한편, 시설운영자의 사회복지사 자격유무(-.208)가 시설사회화에 대해서 부(-)적으로 약하게 영향을 미치지만, 통계적으로 유의미하지 않게 나타나 본 연구에서 설정한 가설이 기각되었다. 즉, 시설운영자가 사회복지사 자격을 소지하고 있다고 하더라도 사회복지사 자격을 소지하지 않는 경우에 비해서 전체적인 시설사회화의 수준이 높거나 낮지 않다는 것이다.

이것은 사회복지시설 운영자를 비롯한 시설직원들에게 사회복지사 자격을 주기 위해 실무경력을 고려하여 전문적인 대학교육이나 시험 등의 절차를 거치지 않고 일정기간의 연수과정을 통해서 사회복지사 자격을 부여한 데서 비롯된 결과로 생각된다. 즉, 형식적으로 사회복지사 자격을 취득했을 뿐, 실질적으로 시설사회화에 대한 의식이나 이에 대한 지식이 없는 경우가 많다고 볼 수 있다.

재정 요인 중 시설 총예산(.054)과 시설사회화 예산(.039)은 영향을 미치지만, 통계적으로 유의미하지 않은 것으로 조사되어 본 연구에서 설정한 가설을 기각하였다. 이렇게 예산이 시설사회화에 영향을 미치지 않는 이유는 본 연구의 조사방법 상에도 그 이유가 있다고 판단된다. 특히 시설사회화에 지출하는 예산의 경우, 시설사회화와 관련된 정확한 측정항목이 제시되어야 하는데 본 연구의 조사에서는 시설사회화에 대한 개략적인 설명을 질문지에 소개하는 것에 그쳤다. 그리고 우편조사 방식으로 조사를 진행하여 시설사회화 예산을 정확하게 측정하지 못한 것도 이유일 것이다.

그리고 예비조사에서 확인된 것처럼 시설운영 예산을 외부에 공개하는 것을 기피하는 현상을 발견하였다. 어느 조직이든 예산 등 조직의 운영사항을 타인이나 타단체에 공개하는 것을 기피하는 것이 보통이지만, 특히 본 연구의 조사대상인 유료시설은 이러한 경향이 심하게 나타났다. 결과적으로 본 연구에서 시설 총예산에 대한 무응답이 41개소이고 시설사회화 예산의 경우에는 무응답시설이 무려 60개소에 이르는 것으로 나타났다.

이러한 결과 자체만으로도 아직 우리나라 사회복지시설의 사회화 수준이 낮다고 평가할 수 있다. 즉, 외부에 시설의 운영사항을 공개하고 홍보하는 운영의 사회화 수준이 낮다는 것이다. 그리고 이러한 이유들 때문에 재정 요인이 시설사회화에 영향을 미치지 않은 것으로 나타났다고 생각된다. 무응답의 경우에 시설사회화의 수준이 낮아서 시설사회화에 대한 재정지출이 낮거나 전혀 지출하지 않는 시설이 대부분일 것으로 추측된다. 따라서 이러한 시설들이 통계처리에 포함되지 않아 시설사회화의 영향요인에 대한 명확한 분석이 이루어지지 않은 것으로 추측된다.

인력 요인 중 직원비율(-.033)은 부(-)적으로 영향을 미치지만 통계적으로 유의미하지 않게 나타나 본 연구에서 설정한 가설이 기각되었다. 이러한 결과는 앞에서 살펴본 것처럼, 직원비율과 기능별 시설종류를 연관시켜 설명할 수 있겠다. 직원비율은 전문요양시설, 요양시설, 양로시설의 순서로 되어 있어 전문요양시설의 직원 비율이 가장 높다고 할 수 있다. 그러나 전문요양시설은 경우 시설생활자에 대한 의식주 등 기초생활 서비스의 수준이 높을 수는 있지만, 시설사회화의 수준은 낮을 수밖에 없다.

왜냐하면 전문요양시설의 경우 직원 비율이 높은 대신, 시설생활자의 대부분이 치매나 중풍 등의 질환을 가지고 있어 건강수준이 전반적으로 매우 낮을 수밖에 없다. 따라서 전문요양시설은 간병 등 기초적인 신변보호의 서비스가 주요한 업무라고 할 수 있고, 지역사회와의 교류 등을 비롯한 시설사회화와 관련된 서비스는 이루어지기 어렵다. 치매나 중풍 등 중증질환자의 경우에 지역사회주민과의 교류나 지역사회에서의 생활, 또는 자신들의 의견을 시설에 반영시키는 등의 활동은 매우 제한적일 수밖에 없을 것이다.

사회복지사 비율(.100)도 영향을 미치지만, 통계적으로 유의미하지 않은 것으로 나타나 가설을 기각하였다. 조사결과에서 보여주는 것처럼 사회복지사의 비율이 운영의 사회화와 문제의 사회화에 대해서는 영향을 미치지만, 전체적인 시설사회화에 대해서는 영향을 미치지 못하는 것으로 나타났다.

이러한 결과는 사회복지사의 고용수준이 높더라도 전체적인 시설사회화에는 영향을 미치지 않는다는 것을 위미한다. 즉, 시설의 처우수준을 향상시키기 위해서는 이에 필요한 예산이 지원되어야 하고, 시설의 설비와 기능을 지역사회에 제공하기 위해서는 이러한 기능과 설비를 먼저 갖추는 것이 더 중요한 것이다. 또한 공공행정과의 연계 업무는 사회복지사 등 직원이 담당하는 업무라기보다는 주로 시설운영자가 담당하고 있기 때문에 사회복지사 비율의 영향을 받지 않는 것으로 생각된다.

인력 요인 중 시설사회화 담당직원의 비율은 정(+)적으로 영향을 미치며 통계적으로 유의미한 것으로 나타나 본 연구에서 설정한 가설이 채택되었다. 이 조사결과는 시설사회화를 담당하는 직원이 배치되고 그 수준이 높을수록 시설사회화의 수준이 높다는 것을 의미한다. 따라서 시설사회화의 수준을 높이기 위해 시설사회화를 담당하는 직원을 배치할 필요성이 제기된다. 한편, 최근 시설직원의 2교대제 근무를 위해 정부의 인력지원 수준이 대폭 향상되어 시설사회화 담당직원이 비율이 다소 높아진 것으로 평가된다. 본 연구의 시설사회화 담당직원의 배치수준이 기존 연구결과에 비해서 높아진 것을 확인한 바 있다.

그러나 정부의 인력지원과 관련하여 여전히 남아 있는 과제가 있다. 정부에서 지원하는 인력과 사회복지시설이 법적으로 배치해야 할 인력수준과의 차이이다(보건복지부, 2004b). 즉, 노인복지시설 중 무료요양시설에 대한 정부의 직원 인건비 지원내역을 보면, 원장, 사무국장, 위생원, 생활복지사는 시설규모에 관계없이 시설당 1명씩 지원하며, 간호사는 입소인원 25인당 1명, 영양사는 입소인원 50인 이상 시설에 대해서 1명, 생활지도원 입소인원 25인당 2명, 조리원은 시설당 1명(입소인원 50명 이상은 2인), 촉탁의사 시설당 1명, 물리치료사 시설당 1명, 사무원(관리인)은 입소인원 100인 이상 시설당 1명으로 되어 있다. 그러나 법정 배치인원은 정부가 예산을 지원하여 배치되는 직원수와 다소 차이가 있다. 물리치료사의 경우 법정 인원배치에서는 입소인원 100인 초과시마다 1명을 더 배치하여야 하며, 생활지도원은 입소원인 7인당 1명을 더 배치하도록 되어 있어 약 2배의 차이가 있다.

따라서 이후 정부가 이러한 법정 배치인원과 실제 정부의 인력지원 수준 간의 차이를 없애고 인력지원 수준을 높이는 방향으로 개선되어야 할 것이다. 이렇게 되면 현재의 인력수준이 증가하고 시설사회화를 담당하는 직원도 더 많이 확보될 수 있을 것이고 결과적으로 시설사회화의 수준을 높이는 데에 기여할 것으로 생각된다. 또한 정부가 현재의 인력배치 수준을 높이면서 증가된 인력을 시설사회화를 담당하는 업무에 배치하는 것을 규정하는 것도 시설사회화의 수준을 높이는 하나의 방안으로 생각된다.

시설특성 요인 중 비용부담별 시설종류는 전체 시설사회화에 부(-)적으로 영향을 미치며, 통계적으로도 매우 유의미한 것으로 나타나 본 연구에서 설정한 가설이 채택되었다. 이것은 정부의 지원을 받는 무료시설이 유료나 실비시설에 비해서 시설사회화의 수준이 높다는 것을 의미한다.

이것은 시설운영에 소요되는 예산 전액을 정부에서 지원받는 무료시설은 정부의 지도감독 때문에 시설운영에 더욱 개방적이고 처우의 수준을 높이려는 노력을 하기 때문이라고 생각된다. 그리고 무료시설의 경우에는 유료시설과 달리 영리 목적이 아니라 시설생활자의 처우수준을 향상시키려는 의지를 더 많이 가지고 있는 것으로도 볼 수 있다.

특히, 최근 사회복지사업법과 사회복지 관련법들이 개정되면서 시설들이 처우수준을 향상시키고 전체적으로 시설과 지역사회와의 관계를 강화시키는 등 시설사회화의 수준을 높이는 방향으로 나아가고 있다. 그리고 관련 법규들이 개정되면서 시설평가제가 도입되어 정부의 재정지원을 받는 무료시설이 정부의 예산을 더 지원받기 위해서는 평가항목에 다수 포함되어 있는 시설사회화의 수준을 높일 수밖에 없는 입장이다.[1]

이러한 조사결과는 정부에서 전체적인 운영관리비를 지원하는 무료시설이 증가할수록 시설사회화에 긍정적인 영향을 미칠 것이라는 사실을 시사하고 있다. 따라서 현재 사회복지의 민영화 주장이 높아지고 있는 상황이지만, 시설사회화의 측면에서 볼 때 사회화의 수준을 높이고 나아가 지역사회복지의 수준을 높이기 위해서는 여전히 정부가 전체적인 시설운영비를 지원하여 운영되는 무료시설을 확대할 필요가 있다. 이러한 정책적 지원은 급증하고 있는 노인의 시설보호에 대한 요구를 충족시킨다는 측면에서도 긍정적으로 작용할 수 있을 것이다.

기능별 시설종류(.074)는 정(+)적 방향으로 약하게 영향을 미치지만 통계적으로 유의미하지 않아 본 연구에서 설정한 가설이 기각되었다. 즉, 시설이 갖추고 있는 기능수준이 높더라도 시설사회화의 수준이 높거나 낮지 않다는 것이다. 보통 예산지원 수준, 전문적인 기능과 설비, 인력배치 수준 등 전체적으로 시설의 여건이 더 나을수록 시설생활자에 대한 처우수준을 비롯한 시설사회화의 수준이 높을 것이라고 추측할 수 있다. 그러나 조사결과에서는 기능에 따른 시설종별로 시설사회화의 수준에 차이가 없는 것으로 나타났다.

이것은 기능별 시설종류와 본 연구에서 제시한 종속변수인 시설사

1) 특히, 2001년 사회복지시설 평가의 내용을 보면, 시설 및 환경(18문항), 조직운영 및 인사관리(24항목), 서비스의 질(30항목), 거주자의 생활상의 권리(11항목), 지역사회관계(15항목), 거주자 만족도(10항목)로 구성되어 있다. 이 항목들을 보면, 본 연구의 주제인 시설사회화의 내용과 매우 밀접하게 연관되어 있다는 사실을 알 수 있다(변재관 외, 2002:69).

회화의 내용을 살펴보면 이해할 수 있다. 무료시설을 기준으로 할 때, 2004년 현재 관리운영비의 경우 양로시설 입소인원 1인당 연간 621,800원에 비해 요양시설의 경우는 793,160원, 전문요양시설은 1,045,580원이다. 그리고 인력지원 수준에서도 차이가 있다. 간호사의 경우 양로시설은 1명이지만, 요양시설과 전문요양시설은 시설생활자 25인당 1명이다. 생활지도원의 경우 큰 편차를 보이는데, 양로시설은 입소인원 25인당 2명, 요양시설 10인당 2명, 전문요양시설 5인당 2명으로 되어 있다. 촉탁의사와 물리치료사의 경우에도 양로시설에는 지원되지 않으며, 요양시설과 전문요양시설에 대해서만 1명을 지원한다. 사무원은 입소인원 100인 이상의 요양시설과 전문요양시설에 대해서만 지원하고 있다. 관리인의 경우에는 입소인원 50인 이상의 전문요양시설에 대해서만 지원되고 있는 실정이다(보건복지부, 2004b).

시설의 기능에 따라서 정부의 지원수준에 상당한 차이를 보임에도 불구하고 시설사회화의 수준에 차이가 없는 이유는 다음과 같이 설명할 수 있다.

본 연구의 조사대상에 무료시설, 실비시설, 유료시설이 포함되었는데, 무료시설에 대해서는 정부의 지원기준이 명확하여 예산지원과 직원배치 수준 등이 시설생활자수와 기능별로 거의 유사한 수준이라고 할 수 있다. 그러나 특히, 유료시설의 경우에는 무료시설처럼 정부의 예산지원 기준이 정해져 있지 않고 시설별로 상당히 다양하다. 그리고 무엇보다도 전문요양시설의 경우에는 치매나 중증 등의 환자인 시설생활자들이 대부분이다. 따라서 전문요양시설의 시설생활자에 대한 의식주와 간호를 비롯한 기초적인 생활서비스에 있어서는 양로시설이나 요양시설에 비해서는 훨씬 높은 수준이라고 할 수 있다. 그러나 본 연구에서 제시된 시설사회화의 측정항목들을 보면, 시설생활자와 시설의 지역사회교류, 시설생활자의 지역사회생활, 시설의 지역개방, 시설생활자의 의견반영 등 시설과 지역사회와의 교류가 상당부분을 차지하고 있다.

시설생활자의 건강수준(-.054)도 부(-)적으로 약하게 영향을 미치지만, 통계적으로 의미있는 결과를 보이지 않아 본 연구에서 설정한 가설이 기각되었다. 즉, 시설생활자의 건강수준이 높거나 낮은 것이 시설사회화에 영향을 미치지 않는다는 것이다. 이것은 다른 가설의 검증결과에서도 나타나는 것처럼 시설생활자의 건강수준이 낮을수록 시설생활자에 대한 처우와 관련된 서비스의 수준이 높겠지만, 시설의 설비와 기능을 지역사회에 제공하는 것을 비롯하여 시설과 지역사회와의 관계에는 오히려 부정적인 영향을 미칠 수 있기 때문이다.

한편 시설설비의 양은 정(+)적으로 영향을 미치며 통계적 유의수준도 매우 높게 나타나 본 연구에서 설정한 가설이 채택되었다. 즉, 시설설비가 충분히 갖추어져 있을수록 시설사회화의 수준이 높다는 것을 의미한다. 역시 지역사회에 제공할 수 있는 시설설비가 충분히 갖추어져 있을수록 사회복지시설이 사회화를 위한 충분한 조건 하에서 전체적인 시설사회화의 수준이 높아진다는 것을 증명하고 있다. 이 결과를 통해서 시설사회화의 수준을 높이기 위해서는 현재 사회복지시설의 노후된 시설설비를 수리하고 시설사회화에 필요한 설비들을 충분히 갖출 수 있도록 정부가 지원해야 할 필요가 있음을 알 수 있다.

시설의 위치(.012)는 시설사회화에 정(+)적으로 약하게 영향을 미치지만 통계적으로 유의미하지 않게 나타나 본 연구에서 설정한 가설이 기각되었다. 즉, 시설의 위치가 대도시 등 지역사회와의 교류의 가능성이 큰 지역에 위치한다고 해서 시설사회화의 정도가 높지 않다는 것이다. 이것은 앞에서 지적한 것처럼 지역공동체의 특성에 대한 재검토의 필요성을 제시하는 결과라고 할 수 있다.

시설의 운영경험에 해당하는 시설의 역사(-.048)도 부(-)적으로 약하게 영향을 미치지만 통계적으로 유의미하지 않게 나타나 본 연구에서 설정한 가설이 기각되었다. 즉, 시설운영 경험이 많아 지역사회와의 교류 등 시설사회화의 객관적 여건이 유리하다고 해서 실제로 시설사회화의 수준이 높지는 않다는 것을 의미한다.

이러한 본 연구의 조사결과는 시설의 운영경험이 오래될수록 시설과 지역사회와의 관계 등 시설사회화의 수준이 높다는 감정기·진재문(2000)의 주장과는 다른 것이다. 그들은 시설의 설립연도를 기준으로 2집단으로 구분하여 시설개방, 시설운영개방, 시설생활자의 지역사회활동 참여, 지역사회활동 지원, 지역사회자원 활용으로 구분하여 차이가 있는지를 분석하였다. 이 중에서 본 연구의 처우의 사회화에 해당하는 시설생활자의 지역사회활동 참여, 기능의 사회화에 해당하는 시설개방, 그리고 운영의 사회화에 해당하는 지역사회자원 활용에 차이가 있는 것으로 나타났다.

그러나 본 연구의 조사결과는 유의미한 차이가 없는 것으로 나타났는데, 그 이유는 다음과 같이 제시할 수 있다. 초기 사회복지시설의 경우 정부의 재정지원이 거의 없는 상태에서 개인적으로 설립하여 운영하는 실정이었고 이후 시설에 대한 정부의 재정지원이 이루어졌다. 결국 시설역사가 오래된 시설은 시설을 개인자산으로 인식하는 경향이 높기 때문에 지역사회의 복지자원으로 간주하지 못한다고 할 수 있다. 반면, 최근에 운영을 시작한 사회복지시설들은 오히려 강화된 정부의 규정으로 인해서 시설의 운영에 전문인력의 참여가 높아지고 있으며, 시설의 사유화를 막기 위해 가족에게 시설운영을 대물림하는 등의 행태에 대해서 제재조치가 취해지고 있기 때문에 전체적으로 시설사회화의 수준이 향상되고 있다고 할 수 있다.

주민참여 요인인 주민참여 수준은 시설사회화에 대해서 정(+)적으로 영향을 미치며, 통계적 유의수준도 매우 높은 것으로 나타났다. 따라서 사회복지시설과 지역사회의 협력이 잘 진행되고 지역사회에 시설의 운영에 참여할 수 있는 권한을 많이 줄수록 시설사회화 수준이 높아진다는 것을 알 수 있다.

특히 본 연구의 이론적 배경에서 가장 중요하게 제시한 주민참여 요인이 시설사회화에 가장 큰 영향을 미치는 것으로 나타났다. 이러한 결과는 이후의 분석결과에서도 동일하게 나타나고 있다. 앞서 제시한 것처럼 일본의 시설사회화 논의가 지역사회복지의 영역에서 이루어지고 있음에도 불구하고, 지역사회복지에서 가장 중요한 요인이라고 할 수 있는 주민참여가 시설사회화에서 제외되고 있었다. 특히, 일본 지역사회복지의 패러다임 자체가 주민참여 중심의 모형으로 변화되고 있는 사실을 감안할 때 지역주민의 참여가 지역사회복지와 사회복지시설의 사회화에서 중요한 요인이 될 수밖에 없는 것이다.

지역사회주민의 참여수준이 이렇게 모든 시설사회화에 가장 큰 영향을 미치는 것으로 나타났다. 따라서 사회복지시설은 현재의 자원봉사자나 후원자로서 지역주민을 활용하는 수준에서 벗어나 이들을 시설사회화를 비롯한 사회복지시설의 전체적인 발전에 필수적인 존재임을 인식하여 이들과 원활한 관계를 유지하고 시설운영에 대한 권한을 부여하여 시설의 주체로 받아들이는 노력이 필요할 것이다. 아울러 이를 체계적으로 수행하기 위해 각 지역사회의 특성에 적합한 프로그램을 개발하여 시설사회화를 전개하는 노력도 중요하다.

그리고 해당 지역사회는 사회복지시설이 지역사회의 사회복지 자원으로 중요한 역할을 하고 있다는 사실을 인정하고 이를 지역주민의 사회복지증진 수단으로 받아들여야 할 것이다. 더 나아가 사회복지시설에 대해 보다 많은 관심을 가지고 시설을 이해하는 노력을 기울이고 시설의 운영에 적극적으로 참여하여야 할 것이다. 물론 이것은 사회복지시설의 운영자를 비롯한 시설전체의 노력이 전제되어야 하지만, 지역사회 측의 노력까지 병행되었을 때 시설사회화는 성공적으로 수행될 수 있을 것이다.

결국 본 연구자가 高澤武司(1979), 土橋敏孝(2000), 井上修一(2000) 등 일본 학자들의 논의를 검토하여 이론적으로 가장 중요한 요인으로 제시한 주민참여 요인이 실증적으로도 검증되었다고 평가할 수 있다. 따라서 추후 지역사회복지와 시설사회화를 논의하는데 있어서 주민참여 수준을 중요한 요인으로 간주해야 할 것이다.

〈표 10-1〉 전체 시설사회화의 영향요인

요 인	변 수	B	S.E	Beta	t	Collinearity Statistics	
						Tolerance	VIF
	상 수	23.422	8.924		2.625*		
시설 운영자	시설사회화 의식	1.314	.359	.188	3.660***	.809	1.236
	사회복지사 자격	-1.471	2.835	-.028	-.519	.746	1.341
재 정	시설 총예산	3.098E-05	.000	.054	.966	.726	1.377
	시설사회화 예산	4.041E-04	.000	.039	.822	.911	1.097
인 력	직원 비율	-4.613	9.137	-.033	-.505	.502	1.993
	사회복지사 비율	12.550	6.867	.100	1.827	.707	1.415
	시설사회화직원 비율	19.668	8.480	.120	2.319*	.808	1.237
시설특성	비용부담별 시설종류	-12.251	3.100	-.212	-3.952***	.754	1.326
	기능별 시설종류	3.273	2.867	.074	1.141	.493	2.030
	건강수준	-2.538E-02	.026	-.054	-.963	.689	1.451
	시설설비의 양	5.588	.899	.314	6.215***	.845	1.184
	시설위치	.584	2.402	.012	.243	.853	1.173
	시설역사	-5.726E-03	.007	-.048	-.847	.657	1.523
주민참여	주민참여 수준	6.673	.770	.458	8.663***	.774	1.291
R^2		.637					
F값		22.428***					

***p<.001 **p<.01 *p<.05

제2절 처우의 사회화의 영향요인

가설에서 시설운영자 요인, 재정 요인, 인력 요인, 시설특성 요인, 주민참여 요인이 처우의 사회화에 영향을 미칠 것이라고 하였다. 처우의 사회화 영향요인에 대한 분석결과가 〈표 10-2〉에 제시되어 있다.

처우의 사회화에 영향을 미치는 요인을 규명하는 회귀식은 전체의 39.3%의 설명력을 가지고 있으며, 분산분석 모형 검정(F값)을 보면 알 수 있듯이 유의미한 것($p<0.001$)으로 나타났다. 각 요인별 처우의 사회화에 대한 영향요인은 다음과 같다.

통계검증 결과 주민참여 요인인 주민참여 수준($t=5.958$, $Beta=.407$, $p<.001$), 시설특성 요인 중 비용부담별 시설종류($t=-4.185$, $Beta=-.290$, $p<.001$)와 시설생활자의 건강수준($t=-2.962$, $Beta=-.214$, $p<.01$)의 순서로 영향을 미치는 것으로 나타났다. 반면 시설운영자 요인, 재정 요인, 인력 요인, 시설특성 요인 중 기능별 시설종류, 시설설비의 양, 시설위치, 시설역사 등은 영향을 미치지 않는 것으로 나타났다.

시설운영자 요인 중 시설운영자의 시설사회화에 대한 의식은 정(+)적으로 영향을 미치지만, 통계적으로 의미있는 수치는 아니었다. 즉 시설운영자의 시설사회화에 대한 의식이 높을수록 처우의 사회화 수준이 높아진다고 볼 수 있지만, 통계적으로 의미있게 판단할 근거는 되지 못한다. 따라서 설정했던 가설은 기각되었다. 시설운영자의 의식이 처우의 사회화에 영향을 미치지 않는 것으로 나타난 이유는 시설운영자가 처우의 사회화에 대한 인식과 의지가 강하더라도 이에 따른 예산, 인력, 설비 등 필요한 조건이 있어야 하는데 그렇지 못한데서 기인한 것으로 보인다.

시설운영자의 사회복지사 자격유무(.045)도 정(+)적인 방향으로 약하게 영향을 미치지만 통계적으로 유의미하지 않은 것으로 나타나 본 연구에서 설정한 가설이 기각되었다. 이것은 시설운영자가 사회복지사 자격을 갖추었는가의 여부에 따라서 처우의 사회화 수준이 높아지지 않는다는 것을 의미한다. 이러한 결과는 시설운영자들에게 사회복지사 자격을 부여하기 위해서 시설경력을 인정하여 전문적인 교육이나 시험을 거치지 않고 비전문적인 방식으로 사회복지사 자격을 부여한 데서 발생한 결과로 판단된다.

재정 요인은 시설 총예산과 시설사회화 예산으로 측정하였는데, 이 두 변수는 처우의 사회화에 영향을 미치지 않는 것으로 나타났다. 즉 시설 총예산(-.011)과 시설사회화 예산(-.011)이 부(-)적으로 다소 영향을 미치지만, 통계적으로 의미가 없는 것으로 나타나 제시한 가설이 기각되었다. 재정 요인이 시설사회화에 영향을 미치지 않는 것으로 나타난 것은 앞서 설명한 것처럼 조사방법 상에도 그 원인이 있는 것으로 판단된다.

인력요인인 직원비율(-.061), 사회복지사 비율(.036), 시설사회화 담당직원의 비율(.079) 등은 처우의 사회화에 약하게 영향을 미치지만, 통계적으로 의미가 없는 것으로 나타났다. 따라서 본 연구에서 설정한 가설이 기각되었다.

시설특성 요인 중 시설의 비용부담별 시설종류가 부(-)적인 방향으로 영향을 미치며, 통계적으로도 매우 유의미한 것으로 나타났다. 따라서 본 연구에서 제시한 가설이 채택되었다. 즉, 정부가 재정지원을 하는 무료시설이 유료와 실비시설에 비해서 시설사회화의 수준이 높다는 것을 의미한다.

이것은 시설운영에 소요되는 예산 전액을 정부에서 지원받는 무료시설은 정부의 지도감독 때문에 시설을 개방적으로 운영하고 처우수준을 높이려는 노력을 하기 때문이라고 할 수 있다. 그리고 무료시설의 경우에는 유료시설과 달리 영리를 목적으로 하기보다는 시설생활자의 생활수준을 향상시키려는 의지를 더 많이 가지고 있는 것으로도 볼 수 있다. 이 조사결과는 시설사회화의 수준을 높이기 위해 정부에서 전체적인 운영관리비를 지원하는 무료시설을 증설할 필요성을 제시하는 것이다.

기능별 시설종류는 정(+)적으로 영향을 미치지만, 통계적으로 의미있는 수치는 아니었다. 따라서 시설의 기능별로 처우의 사회화 수준이 높아진다고 볼 수 있지만, 통계적으로 의미 있게 판단할 근거는 되지 못한다. 따라서 설정한 가설이 기각되었다.

이러한 결과의 원인을 다음과 같이 볼 수 있다. 즉 기능수준이 높은 전문요양시설의 경우 시설생활자에 대한 간병 등 신변보호와 관련된 서비스의 수준이 높지만, 시설생활자의 건강수준이 전반적으로 낮다. 따라서 시설생활자의 지역주민과의 교류나 지역사회생활, 또는 자신들의 의견을 시설에 반영하는 측면에서는 낮은 수준을 보일 수밖에 없는 것이다.

시설생활자의 건강수준은 부(-)적인 방향으로 영향을 미치며, 통계적으로도 유의미한 것으로 나타났다. 따라서 제시한 가설이 채택되었다. 이 결과는 시설생활자의 건강수준이 양호한 시설일수록 시설사회화의 수준이 높다는 것을 의미한다. 즉, 시설생활자들이 건강할수록 가족을 비롯한 지역사회와의 교류, 지역사회생활의 영위, 시설 운영상황에 대한 의견개진 등의 가능성이 높다는 것이다.

시설설비의 양은 정(.128)적으로 영향을 미치지만 통계적으로 유의미하지 않아 본고에서 설정한 가설이 기각되었다. 이것은 시설설비가 충분히 갖추어져 있더라도 처우의 사회화 수준이 높지 않다는 것을 의미한다. 왜냐하면, 시설생활자의 처우수준을 향상시키기 위해서는 지역사회에 제공할 수 있는 설비를 충분히 갖추는 것보다도 이에 필요한 시설의 재정, 인력 등의 다른 여건이 충분히 갖추어져 있어야 가능하기 때문이다.

시설의 위치(.030)도 역시 약하게 영향을 미치지만, 통계적으로 의미가 없는 것으로 나타나 본고에서 설정한 가설이 기각되었다. 사회복지시설이 대도시나 도심지 지역에 위치할수록 시설생활자와 지역사회의 교류 등 처우의 사회화 수준이 높다는 주장에 대한 반증을 보여주고 있다. 이러한 결과는 앞에서 설명한 지역공동체의 특성에 대해서 재검토할 필요성을 암시하는 것이다.

시설의 역사, 즉 시설이 개원한 이후 운영경험이 처우의 사회화에 영향을 미치지 않은 것으로 나타나 본고에서 설정한 가설이 기각되었다. 그리고 시설사회화의 다른 측면에도 영향을 미치지 않는 것으로 나타났다. 이 조사결과는 시설의 역사가 오래될수록 지역사회와의 교류 등 처우의 사회화를 비롯하여 시설사회화의 수준이 높다는 기존 연구의 결과와는 다른 것이다. 처우의 사회화에 영향을 미치는 것은 오히려 주민참여의 수준, 비용부담에 따른 시설종류, 그리고 시설생활자의 건강수준 등인 것으로 나타났다.

주민참여 요인인 주민참여 수준은 처우의 사회화에 대해 정(+)적으로 영향을 미치며, 통계적으로도 매우 의미 있는 것으로 분석되어 본 연구의 가설이 채택되었다. 그리고 주민참여수준이 처우의 사회화 수준에 대해서 가장 큰 영향을 미치는 것으로 나타났다.

〈표 10-2〉 처우의 사회화의 영향요인

요 인	변 수	B	S.E	Beta	t
	상 수	21.292	3.453		6.167***
시설 운영자	시설사회화 의식	.218	.139	.104	1.570
	사회복지사 자격	.727	1.097	.045	.663
재 정	시설 총예산	-1.851E-06	.000	-.011	-.149
	시설사회화 예산	-3.403E-05	.000	-.011	-.179
인 력	직원 비율	-2.570	3.535	-.061	-.727
	사회복지사 비율	1.370	2.657	.036	.516
	시설사회화직원 비율	3.871	3.281	.079	1.180
시설특성	비용부담별 시설종류	-5.019	1.199	-.290	-4.185***
	기능별 시설종류	.247	1.109	.019	.223
	건강수준	-3.021E-02	.010	-.214	-2.962**
	시설설비의 양	.682	.348	.128	1.960
	시설위치	.432	.929	.030	.465
	시설역사	-9.678E-04	.003	-.027	-.370
주민참여	주민참여 수준	1.776	.298	.407	5.958***
R^2		.393			
F값		8.911***			

***p<.001 **p<.01 *p<.05

이것은 사회복지시설과 지역주민 간 교류의 양적인 것이 아니라, 사회복지시설과 지역사회와의 협력이 원활하게 이루어지고 지역사회에 시설운영에 대한 권한을 지역사회에 많이 부여할수록 처우의 사회화 수준이 높아진다는 것을 의미한다. 왜냐하면 주민과의 협력이 원활하고 시설운영에 대한 권한을 지역주민에게 많이 부여할수록 지역사회의 후원이나 자원봉사 등 자원동원이 원활해져 전체적으로 시설의 서비스 수준이 높아지기 때문이다.

제 3 절 기능의 사회화의 영향요인

본 연구에서 시설운영자 요인, 재정 요인, 인력 요인, 시설특성 요인, 주민참여 요인이 기능의 사회화에 영향을 미칠 것이라는 가설을 설정하였다. 〈표 10-3〉에 기능의 사회화의 영향요인에 대한 분석결과가 제시되어 있다.

기능의 사회화에 영향을 미치는 요인을 규명하는 회귀식은 전체의 56.2%의 설명력을 가지고 있으며, 분산분석 모형 검정(F값)을 보면 알 수 있듯이 유의미한 것(p〈0.001)으로 나타나고 있다. 각 요인별 기능의 사회화에 대한 영향은 다음과 같다.

통계검증 결과 시설특성 요인 중 시설설비의 양(t=8.201, Beta=.455, p〈.001) 주민참여 요인인 주민참여수준(t=6.493, Beta=.377, p〈.001), 인력 요인 중 시설사회화 직원비율(t=2.716, Beta=.155, p〈.01), 시설운영자 요인 중 시설운영자의 시설사회화에 대한 의식(t=2.272, Beta=.128, p〈.05)의 순서로 기능의 사회화에 영향을 미치는 것으로 나타났다. 반면 시설운영자 요인 중 시설운영자의 사회복지사 자격유무, 재정 요인, 인력 요인 중 직원비율, 사회복지사 비율, 시설특성 요인 중 비용부담별 시설종류, 기능별 시설종류, 시설생활자의 건강수준, 시설위치, 시설역사 등은 영향을 미치지 않는 것으로 나타났다.

시설운영자 요인 중 시설사회화에 대한 시설운영자의 의식이 정(+)적으로 영향을 미치는 것으로 나타나 본 연구에서 설정한 가설이 채택되었다. 즉, 시설운영자가 시설사회화의 필요성을 느끼고 좋은 영향을 준다고 인식하며, 지역사회의 시설에 대한 긍정적인 인식을 가져다준다고 느낄수록 기능의 사회화 수준이 높다는 것을 의미한다. 이러한 조사결과는 기능의 사회화 수준을 높이기 위해 시설운영자에 대해서 시설사회화에 대한 의식수준을 높이기 위한 적절한 교육이 필요하다는 점을 시사하고 있다.

시설운영자의 사회복지사 자격유무(-.096)는 부(-)적 방향으로 약하게 영향을 미치지만 통계적으로 유의미하지 않은 것으로 나타나 본 연구에서 설정한 가설이 기각되었다. 이것은 시설운영자가 사회복지사 자격을 갖추었는가의 여부에 따라서 기능의 사회화 수준이 높아지지 않는다는 것을 의미한다.

이것은 시설운영자가 사회복지사 자격을 소지하고 있더라도 반드시 전문직으로서의 사회복지사가 갖추어야 할 지식이나 의식을 가지고 있지는 않을 수도 있기 때문이다. 오히려 실질적으로 시설운영자가 시설사회화에 대한 의식수준이 높은 것이 기능의 사회화에 영향을 미치는 것으로 나타나고 있다.

재정요인 중 시설 총예산(.012)과 시설사회화 예산(.096)이 약하게 영향을 미치지만, 통계적으로 의미가 없어서 제시한 가설이 기각되었다. 이것은 제시한 것처럼 조사방법의 문제에서 발생된 결과이기도 하다.

인력요인 중 직원비율(.018)과 사회복지사 비율(.053)은 약하게 영향을 미치는 것으로 나타났지만, 통계적으로 의미가 없는 것으로 조사되어 본고에서 설정한 가설이 기각되었다. 특히 기능의 사회화는 단순하게 직원비율이나 사회복지사의 비율 외에 오히려 주민참여 수준을 비롯하여 시설사회화를 담당하는 직원이 배치되고 지역사회에 제공할 수 있는 설비와 기능을 충분히 갖추고 있는가 하는 것이 영향요인으로 나타났다.

시설사회화 담당직원의 비율은 정(+)적으로 영향을 미치며 통계적으로 유의미한 것으로 나타나 본고에서 설정한 가설이 채택되었다. 즉, 시설사회화를 담당하는 직원배치 수준이 높아야 기능의 사회화 수준이 높다는 것을 의미한다. 이것은 역시 지역사회에 시설의 설비와 기능을 제공하기 위해서는 이러한 업무를 담당할 수 있는 별도의 직원이 배치되어야 한다는 것을 의미한다. 기능의 사회화 수준을 높이기 위해 정부가 인력배치 수준을 높이고 이러한 업무를 담당하는 직원을 배치하도록 할 필요가 있다.

시설특성 요인 중 비용부담별 시설종류(-.069), 기능별 시설종류(.071), 시설생활자의 건강수준(-.012), 시설위치(.003), 시설역사(-.121) 등은 통계적으로 유의미하지 않은 것으로 나타났다. 따라서 앞에서 설정한 가설이 기각되었다.

특히, 비용부담별 시설종류는 시설사회화 전체, 처우의 사회화, 운영의 사회화, 문제의 사회화에 영향을 미치고 있지만, 기능의 사회화에 대해서는 영향을 미치지 않는 것으로 나타났다. 즉, 무료시설 대 유료시설 및 실비시설 간에 기능의 사회화 수준에 차이가 없다는 것이다. 시설특성별 시설사회화 정도의 차이에 대한 분석결과에서 그 이유를 발견할 수 있다. 즉, 본 연구의 변량분석의 사후검증 결과를 보면, 기능의 사회화는 무료, 실비, 유료 시설 중에서 무료와 유료시설 간에만 차이가 있는 것으로 나타났다. 그러나 영향요인을 살펴보는 다중회귀분석에서는 시설생활자의 비용부담을 기준으로 하여 비용부담이 있는 경우(실비, 유료)와 없는 경우(무료)만을 살펴본 것이다.

시설설비의 양은 기능의 사회화에 정(+)적으로 영향을 미치며, 통계적 유의수준도 매우 높은 것으로 나타나 본 연구에서 설정한 가설이 채택되었다. 그리고 기능의 사회화에 미치는 영향정도도 가장 큰 것으로 나타났다. 역시 충분한 정도의 시설설비와 서비스체계가 갖추어져 있을 때, 기능의 사회화 수준이 높아질 수 있다는 것을 알 수 있다. 이 조사결과는 기능의 사회화 수준을 높이기 위해 각 시설들이 이에 필요한 설비와 기능을 갖추어야 하며, 이에 대한 정부의 적절한 지원이 있어야 한다는 것을 시사해 주고 있다.

정부에서 시설의 기능보강사업을 실시하여 시설을 증개축하는 사업을 추진하고 있으나 2001년도 보건복지부의 발표자료를 보면 무료노인복지시설의 시설 기능보강사업에 대한 재정지원에 총 18,876백만원에 그치고 있다. 구체적으로 살펴보면, 시설신축 18개소에 11,679백만원, 시설증개축에 6,877백만원, 장비보강에 320백만원을 지원하였다(박차상 외, 2002). 그러나 노인복지시설의 경우 최소 2010년까지 무려 320여개의 시설 증축이 필요하고, 본 연구의 조사결과에서 나타난 것처럼 개원 이후 10년 이상 된 시설이 90개소(37.7%)에 이르고 있는 실정이다. 따라서 현재 정부가 실시하고 있는 시설신축, 증개축, 장비보강 등에 대한 지원을 대폭 확대할 필요가 있을 것이다.

주민참여 요인인 주민참여 수준은 기능의 사회화에 대해 정(+)적으로 영향을 미치며, 통계적으로도 매우 유의미한 것으로 나타나 설정한 가설이 채택되었다. 따라서 사회복지시설과 지역사회의 협력이 잘 진행되고 지역사회에 시설의 운영권한을 많이 줄수록 기능의 사회화의 수준이 높아진다는 것을 의미한다. 이것은 지역주민과 협력이 잘 이루어지고 시설운영권한을 지역주민에게 부여할수록 지역주민들이 시설에 방문하는 기회가 많아지고 시설설비와 기능을 이용하는 정도가 높아지기 때문인 것으로 판단된다.

따라서 기능의 사회화에 대해 시설특성 요인인 시설설비의 양이 가장 큰 영향을 미쳤지만, 주민참여 요인이 그 다음으로 큰 영향을 미치는 것으로 나타나 본 연구에서 제시한 이론적 논의가 타당함을 입증하고 있다.

〈표 10-3〉 기능의 사회화의 영향요인

요 인	변 수	B	S.E	Beta	t
	상 수	-8.223	3.612		-2.277*
시설 운영자	시설사회화 의식	.330	.145	.128	2.272*
	사회복지사 자격	-1.882	1.147	-.096	-1.640
재 정	시설 총예산	2.604E-06	.000	.012	.201
	시설사회화 예산	3.627E-04	.000	.096	1.824
인 력	직원 비율	.926	3.698	.018	.250
	사회복지사 비율	2.461	2.779	.053	.886
	시설사회화직원 비율	9.322	3.432	.155	2.716**
시설특성	비용부담별 시설종류	-1.478	1.254	-.069	-1.178
	기능별 시설종류	1.147	1.160	.071	.989
	건강수준	-2.160E-03	.011	-.012	-.203
	시설설비의 양	2.984	.364	.455	8.201***
	시설위치	4.527E-02	.972	.003	.047
	시설역사	-5.294E-03	.003	-.121	-1.935
주민참여	주민참여 수준	2.024	.312	.377	6.493***
R^2		.562			
F값		16.684***			

***p〈.001 **p〈.01 *p〈.05

제4절 운영의 사회화의 영향요인

본고에서는 시설운영자 요인, 재정 요인, 인력 요인, 시설특성 요인, 주민참여 요인이 운영의 사회화에 영향을 미칠 것이라고 가설을 설정하였다. 운영의 사회화의 영향요인에 대한 분석결과가 〈표 10-4〉에 제시되어 있다.

운영의 사회화에 영향을 미치는 요인을 규명하는 회귀식은 전체의

46.5%의 설명력을 가지고 있으며, 분산분석 모형 검정(F값)을 보면 알 수 있듯이 유의미한 것($p<0.001$)으로 나타나고 있다. 각 요인별 기능의 사회화에 대한 영향은 다음과 같다.

통계검증 결과 주민참여 요인인 주민참여수준($t=6.071$, $Beta=.390$, $p<.001$), 시설특성 요인 중 비용부담별 시설종류($t=-3.575$, $Beta=-.233$ $p<.001$)와 시설설비의 양($t=3.080$, $Beta=.189$, $p<.01$), 시설운영자 요인 중 시설운영자의 시설사회화에 대한 의식($t=2.771$, $Beta=.173$, $p<.01$), 인력 요인 중 사회복지사 비율($t=2.283$, $Beta=.152$, $p<.05$)의 순서로 운영의 사회화에 영향을 미치는 것으로 나타났다. 반면, 시설운영자 요인 중 시설운영자의 사회복지사 자격유무, 재정 요인, 인력 요인 중 직원비율, 시설사회화 직원비율, 시설특성 요인 중 기능별 시설종류, 시설생활자의 건강수준, 시설위치, 시설역사 등은 영향을 미치지 않는 것으로 나타났다.

시설운영자 요인 중 시설운영자의 시설사회화에 대한 의식은 정(+)적으로 영향을 미치는 것으로 나타나 본 연구에서 설정한 가설이 채택되었다. 이것은 시설운영자가 시설사회화에 대한 필요성과 찬성의 인식정도가 크고, 시설사회화가 시설운영에 대해서 긍정적인 영향을 미친다고 느낄수록 운영의 사회화 수준이 높다는 것을 의미한다. 시설운영자, 특히 시설장은 시설운영의 결정권을 가지고 있어서 시설과 지역주민의 교류나 시설운영에 지역주민의 의견을 반영하는 등 지역주민의 운영참여를 결정하는데 매우 큰 영향력을 행사하기 때문인 것으로 생각된다.

시설운영자의 사회복지사 자격유무(-.019)는 부(-)적 방향으로 약하게 영향을 미치지만 통계적으로 유의미하지 않은 것으로 나타나 본 연구에서 설정한 가설이 기각되었다. 이것은 시설사회화에 대한 시설운영자의 의식수준이 중요한 변수이고 형식적으로 사회복지사 자격을 소지했는가가 중요한 것이 아니기 때문이다.

재정 요인 중 시설 총예산(.120)과 시설사회화 예산(-.028)이 약하게 영향을 미치지만, 통계적으로 의미가 없어 본고에서 설정한 가설이 기각되었다. 재정 요인이 이렇게 운영의 사회화를 비롯하여 시설사회화의 전반에 걸쳐서 전혀 영향을 미치지 않은 것으로 나타난 것은 지적한 바와 같이 조사방법상의 문제에서도 비롯된 결과라고 할 수 있다. 추후에 이에 대한 보완적 연구가 필요함을 시사한다.

인력요인 중 직원비율(.014)과 시설사회화 직원비율(.068)도 정(+)적인 방향으로 약하게 영향을 미치는 것으로 나타났지만, 통계적으로 의미가 없는 것으로 조사되어 본고에서 설정한 가설이 기각되었다. 특히 운영의 사회화는 인력적인 측면 이외에 주민참여 수준, 비용부담별 시설종류, 시설설비의 양, 시설사회화에 대한 시설운영자의 의식 등이 영향을 미치기 때문인 것으로 생각된다.

사회복지사 비율(.152)은 통계적으로 유의미한 수준에서 운영의 사회화에 영향을 미치는 것으로 나타나 본 연구에서 설정한 가설이 채택되었다. 직원수에서 차지하는 사회복지사의 비율이 높을수록 운영의 사회화 수준이 높다는 것을 의미하는데, 사회복지사는 시설의 지역사회와의 교류 등 시설사회화에 대해 전문적인 교육을 받아서 운영의 사회화 정도를 높이는 노력을 할 수 있는 역량을 갖추었기 때문이라고 생각된다.

특히, 운영의 사회화 중 지역주민의 시설에 대한 참여라고 할 수 있는 자원봉사나 시설행사에 관련된 업무는 주로 사회복지사가 담당하고 있는 현실이 반영된 조사결과라고 할 수 있다. 따라서 앞으로 운영의 사회화 수준을 높이기 위해서는 정부가 사회복지사에 대한 인력지원을 해야 할 필요가 있다.

시설특성 요인 중 비용별 시설종류는 부(-)적으로 영향을 미치고 시설설비의 양은 정(+)적으로 영향을 미치며 통계적으로 유의미한 것으로 나타나 본 연구에서 설정한 가설이 채택되었다. 무료시설이 유료시설이나 실비시설에 비해 운영의 사회화 수준이 높고 시설설비가 충분히 갖추어져 있을수록 운영의 사회화 수준이 높다는 것을 의미한다.

비용부담별 시설종류가 운영의 사회화에 영향을 미치는 것으로 나타난 것은 전체적으로 정부의 지원으로 운영되는 시설은 정기적으로 정부의 지도감독을 받으며 시설이 지역사회복지의 주요한 자원이라는 책임감을 더 많이 가지고 있기 때문이다. 그리고 최근 사회복지사업법과 사회복지 관련법 등이 개정되고 시설평가제가 도입되면서 시설운영에 대한 지역사회의 참여를 유도하는 정부의 정책변화도 원인으로 작용했다고 평가할 수 있다.

시설특성 요인 중 기능별 시설종류(-.013), 시설생활자의 건강수준(-.018), 시설위치(.013), 시설역사(.025) 등은 영향을 미치지만 통계적으로 유의미하지 않은 것으로 나타났다. 따라서 앞에서 설정한 가설이 기각되었다.

기능별 시설종류가 영향을 미치지 않는 것으로 나타난 것은 앞서 지적한대로 기능에 따른 시설의 특성과 운영의 사회화의 항목에 대한 차이에서 비롯된 것이다. 시설생활자의 건강수준이 영향을 미치지 않는 것으로 나타난 것도 마찬가지이다. 시설위치가 영향을 미치지 않은 것으로 조사된 것은 앞에서 지적한 대로 지역사회의 특성에 대한 재검토의 필요성을 제시해 주고 있다.

주민참여 요인인 주민참여수준은 운영의 사회화에 대해서 정(+)적으로 가장 큰 영향을 미치며, 통계적으로도 매우 의미있는 것으로 나타나 본고에서 설정한 가설이 채택되었다. 따라서 사회복지시설과 지역사회의 협력이 잘 진행되고 지역사회에 시설의 운영권한을 많이 부여할수록 운영의 사회화 수준이 높아진다는 것을 알 수 있다. 이것은 지역주민과 협력이 잘 이루어지고 시설운영권한을 지역주민에게 부여할수록 지역주민들이 시설운영에 참여할 기회가 많아지기 때문인 것으로 생각된다.

운영의 사회화에 있어서도 주민참여 요인이 가장 큰 영향을 미치는 것으로 나타났는데, 여기에서도 본 연구에서 제시한 이론적 논의가 타당하다는 사실이 입증하고 있다.

〈표 10-4〉 운영의 사회화의 영향요인

요 인	변 수	B	S.E	Beta	t
	상 수	5.957	2.213		2.692**
시설 운영자	시설사회화 의식	.247	.089	.173	2.771**
	사회복지사 자격	-.209	.703	-.019	-.298
재 정	시설 총예산	1.421E-05	.000	.120	1.787
	시설사회화 예산	-5.937E-05	.000	-.028	-.487
인 력	직원 비율	.415	2.266	.014	.183
	사회복지사 비율	3.888	1.703	.152	2.283*
	시설사회화직원 비율	2.258	2.103	.068	1.074
시설특성	비용부담별 시설종류	-2.747	.769	-.233	-3.575***
	기능별 시설종류	-.114	.711	-.013	-.160
	건강수준	-1.695E-03	.007	-.018	-.259
	시설설비의 양	.687	.223	.189	3.080**
	시설위치	.128	.596	.013	.214
	시설역사	6.127E-04	.002	.025	.366
주민참여	주민참여 수준	1.160	.191	.390	6.071***
R^2		.465			
F값		11.597***			

***p<.001 **p<.01 *p<.05

제5절 문제의 사회화의 영향요인

본 연구에서는 시설운영자 요인, 재정 요인, 인력 요인, 시설특성 요인, 주민참여 요인이 문제의 사회화에 영향을 미칠 것이라고 가설을 설정하였다. 문제의 사회화에 영향을 미치는 요인에 대한 분석결과가

〈표 11-5〉에 제시되어 있다.

문제의 사회화에 영향을 미치는 요인을 규명하는 회귀식은 전체의 56.4%의 설명력을 가지고 있으며, 분산분석 모형 검정(F값)을 보면 알 수 있듯이 유의미한 것($p<0.001$)으로 나타나고 있다. 각 요인별 문제의 사회화에 대한 영향은 다음과 같다.

통계검증 결과 주민참여 요인인 주민참여수준($t=6.520$, $Beta=.377$, $p<.001$), 시설특성 요인 중 시설설비의 양($t=4.069$, $Beta=.225$, $p<.001$), 시설운영자 요인 중 시설운영자의 시설사회화에 대한 의식($t=3.651$, $Beta=.205$, $p<.001$), 시설특성 요인 중 비용부담별 시설종류($t=-3.328$, $Beta=-.195$, $p<.01$)와 기능별 시설종류($t=2.427$, $Beta=.173$, $p<.05$), 인력 요인 중 사회복지사 비율($t=2.746$, $Beta=.164$, $p<.01$)의 순서로 문제의 사회화에 영향을 미치는 것으로 나타났다. 반면, 시설운영자 요인 중 사회복지사 자격유무, 예산 요인, 인력 요인 중 직원비율, 시설사회화 직원비율, 시설특성 요인 중 시설생활자의 건강수준, 시설의 위치, 시설의 역사 등은 영향을 미치지 않은 것으로 나타났다.

시설운영자 요인 중 시설사회화에 대한 시설운영자의 의식은 정(+)적으로 영향을 미치는 것으로 조사되어 본고에서 설정한 가설이 채택되었다. 이것은 시설운영자가 문제의 사회화에 대해서 찬성하고 필요하다고 느끼는 정도가 높고 시설사회화가 시설운영 전반에 대해서 긍정적인 영향을 미친다고 느끼는 정도가 클수록 문제의 사회화 수준이 높다는 것을 의미한다.

이러한 조사결과는 문제의 사회화를 측정하는 내용이 주로 지역사회에 대한 사회복지교육과 지역사회에 대한 홍보이며, 이러한 업무들은 시설운영의 결정권을 보유하고 있는 시설운영자의 의지에 의해서 결정되기 때문인 것으로 보인다. 따라서 시설운영자의 시설사회화에 대한 인식수준을 높이기 위해 적절한 교육과 홍보가 필요하다는 것을 알 수 있다.

재정 요인인 시설 총예산(.094)과 시설사회화 예산(.041)이 약하게 영향을 미치지만, 통계적으로 유의미하지 않은 것으로 나타났다. 따라서 본 연구에서 설정한 가설이 기각되었다. 재정 요인이 영향을 미치지 않는 것으로 나타난 것은 지적한대로 조사방법의 문제에서도 비롯된 결과라고 할 수 있다.

인력요인 중 직원비율(-.048)과 시설사회화 직원비율(.108)은 문제의 사회화에 영향을 미치지만 통계적으로 의미 있는 수치는 아니었다. 따라서 본 연구에서 설정한 가설이 기각되었다. 이것은 전체적으로 인력의 양에 따라서 문제의 사회화 수준이 높아지는 것이 아니라는 점을 말해주는 조사결과이다. 즉, 인력배치 수준이 높은 것이 아니라 지역사회에 대한 사회복지교육이나 홍보와 관련된 업무를 수행할 수 있고 이에 대한 능력을 갖춘 사회복지사의 배치가 더 중요하다는 것이다.

인력 요인 중 사회복지사 비율은 정(+)적으로 영향을 미치는 것으로 나타나 본 연구에서 설정한 가설이 채택되었다. 이것은 직원수에서 차지하는 사회복지사의 비율이 높을수록 문제의 사회화 수준이 높다는 것을 의미한다. 사회복지사는 시설을 비롯한 사회복지교육, 지역사회에 대한 시설홍보 등 문제의 사회화와 관련된 전문적인 교육을 받고 이를 실천할 수 있는 능력을 가지고 있기 때문이다. 현실적으로도 시설에서 문제의 사회화와 관련된 업무를 담당하는 전문직은 주로 사회복지사이다. 따라서 운영의 사회화와 마찬가지로 문제의 사회화 수준을 높이기 위해서는 사회복지사의 배치를 늘려야 할 필요가 있다.

최근 정부에서 사회복지사의 배치를 늘리기 위해 시설직원을 채용할 때 사회복지사 자격소지자를 우선적으로 채용하도록 규정하고 있다. 그러나 이러한 규정에 대한 명확한 제재조치 등이 제시되지 않고 있어 제대로 지켜지기 어렵다. 그리고 사회복지시설에서 가장 중요한 전문가라고 할 수 있는 사회복지사의 채용이 증가되어야 하고 정부가 이에 대해서 지원해야 하지만, 현실적으로 이에 대한 정부지원이 없는 상황에서 시설에 대해서 규제를 한다고 해서 정책적 목표가 달성될

수는 없을 것이다(보건복지부, 2004b:185)

물론 생활복지사의 자격기준을 사회복지사업법에 의한 사회복지사 3급 이상의 자격증 소지자나 의료법 제2조의 규정에 의한 의료인의 자격을 취득한 자로 규정하고 있지만, 사회복지사 3급의 경우에는 전문대학 이상의 전문교육을 받았다고 할 수 없으며 이 또한 반드시 사회복지사의 자격이 아니라 간호사를 포함하여 의사, 치과의사, 한의사, 조산사도 채용할 수 있게 되어 있다. 따라서 시설에서 시설사회화와 관련하여 역할을 수행할 수 있는 (1급 또는 2급의)사회복지사를 최소 1~2명 가량 채용하도록 인력배치 기준과 정부의 지원을 늘리는 것이 운영의 사회화와 문제의 사회화의 수준을 높이는데 반드시 필요하다고 생각된다.

시설특성 요인 중 비용부담별 시설종류는 문제의 사회화에 대해 부(-)적으로 영향을 미치며, 통계적 유의수준도 높은 것으로 나타나 본 연구의 가설이 채택되었다. 이것은 정부의 예산을 지원받아서 운영하는 공공시설일수록 사회복지교육을 실시하고 지역사회에 홍보하는 정도가 높다는 것을 의미한다. 특히, 무료시설의 경우 후원금 등 시설의 운영상태를 소식지 등을 통해서 정기적으로 지역사회에 알리도록 정부규정이 마련되어 있기 때문이다

기능별 시설종류 또한 문제의 사회화 수준에 부(-)적으로 영향을 미치는 것으로 나타났으며, 통계적으로도 유의한 것으로 조사되어 본 연구에서 설정한 가설이 채택되었다. 즉, 시설의 기능수준이 낮을수록 문제의 사회화 수준이 높다는 것을 의미한다. 그 원인은 시설사회화의 차이에서 살펴본 바와 동일하다고 할 수 있다. 즉 기능수준이 높은 시설일수록 시설생활자에 대한 처우수준은 높겠지만, 지역사회에 대한 복지교육이나 홍보 등의 업무는 잘 이루어지지 않는다는 것이다.

반면, 시설특성 요인 중 시설생활자의 건강수준(.048), 시설위치(.016), 시설역사 등은 약하게 영향을 미치지만, 통계적으로 유의미하지 않은 것으로 조사되어 본고에서 설정한 가설이 기각되었다.

시설생활자의 건강수준이 영향을 미치지 않은 것은 앞에서 지적한 것처럼, 시설생활자의 건강수준이 낮은 전문요양시설의 경우 시설생활자의 처우에 중점을 두고 있어 지역사회에 대한 복지교육이나 홍보와 관련된 업무는 수행하기 어렵기 때문이다. 시설위치가 영향을 미치지 않은 것으로 나타난 것은 지역사회의 특성에서 비롯된 결과라고 할 수 있다. 시설운영 경험이라고 할 수 있는 시설역사가 영향을 미치지 않은 것으로 나타난 이유도 앞에서 지적한 바처럼 객관적인 조건에 의해서 시설사회화의 수준이 높은 것이 아니라 시설운영자의 의식, 사회복지사의 배치수준, 충분한 설비, 주민참여 수준 등이 더 많은 영향을 미치기 때문이다.

한편, 시설설비의 양은 문제의 사회화에 영향을 미치며, 통계적 유의수준도 높은 것으로 나타나 본 연구에서 설정한 가설이 채택되었다. 이것은 시설설비의 양이 충분하게 갖추어진 시설일수록 문제의 사회화 수준이 높아진다는 것을 의미한다. 즉, 지역사회 주민들에게 교육과 홍보를 실시할 수 있는 충분한 공간이 갖추어져야 이러한 업무들을 수행할 수 있다는 점을 시사하고 있다. 따라서 기능의 사회화뿐만 아니라 문제의 사회화 수준을 높이기 위해서도 이에 필요한 설비를 충분히 갖추는 것이 필요하고, 이에 대한 정부의 적절한 지원이 필요하다는 것을 알 수 있다.

주민참여 요인인 주민참여 수준은 문제의 사회화에 대해 정(+)적으로 영향을 미치며, 통계적 유의수준도 매우 높은 것으로 나타나 본 연구에서 설정한 가설이 채택되었다. 따라서 사회복지시설과 지역사회의 협력이 잘 진행되고 지역사회에 시설운영에 참여할 수 있는 권한을 많이 줄수록 문제의 사회화 수준이 높아진다는 것을 알 수 있다. 주민참여 수준이 문제의 사회화에 대해서도 가장 크게 영향을 미치는 것으로 나타났는데, 지역주민과 원활한 관계를 유지하고 시설운영에 관한 권한을 지역주민들에게 부여할수록 그만큼 지역사회에 대한 교육이나 홍보가 원활하게 이루어지고 있다는 것을 의미한다.

문제의 사회화에 대해서도 주민참여 요인이 가장 큰 영향을 미치는 것으로 나타났다. 여기에서도 본 연구에서 기존의 이론적 논의를 검토하여 제시한 주민참여 요인의 중요성이 입증되었다고 할 수 있다.

〈표 10-5〉 문제의 사회화의 영향요인

요 인	변 수	B	S.E	Beta	t
	상 수	1.979E-02	1.921		.010
시설 운영자	시설사회화 의식	.282	.077	.205	3.651***
	사회복지사 자격	-.166	.610	-.016	-.273
재 정	시설 총예산	1.073E-05	.000	.094	1.555
	시설사회화 예산	8.276E-05	.000	.041	.782
인 력	직원 비율	-1.334	1.966	-.048	-.678
	사회복지사 비율	4.057	1.478	.164	2.746**
	시설사회화직원 비율	3.460	1.825	.108	1.896
시설특성	비용부담별 시설종류	-2.220	.667	-.195	-3.328**
	기능별 시설종류	1.498	.617	.173	2.427*
	건강수준	4.421E-03	.006	.048	.779
	시설설비의 양	.787	.193	.225	4.069***
	시설위치	.149	.517	.016	.288
	시설역사	8.810E-05	.001	.004	.061
주민참여	주민참여 수준	1.081	.166	.377	6.520***
R^2		.564			
F값		16.815***			

***p<.001 **p<.01 *p<.05

제6절 공공행정과의 연계의 영향요인

본 연구의 가설에서 시설운영자 요인, 재정 요인, 인력 요인, 시설특성 요인, 주민참여 요인이 공공행정과의 연계에 영향을 미칠 것이라고 제시하였다. 〈표 11-6〉에 공공행정과의 연계의 영향요인에 대한 분석결과가 제시되어 있다.

공공행정과의 연계에 영향을 미치는 요인을 규명하는 회귀식은 전체의 30.4%의 설명력을 가지고 있으며, 분산분석 모형 검정(F값)을 보면 알 수 있듯이 유의미한 것($p<0.001$)으로 나타나고 있다. 각 요인별 공공행정과의 연계에 대한 영향은 다음과 같다.

통계검증 결과 주민참여 요인인 주민참여 수준($t=4.319$, $Beta=.316$, $p<.001$), 시설운영자 요인 중 시설운영자의 시설사회화에 대한 의식($t=3.467$, $Beta=.246$, $p<.01$), 시설특성 요인 중 시설설비의 양($t=2.617$, $Beta=.183$, $p<.05$)의 순서로 영향을 공공행정과의 연계에 미치는 것으로 나타났다. 반면, 시설운영자 요인 중 시설운영자의 사회복지사 자격유무, 재정 요인, 인력 요인, 시설특성 요인 중 비용부담별 시설종류, 기능별 시설종류, 시설생활자의 건강수준, 시설위치, 시설역사 등은 영향을 미치지 않는 것으로 나타났다.

시설운영자 요인 중 시설운영자의 시설사회화에 대한 의식은 공공행정과의 연계에 정(+)적으로 영향을 미치는 것으로 나타났으며, 통계적 유의수준도 높은 것으로 나타나 본 연구에서 설정한 가설이 채택되었다. 즉 시설운영자의 시설사회화에 대한 의식수준이 높을수록 시설과 공공행정과의 교류수준이 높다는 것이다. 특히, 시설운영자의 시설사회화 의식이 주민참여 수준 다음으로 공공행정과의 연계에 큰 영향을 미치는 것으로 나타났다. 이것은 일반적으로 사회복지시설과 공공행정과의 교류, 그리고 사회복지시설이 공공행정에 애로사항을 전달하거나 공식적인 행정위원회에 참여하는 사람이 주로 원장이나 사무국장 등 시설운영자이기 때문인 것으로 보인다.

예산 요인 중 시설 총예산(.066)과 시설사회화 예산(.037)이 약하게 영향을 미치지만, 통계적으로 의미있는 수치는 아니었다. 따라서 본고에서 설정한 가설이 기각되었다.

인력 요인 중 직원비율(-.106), 사회복지사 비율(.045), 시설사회화 직원 비율(.034)도 각각 정(+)적·부(-)적으로 영향을 미치지만, 통계적으로 유의미하지 않는 것으로 조사되어 본 연구에서 설정한 가설이 기각되었다. 인력 요인이 전체적으로 공공행정과의 연계에 영향을 미치지 않은 것으로 나타난 것은 공공행정과의 연계가 주로 일반 직원이 아니라 시설운영자들이 담당하기 때문인 것으로 생각된다.

시설특성 요인 중 시설설비의 양은 공공행정과의 연계에 정(+)적으로 영향을 미치며, 통계적으로 유의미한 것으로 나타나 본 연구에서 설정한 가설이 채택되었다. 이것은 시설설비가 충분히 갖추어져 있을 때, 공공행정과의 연계 수준이 높다는 것을 의미한다.

반면 시설특성 요인 중 비용부담별 시설종류(-.099), 기능별 시설종류(.081), 시설생활자의 건강수준(.066), 시설위치(-.026), 시설역사(-.010) 등은 약하게 영향을 미치지만, 통계적으로 유의미하지 않은 것으로 조사되어 본 연구에서 설정한 가설이 기각되었다. 특히, 비용부담별 시설종류가 공공행정과의 연계에 대해 영향을 미치지 않는 것으로 나타난 것은 정부의 예산지원을 받는 대신 지도감독을 받기 때문에 행정당국과 원활한 관계유지가 어렵고 수직적인 관계가 이루어지고 있기 때문인 것으로 생각된다.

주민참여 요인인 주민참여 수준은 공공행정과의 연계에 대해 정(+)적으로 영향을 미치며, 통계적 유의수준도 매우 큰 것으로 나타나 본 연구에서 설정한 가설을 채택하였다. 따라서 사회복지시설과 지역사회의 협력이 잘 진행되고 지역사회에 시설의 운영권한을 많이 줄수록 시설과 행정당국과의 교류와 협력이 높다는 것을 알 수 있다.

공공행정과의 연계에 대해서도 주민참여 요인이 가장 큰 영향을 미치는 것으로 나타났다. 따라서 본 연구에서 시설사회화에 가장 중요한 요인으로 제시된 주민참여의 타당성이 입증되었다고 할 수 있다.

〈표 10-6〉 공공행정과의 연계의 영향요인

요 인	변 수	B	S.E	Beta	t
	상 수	4.377	1.699		2.576*
시설 운영자	시설사회화 의식	.237	.068	.246	3.467**
	사회복지사 자격	5.902E-02	.540	.008	.109
재 정	시설 총예산	5.291E-06	.000	.066	.867
	시설사회화 예산	5.203E-05	.000	.037	.556
인 력	직원 비율	-2.050	1.739	-.106	-1.179
	사회복지사 비율	.773	1.307	.045	.591
	시설사회화직원 비율	.757	1.614	.034	.469
시설특성	비용부담별 시설종류	-.787	.590	-.099	-1.334
	기능별 시설종류	.494	.546	.081	.906
	건강수준	4.264E-03	.005	.066	.850
	시설설비의 양	.448	.171	.183	2.617 *
	시설위치	-.170	.457	-.026	-.372
	시설역사	-1.647E-04	.001	-.010	-.128
주민참여	주민참여 수준	.633	.147	.316	4.319***
R^2		.304			
F값		6.335***			

***p<.001 **p<.01 *p<.05

제11장

사회복지시설의 의의와 사회화 방안

본 연구는 최근 사회복지시설에 대한 문제를 근거로 한 재가보호에 대한 편중, 특히 지역사회복지라는 새로운 영역에서 시설보호의 중요성이 간과되고 있는 한국의 복지현실에 대한 비판적 인식에서 출발하였다.

사회복지시설은 사회복지의 가장 오래고 현실적인 보호방법으로서, 그리고 스스로의 힘으로 가정에서 인간다운 삶을 영위하지 못하는 사람들에 대한 최후의 안식처로서의 필요불가결한 사회복지방법으로 인정할 수밖에 없으며 실제로 그러한 역할을 담당해 왔다. 사회복지시설과 관련된 문제들이 다양하고 가볍지 않다는 지적에 대해서는 필자도 충분히 동의한다. 그러나 시설생활자들의 인권을 침해하고 서비스의 수준이 열악하며 재정비리가 만연되어 있는 것은 개선해야 하고 개선할 수 있는 문제이지 그 때문에 사회복지시설의 필요성이나 존재를 부정할 수는 없는 일이다.

이러한 시설문제를 근본적으로 해결할 수 없는 것으로 단정하는 것도 문제이다. 사회복지시설은 사회복지의 주요한 복지자원이라고 할 수 있다. 사회복지는 사회전반의 변화와 발전에 따라서 변화해 가는 것이다. 결국 사회복지시설도 이러한 변화에 맞추어 발전해 나가야 하는 존재로 보아야 할 것이다. 결국 시설문제를 개선의 대상으로 간주해야 하는데, 사회복지시설 출발시기 즉 수십 년 전의 운영수준을 기준으로 평가해서는 안 될 것이다. 현실적으로도 사회복지시설의 문제는 상당히 개선되고 있다고 평가된다. 최근 사회복지사업법을 비롯한 관련 사회복지법들의 개정에 의해 사회복지시설에 대한 정기적인 평가가 이루어지고 있기 때문이다.

그리고 시설보호의 대안으로 강조되고 있고 지역사회복지의 핵심요소인 재가보호(복지)는 문제가 없을까? 재가보호의 서비스 수준이나 재정운영 등에도 문제는 있다. 재가보호와 사회복지의 전분야, 그리고 정부의 모든 정책 중 완벽한 것은 없다. 그러나 이러한 분야, 정책, 활동들이 반드시 필요하기 때문에 존재하고 있고 나타나는 문제들을 보완해 가고 있는 것이다. 사회복지시설도 초기의 미약한 운영수준에서 점차 문제가 해결되고 있고 발전해 가고 있는 것이다.

시설보호의 대안으로 제시되고 있는 재가보호의 서비스 수준이 훨씬 열악하다. 동일한 인원을 보호한다고 가정할 때, 시설보호의 서비스 수준이 훨씬 더 높다고 할 수 있다. 시설보호의 경우 재가보호(주간보호, 단기보호)에 비해 보호하는 인력 배치정도, 운영예산, 시설공간 등 모든 면에서 그 수준이 훨씬 높다는 것은 자명한 사실이다.

아울러 재가보호라는 명칭으로 제공되는 단기보호와 주간보호의 경우 사실 시설보호로 간주해야 할 것이다. 노인단기보호는 1회당 45일과 연간 3개월 범위 내에서 24시간 보호받는 서비스 체계이다. 일정기간이 정해져 있지만, 그 기간만큼은 시설보호에 해당한다. 노인주간보호는 노인을 대상으로 주간(평일기준 07:30~19:30)에 보호를 제공하는 서비스인데, 그 이외의 시간은 주로 휴식 및 취침시간에 해당한다. 보호받는 시간이 주요 활동시간이기 때문에 주간보호도 시설보호에 가깝다고 할 수 있다.

재가보호가 시설보호의 대안으로 제시되고 있는데, 이는 재가보호의 상위영역인 지역사회복지가 강조되면서 발생된 변화라고 할 수 있다. 영국의 지역사회보호정책이 활성화 된 역사적 맥락을 보면 대처(Thatcher) 정권 이후 국가의 복지책임을 감소시키기 위한 목적이 매우 컸다는 것을 알 수 있다. 결국 지역사회복지와 재가보호는 복지삭감의 의도를 강하게 내포하고 있는 것이다. 물론 재가보호 자체가 국민의 복지수준을 감소시키는 것은 아니지만, 시설보호를 감소시키는 방향이 문제인 것이다.

현실적으로도 현재 한국의 노인시설보호율은 최근 수년간에 걸쳐 많은 수의 노인복지시설을 증설하였음에도 불구하고 1%에도 미치지 못하는 상황이다. 반면, 선진복지국가의 경우 평균 5% 이상이다. 본 연구의 조사시기인 2004년에는 0.5%에도 미치지 못했다. 이러한 상황에서 시설보호에 대한 비판과 시설을 감소시키자는 논의는 매우 부적절한 것이다. 그리고 현재 한국 노인세대의 경우 노후준비가 매우 부족하고 다른 생활보장 대책들이 매우 미비한 실정이기 때문에 오히려 선진복지국가에 비해 시설보호의 필요성이 더 크다고 할 수 있다.

따라서 재가보호나 시설보호에 대한 단정적 평가를 내리기 이전에 각 보호체계의 의미와 장단점을 면밀하게 분석할 필요가 있다. 그리고 전체적으로 시설보호와 재가보호의 수요를 정확히 파악하여 균형을 맞추어야 할 것이다. 요보호대상자의 다양한 상황들을 평가하여 적절한 보호서비스가 무엇인지를 결정해야 한다.

본 연구는 '사회복지시설의 사회화'의 영향요인을 파악하기 위해 조사를 실시하였다. 시설사회화는 본 연구의 문제의식을 내화하고 있는데, 사회복지시설의 궁극적 의미를 재조명하고 사회복지시설을 지역사회의 주요한 복지자원이자 복지서비스의 거점으로 간주하고 있는 논의이다.

시설사회화의 영향요인은 크게 시설운영과 요인, 재정 요인, 인력 요인, 시설특성 요인, 주민참여 요인으로 제시하였다. 시설사회화는 전체 시설사회화, 처우의 사회화, 기능의 사회화, 운영의 사회화, 문제의 사회화, 공공행정과의 연계로 제시하였다.

조사결과 시설운영자 요인 중 시설운영자의 의식은 처우의 사회화를 제외한 모든 시설사회화의 측면에 영향을 미치는 것으로 나타났으며, 시설운영자의 사회복지사 자격유무는 전혀 영향을 미치지 않는 것으로 나타났다. 재정 요인은 시설사회화에 전혀 영향을 미치지 않는 것으로 나타났다. 인력 요인 중 직원 비율은 시설사회화에 전혀 영향을 미치지 않았고 사회복지사 비율은 운영의 사회화와 문제의 사회화에 영향을 미치는 것으로 나타났다. 시설사회화를 담당하는 직원비율은 기능의 사회화와 전체 시설사회화에 영향을 미치는 것으로 나타났다.

시설특성 요인 중 비용부담별 시설종류는 기능의 사회화를 제외한 모든 시설사회화에 대해서 영향을 미치며, 기능별 시설종류는 문제의 사회화에만 영향을 미치는 것으로 나타났다. 시설설비의 양은 처우의 사회화를 제외한 모든 시설사회화에 영향을 미치며, 시설위치와 시설역사는 전혀 영향을 미치지 못하는 것으로 나타났다. 주민참여 요인인 주민참여 수준은 시설사회화의 모든 측면에 영향을 미치며, 영향의 정도도 가장 큰 것으로 나타났다.

본 연구의 조사결과에서 나타난 논점을 중심으로 살펴보면 다음과 같다.

첫째, 시설문제를 근거로 하여 시설보호의 중요성을 간과하고 재가보호를 강조하는 시설비판론자들의 주장과는 달리 현실적으로 사회복지시설이 재가서비스를 제공하는 주체가 되고 있다. 사회복지시설의 기능과 역할을 재점검해야 하고 시설을 최대한 활용하여 지역사회의 복지수준을 높이도록 해야 할 것이다.

둘째, 주민참여 수준이 시설사회화의 모든 측면에 영향을 미치며, 영향의 정도도 가장 큰 것으로 나타났다. 최근 주민참여는 지역사회복지의 주요한 요인으로 제시되고 있으며, 시설사회화도 지역사회복지의 중요한 실천과제이기 때문에 주민참여를 시설사회화의 발전에서 주요

요인으로 제시되어야 할 것이다.

셋째, 시설의 입지조건, 즉 시설위치가 모든 시설사회화에 대해 영향을 미치지 않는 것으로 나타났다. 반면, 기존 조사연구에서는 시설이 대도시 등 도심지에 위치할수록 시설과 지역사회의 교류 등 시설사회화의 수준이 높을 것이라고 주장하였다. 따라서 지역공동체의 특성에 대해 재검토할 필요성이 제기된다. 즉, 도심지 등 대도시의 경우 군단위 지역 등 농어촌 지역에 비해서 시설이 교류하고 활용할 수 있는 자원이라는 측면에서 더 유리하다고 판단할 수도 있다. 그러나 오히려 군단위 지역 등 농어촌 지역이 상부상조나 이타심 등의 가치관이 강해서 오히려 도시지역에 비해서 사회복지시설과 지역사회와의 관계 등 시설사회화 수준이 높을 수도 있는 것이다.

넷째, 시설운영의 경험, 즉 시설역사가 기존연구의 주장과는 달리 영향을 미치지 않는 것으로 나타났다. 시설의 역사가 길면 그만큼 지역사회와의 관계가 많을 것이라고 판단할 수 있지만, 한국의 경우 사회복지시설을 사유재산으로 인식하는 경향이 강해서 오히려 지역사회와의 교류 등 시설사회화 수준이 낮을 수도 있다. 반면, 최근에 개원한 시설의 경우 시설의 사유화를 막기 위해 시설장의 정년제를 적용하고 가족에게 시설을 대물림하지 못하도록 규제하기 시작했기 때문에 오히려 시설사회화의 수준이 높을 수도 있는 것이다. 단순하게 시설의 역사가 오래될수록 시설사회화의 수준이 높을 것이라고 단정하는 것은 문제의 소지가 있다.

다섯째, 비용부담별 시설종류가 여러 시설사회화에 영향을 미치며, 영향정도도 비교적 큰 것으로 나타났다. 즉, 무료시설이 실비시설 및 유료시설에 비해 시설사회화의 수준이 높다는 것이다. 이것은 무료시설이 정부의 재정지원을 받는 대신 정기적인 지도감독과 시설평가를 받아야 하기 때문이다. 특히, 시설평가에 시설사회화의 항목이 다수 포함되어 있다.

여섯째, 기능별 시설종류는 처우의 사회화에 대해서만 영향을 미치는 것으로 나타났으며, 정(+)적인 방향이 아니라 부(-)적인 방향으로 영향을 미치는 것으로 나타났다. 즉, 양로시설이 요양시설 및 전문요양시설에 비해 시설사회화의 수준이 높게 나타난 것이다. 보통 양로시설과 전문요양시설이 요양시설에 비해 시설의 기능수준, 예산정도, 인력배치정도 등 모든 측면에서 유리하기 때문에 그만큼 처우의 사회화의 수준이 높을 것이라고 추측할 수 있다.

그러나 요양시설과 전문요양시설의 경우 노인성질환, 치매, 중증 질환이 있는 시설생활자들이 많기 때문에 간병이나 의식주 등 기초생활서비스가 중심이 될 수밖에 없다. 본 연구에서 제시한 처우의 사회화는 주로 시설생활자의 지역사회 교류와 관련된 내용으로 구성되어 있어 전문요양시설의 시설생활자들에게 실시하기는 어려운 실천활동이다. 반면 양로시설의 입소대상자는 일상생활에 지장이 없는 자로 되어 있어 활동력이 남아 있는 노인들이기 때문에 그만큼 지역사회와 교류하는 등의 활동을 할 수 있는 것이다.

한편, 이 조사결과를 근거로 요양시설 및 전문요양시설의 시설생활자에 대한 처우수준이 양로시설에 비해 낮다고 평가해서는 안 될 것이다. 시설의 종류에 따라서 고유한 기능과 역할이 부여되어 있는데, 요양시설과 전문요양시설은 시설생활자의 지역사회생활보다는 이들에 대한 적절한 보호가 우선하기 때문이다.

참고문헌

[국내문헌]

감정기 · 진재문, 1999, 『경남지역 사회복지시설의 사회화 연구』, 경상남도사회복지협의회.

______________, 2000, "사회복지시설의 사회화에 관한 경남지역 사례연구", 한국사회복지학연구회 편, 『상황과복지』, 인간과 복지, pp. 43-86.

구종회, 2000, "한국의 사회복지 발달사", 함세남 외, 『선진국 사회복지발달사』, 홍익재, pp. 483-605.

권육상, 1999, 『최신 노인복지론』, 유풍출판사.

김경희, 1995, "사회복지시설의 개방성에 관한 연구(육아시설을 중심으로)", 한남대학교 석사학위논문.

김대원 · 남미애 · 노병일 · 신건희 · 윤경아, 2004, 『사회문제와 사회복지』, 학지사.

김범수, 1994, "탈시설화와 재가장애인사업의 전개방안", 『강남대한국사회복지』 1, pp. 297-317.

______, 2000, "부랑인복지시설", 최영욱 외, 『사회복지시설론』, 범론사, pp. 277-292.

______, 2002, 『21세기 지역사회복지론』, 홍익재.

김수영, 2000, "부녀복지시설", 최영욱 외, 『사회복지시설론』, 범론사, pp. 259-276.

김승권, 2003, "한국 가족의 환경변화와 정책과제", 한국보건사회연구원, 『보건복지포럼』 79, pp. 5-21.

김승권 외, 2001, 『최근 가족해체실태와 정책방안에 관한 연구』, 한국보건사회연구원.

김영모, 2002, "지역사회복지의 이론과 재구성", 김영모 편, 『지역사회복지론』, 고헌출판부, pp. 3-35.

김영종, 2001, 『사회복지조사방법론』, 학지사.

김영환, 2001, "지역복지전달체계 효율성의 영향요인에 관한 연구", 『한국사회와 행정연구』 12(2), pp. 185-205.

김옥희, 1998, "한국 · 일본 · 미국의 재가노인복지정책과정 연구", 부산대학교

박사학위논문.

김정우, 1995, "미국의 탈시설화운동과 장애인복지행정에 비추어 본 우리의 과제", 『사회과학』 34(1), pp. 95-112.

김종해, 2000, "사회복지시설의 현황과 발전방향(법인과 시설의 사회화를 중심으로)", 한국사회복지학연구회 편, 『상황과복지』, 인간과 복지, pp. 13-42.

김진이, 2002, "재가복지서비스", 김영모 편, 『지역사회복지론』, 고헌출판부, pp. 120-142.

김치형, 1999, "영국의 지역사회보호정책 전환에 관한 연구", 『부산대사회복지연구』 9, pp. 1-31.

김태수, 1997, "지역복지의 개념과 지칭범위에 관한 연구", 『경희행정논집』 10(1), pp. 39-66.

김태진 외, 2000, "지역사회복지 발전과정 분석", 『사회복지개발연구』 6(2), pp. 157-185.

김한곤, 1998, "노인학대의 인지도와 노인학대의 실태에 관한 연구", 한국노년학회, 『한국노년학』 18(1), pp. 184-197.

______, 2003, "미국거주 한인노인들의 노인학대 실태: 캘리포니아주 산타클라라 카운티를 중심으로", 한국노년학회, 『한국노년학』 23(4), pp. 67-83.

김현훈・유승호・최재향 역, 2000, 지역복지론, 永田幹夫. 1988, 『地域福祉論』, 동인.

김형길, 2000, "정신요양복지시설", 최영욱 외, 『사회복지시설론』, 범론사, pp. 293-326.

김형수, 2002, 『재가복지서비스』, 홍익출판사.

류기형・김기태・박병현・박경일・이경희, 1998, "재가복지서비스를 위한 인적자원개발 및 관리체계모형에 관한 연구", 『한국사회복지학』 36, pp. 101-127.

박세경, 2003, "외국의 사회복지생활시설 운영실태", 박세경 외, 『사회복지생활시설의 운영체계 개선방안』, 한국보건사회연구원, pp. 54-64.

______, 2004, "이혼율 증가와 사회적 지원방안", 한국보건사회연구원, 『보건복지포럼』 93, pp. 47-64.

박태영, 1987, "사회복지시설보호의 현황과 개선책", 『사회복지연구』 16, pp. 99-127.

______, 1991, "육아시설의 사회화에 관한 연구", 『한국청소년연구』 7, pp. 70-85.

______, 1994, "사회복지시설의 지역사회 관계요인에 관한 연구", 대구대학교 사회복지학과 박사학위논문.

______, 1995, 『사회복지시설과 지역사회』, 백산출판사.

______, 2000a, 『사회복지시설론』, 양서원.

______, 2000b, "노인복지시설", 최영욱 외, 『사회복지시설론』, 범론사, pp. 227-257.

______, 2000c, "지역복지추진을 위한 사회복지협의회와 사회복지관의 역할", 『사회복지개발연구』 6(2), pp. 249-266.

______, 2003a, 『사회복지시설운영론』, 현학사.

______, 2003b, 『지역사회복지론』, 현학사.

박태영 · 손정일 · 이혜령, 2000, "지역사회복지에서 정상화의 이론적 함의", 『사회복지개발연구』 6(2), pp. 187-217.

박차상 외, 2002, 『한국노인복지론』, 학지사.

변재관 외, 2001, 『사회복지시설평가(I)』, 한국보건사회연구원 · 보건복지부.

________, 2002, 『2001년 사회복지시설 평가(I)』, 한국보건사회연구원 · 보건복지부.

변창남, 1986, "한국 사회복지시설의 사회적 기능강화에 관한 연구(이사회구성과 운영을 중심으로)", 숭실대학교 석사학위논문.

보건복지부, 2003a, 『보건복지통계연보』.

보건복지부, 2003b, 『노인복지사업지침』.

_________, 2004a, 『노인복지시설현황』.

_________, 2004b, 『노인복지사업지침』.

_________, 2006a, 『2006년도 사회복지시설 관리안내』.

_________, 2006b, 『보건복지통계연보』.

_________, 2006c, 『보건복지백서』.

_________, 2006d, 『노인수발보험 도입 대비 노인복지시설 개편 추진』.

_________, 2007a, 『2007년도 사회복지시설 공통업무지침』.

_________, 2007b, 『2007년 노인보건복지사업 안내』.

서동우 외, 1999, 『사회복지시설 거주자의 건강증진 및 시설운영 개선방안 연구』, 보건사회연구원 · 보건복지부.

서울시정개발연구원, 1999, 『서울시 지역복지 전달체계 개선방안』.

손홍숙, 2001, 『재가복지의 이론과 실제』, 양서원.

여성가족부 가족지원팀, 2006, 『모부자보호 생활시설수 및 생활현황』.

원석조, 2003, 『사회문제론』, 양서원.

오정수 · 류진석, 2004, 『지역사회복지론』, 학지사.

유형만, 1997, "지역사회복지논고", 『대구효성가톨릭대학교 연구논문집』 54, pp. 1-16.

윤홍식, 2003, "이혼 및 별거(가족해체)로 인한 모자가정의 빈곤완화와 사회안전망의 역할 : 미국의 사회안전망의 대응과 한국적 함의", 한국사회복지학회, 『한국사회복지학』 53, pp. 51-73.

이가옥, 1999a, "사회복지시설의 효율적인 관리방안", 『감사』 62, pp. 56-61.

______, 1999b, "장기요양보호노인의 욕구와 가족의 부양부담", 이가옥 편, 『노인복지의 현황과 과제』, 나남출판, pp. 311-358.

이기주, 1994, "사회복지에서 지역사회보호의 의의", 『사회과학연구』 11(2), pp. 3-26.

이병록, 2006, "노인복지시설의 유형에 따른 시설사회화의 차이", 한국노인복지학회, 『노인복지연구』 33, pp. 155-176.

이성희 · 한은주, 1998, "부양자의 노인학대 경험과 관련요인", 한국노년학회, 『한국노년학』 18(3), pp. 123-141

이연주, 2003, "결혼 및 출산 등의 가족형성과 여성의 경제활동: 가정과 직장의 병립을 위하여", 한국보건사회연구원, 『보건복지포럼』 86, pp. 22-32.

이연호, 2003, "노인학대 위험요인 및 특성이 학대로 인한 피해영역에 미치는 영향", 한국노년학회, 『한국노년학』 23(2), pp. 105-123.

이용교, 2001, "인권에 대한 사회복지계의 접근: 성과와 과제", 박영란 외, 『한국의 사회복지와 인권』, 인간과복지, pp. 105-181.

이윤화 · 권중돈, 1999, "지역복지실천에서의 주민역량강화 방안 연구", 『목원대학교논문집』 37, pp. 71-88.

이태수, 1999, "소외계층지원행정과 사회복지관련 부조리실태 및 개선대책", 장애우권익문제연구소, 『함께걸음』 합본호.

임성택, 2001, "사회복지시설의 인권문제", 박영란 외, 『한국의 사회복지와 인권』, 인간과 복지, pp. 183-247.

장영희, 2000, "노인복지시설과 지역사회시설의 시설개념 연구", 『문경대학논문집』 5, pp. 123-138.

전광현, 2000, "사회복지시설의 개념", 최영욱 외, 『사회복지시설론』, 범론사, pp. 17-30.

전재일 · 모지환, 2000, "지역사회복지의 구성요소에 관한 연구", 『사회복지개발연구』 6(2), pp. 125-155.

전재일 · 이성희, 1999, "사회복지시설의 운영과 평가에 관한 연구", 『사회복지개발연구』 5(2), pp. 310-326.

______________, 2000, 『사회복지시설의 정책 방안』, 사회복지개발연구원.

전재일 · 이성희 · 김효원, 2000, "탈시설화의 지역사회복지 실천적 함의", 『사회복지개발연구』 6(2), pp. 267-300.

정경희 외, 2001, 『재가노인복지시설 평가지표 개발 및 평가결과』, 한국보건사회연구원 · 한국재가노인복지협회.

정규서 · 봉민근, 1995, "지역복지의 증진을 위한 지방자치단체의 정책방향", 『인천대학교논문집』 20, pp. 351-380.

정길홍, 1998, 『사회복지개론』, 홍익제.

조성남 · 이동원 · 원영희, 1998, 『고령화사회와 중산층 노인의 사회활동』, 집문당.

조성희, 1992, "사회복지시설의 개방성에 관한 연구", 서울대학교 석사학위논문.

조애저, 2004, "혼인형태의 변화양상과 정책방향", 한국보건사회연구원, 『보건복지포럼』 91, pp. 33-50.

조추용, 2000, "노인복지시설", 현외성 외, 『한국노인복지학강론』』, 유풍출판사, pp. 155-202.

채구묵, 2002, 『사회복지조사방법론』, 양서원.

______, 2003, "사회복지시설의 문제점, 개선 과제 및 전략", 한국사회복지정책학회, 『한국사회복지정책』 16, pp. 79-106.

최영욱, 1996, "지방자치제에 있어서 사회복지시설의 사회화(사회복지시설의 사회화를 중심으로)", 『사회과학연구』 3, pp. 9-28.

______, 2000, "아동복지시설", 최영욱 외, 『사회복지시설론』, 범론사, pp. 155-193.

최일섭 · 류진석, 2003, 『지역사회복지론』, 서울대학교출판부.

한국노인복지시설협회, 2004, 『2004년도 전국노인복지시설 현황』.

한동희 · 김정옥, 1994, "노인학대에 관한 이론적 고찰", 『대한가정학회지』 32(4).

한은주 · 김태현, "노인학대의 원인에 대한 생태학적 연구", 한국노년학회, 『한국노년학』 20(2), pp. 71-89.

허준수, 2000, "사회복지 생활시설의 클라이언트중심 운영체계 확립을 위한 관리전략", 『숭실대학교논문집 사회과학논집』 4, pp. 223-246.

허현숙, 1996, "노인복지시설과 지역사회와의 상호교류에 관한 연구", 숭실대학교 석사학위논문.

현외성, 1998, 『한국과 일본의 노인복지정책 형성과정』, 유풍출판사.

황인권 · 김광욱, 2000, "사회복지 수용시설 지원 · 운영실태", 『감사』 70, pp. 90-95.

[외국문헌]

後藤卓郎, 2000, "在宅福祉サービスの內容と展開", 『地域福祉への招待』, 後藤卓郎 外 編, (株)みらい, pp. 61-75.

永岡正己, 2003, "戰後日本の地域福祉", 牧里毎治 編, 『地域福祉論(住民自治と地域ケア・サービスのシステム化)』, 放送大學教育振興會, pp. 44-58.

永田幹夫, 1995, 改訂地域福祉論, 全國社會福祉協議會.

中村律子, 1987, "老人福祉施設と地域サービス(施設の社會化との關聯で)", 社會福祉 27, pp. 85-97.

野口定久, 1980, "老人ホームにおける施設社會化の實踐枠組とその展開", 社會老年學 13, pp. 50-64.

________, 2003, "福祉施設と地域社會", 牧里毎治 編, 『地域福祉論(住民自治と地域ケア・サービスのシステム化)』, 放送大學教育振興會, pp. 79-88.

土橋敏孝, 2000, "地域福祉の概念と構成", 『地域福祉への招待』, 後藤卓郎 外 編, (株)みらい, pp. 47-60.

堂面秋芳, 1979, "施設の社會化をめぐって", 全國社會福祉協議會, 月刊福祉 62(1), pp. 2-5.

前田五郎(1987), "出前兒童館の取組み(京都市上京兒童館)", 京都市社會福祉施設連絡協議會・京都市社會福祉協議會 編, 『福祉施設の地域福祉化への道』, 京都市社會福祉協議會, pp. 75-81.

牧里毎治, 1983, "施設社會化の到達点と課題(處遇の社會化を中心に)", 社會問題研究 33(1), pp. 119-151.

________, 1995, "非營利民間組織(NPO)とネットワーク", 右田紀久惠, 『地域福祉總合化への途』, ミネルヴァ書房.

________, 2000, "地域福祉の思想と概念", 牧里毎治 編, 『地域福祉論』, (有)川島書店.

村田正子, 1975, "地域における社會福祉資源としての老人福祉施設", 全國老人福祉施設協議會, 老人福祉 47.

森幹郎, 1978, 老人ホーム論, 老人生活研究所.

三浦文夫, 1993, "現代地域福祉の意義と課題", 大坂譲治 外 監修, 『高齢化社會と社會福祉』, 中央法規出版.

三塚武男, 1992, 『住民自治と地域福祉』, 法律文化社.

武田祐子, 1995, "福祉施設社會化の新たな展開と今後の施設の役割(障害者施設の社會化の展開を中心に)", 地域福祉活動研究 12.

________, 2000, "「福祉施設社會化」から「地域生活支援センター化」へ(障害者福祉における施設機能改編の流れと地域生活支援據點に觀する考察)", 牧里每治 編, 『地域福祉論(住民自治型地域福祉の確立をめざして)』, (有)川島書店, pp. 116-136.

坂岡隆司, 1987, "地域の福祉を拓く(特別養護老人ホームフジの園)", 京都市社會福祉施設連絡協議會・京都市社會福祉協議會 編, 『福祉施設の地域福祉化への道』, 京都市社會福祉協議會, pp. 63-69.

芹澤榮之, 1987, "施設と地域の福祉活動(山ノ內母子寮)", 京都市社會福祉施設連絡協議會・京都市社會福祉協議會 編, 『福祉施設の地域福祉化への道』, 京都市社會福祉協議會, pp. 82-91.

定藤丈弘, 1995, "地域福祉理念の新展開", 右田紀久惠 編, 『地域福祉總合化への途』, ミネルヴ書房, pp. 29-52.

阿部之朗 外 編, 1984, 『地域福祉教室』, 有斐閣.

阿部輝雄, 1967, "地域組織運動における老人福祉施設の役割", 全國養老事業協會, 老人福祉 34.

安田 穰, 1987, "地域とともに生きる老人ホーム を支える(特別養護老人ホームバプテスト・ホーム)", 京都市社會福祉施設連絡協議會・京都市社會福祉協議會 編, 『福祉施設の地域福祉化への道』, 京都市社會福祉協議會, pp. 37-44.

赤井和子・井上美子・大谷詩子・森井和子(1987), "家庭訪問療育の取組み(精神薄弱兒母子通園施設ポッポ教室)", 京都市社會福祉施設連絡協議會・京都市社會福祉協議會 編, 『福祉施設の地域福祉化への道』, 京都市社會福祉協議會, pp. 102-111.

秋山智久, 1978, "「施設の社會化」とは何か", 鐵道弘濟會, 社會福祉研究(23).

________, 1988, 社會福祉施設運營論, 全國社會福祉協議會センター.

山縣文治, 1993, "地域福祉の時代における社會福祉施設", 右田紀久惠 編, 『自治型地域福祉の展開』, 法律文化社, pp. 149-163.

山川靖子, 1987, "つばさ太鼓とこどもたち(養護施設つばさ園)", 京都市社會福祉施設連絡協議會・京都市社會福祉協議會 編, 『福祉施設の地域福祉化への道』, 京都市社會福祉協議會, pp. 70-74.

大坂誠, 1979, "施設の社會化とその隘路", 月刊福祉 62(10), pp. 8-13.

大友信勝, 1999, "社會福祉基礎構造改革とこれからの社會福祉", 鐵道弘濟會, 社會福祉研究 74.

大橋謙策, 1979, "施設の社會化と福祉實踐", 日本社會福祉學會, 社會福祉學 19.

________, 1987, "在宅福祉サービスの構成要件と供給方法", 地域福祉活動研究

編輯委員會 編, 『地域福祉活動研究4』, 兵庫縣社會福祉協議會, pp. 3-9.

________, 1995, 『地域福祉論』, 放送大學教育振興會.

岡村重夫, 1974, 地域福祉論, 光生館.

________, 1979, "「施設社會化」の問題点", 全國社會福祉協議會, 月刊福祉 62(1), pp. 18-23.

奥田道大, 1969, "住民運動과 社會開發", 松原治郎 編, 『社會開發論』.

小國英夫, 1987, "地域福祉と施設", 京都市社會福祉施設連絡協議會・京都市社會福祉協議會 編, 『福祉施設の地域福祉化への道』, 京都市社會福祉協議會, pp. 285-303.

________, 1999, "社會福祉施設の經營と經營主体", 小笠原祐次・福島一雄・小國英夫 編, 『社會福祉施設』, 有斐閣, pp. 95-124.

横浜市社會福祉協議會, 1987, 施設の社會化 アンケート報告書.

右田紀久惠, 1973, "地域福祉の本質", 右田紀久惠 外 編, 『現代の地域福祉』, 法律文化社.

__________, 1984, "在宅福祉中心主義と行財政", 右田紀久惠・井岡 勉 編, 『地域福祉(いま問われているもの)』, ミネルヴ書房, pp. 104-126.

__________, 1997, "これからの地域福祉實踐の意義とあり方", 大橋謙策 監修, 『地域福祉實踐の課題と展開』, 東洋堂企畵出版社.

右田紀久惠 編, 1993, 『自治型地域福祉の展開』, 法律文化社.

稻葉一洋, 2002, 『地域福祉の視点』, 高文堂出版社.

井上修一, 2000, "高齢者福祉施設における地域活動の再構築に向けて(施設運營における「主体」「參加」「民主化」の視点から)", 大妻女子大學人間關係學部, 人間關係研究 創刊号, pp. 125-130.

井岡 勉, 1984a, "わが國地域福祉政策の登場と展開", 右田紀久惠・井岡 勉 編, 『地域福祉-いま問われているもの』, ミネルヴ書房, pp. 14-43.

_______, 1984b, "施設整備と職員の養成配置", 右田紀久惠・井岡 勉 編, 『地域福祉(いま問われているもの)』, ミネルヴ書房, pp. 362-382.

_______, 1984c, "地域福祉と施設の社會化", 右田紀久惠・井岡 勉 編, 『地域福祉(いま問われているもの)』, ミネルヴ書房, pp. 191-207.

_______, 1987, "福祉施設の地域福祉化", 京都市社會福祉施設連絡協議會・京都市社會福祉協議會 編, 『福祉施設の地域福祉化への道』, 京都市社會福祉協議會, pp. 9-33.

小笠原祐次, 1977a, "福祉需要の擴大と施設社會化の課題(福祉需要への對應をめぐって)", 全國社會福祉協議會, 月刊福祉 60(3), pp. 46-52.

__________, 1977b, "老齢者の生活障害と生活門題", 『老人と人權』, 同文館.

__________, 1978, "家族・地域社會・在宅福祉, その背景と体系を考える.", 日本福祉大學, 福祉硏究(39).

__________, 1979, "老人ホームの處遇に關する一試論", 社會福祉學 20.

__________, 1980, "老人ホームにおける施設社會化の諸問題と展開の課題", 社會老年學 12, pp. 16-28.

__________, 1999, "社會福祉施設の体系・制度の再編と今日の課題", 小笠原祐次・福島一雄・小國英夫 編,『社會福祉施設』, 有斐閣, pp .1-21.

__________, 2000, "社會福祉施設の沿革, 概況及び役割",『新・社會福祉學習双書』編集委員會,『社會福祉施設運營論』, 全國社會福祉協議會, pp. 2-24.

吉村藤美, 1987, "ベルが鳴るとき-癡呆性老人相談電話の狀況(特別養護老人ホーム京都厚生園)", 京都市社會福祉施設連絡協議會・京都市社會福祉協議會 編,『福祉施設の地域福祉化への道』, 京都市社會福祉協議會, pp 99-101.

上村海南, 1987, "「どっこいしょ」新聞の取組み(特別養護老人ホーム城南ホーム)", 京都市社會福祉施設連絡協議會・京都市社會福祉協議會 編,『福祉施設の地域福祉化への道』, 京都市社會福祉協議會, pp. 53-57.

奧野靜子, 1987, "施設と親の會に思う(精神薄弱兒施設大照學園)", 京都市社會福祉施設連絡協議會・京都市社會福祉協議會 編,『福祉施設の地域福祉化への道』, 京都市社會福祉協議會, pp. 50-52.

全國社會福祉協議會, 1981a,『現代老人論』.

__________________, 1981b,『老人ホームと地域福祉』.

__________________, 2000,『社會福祉施設運營論』.

全國社會福祉協議會・老人福祉施設協議會, 1978a,『老人ホームにおける地域福祉サビスの現狀』.

____________________________________, 1978b,『昭和53年度都道府縣指定都市における老人福祉施設に對する單獨補助事業調査』.

____________________________________, 1979,『老人ホームにおける地域福祉サービスの 現狀』.

____________________________________, 1989,『老人ホームにおける地域福祉サービスについて』.

全國養老事業協會, 1958, "昭和32年全國養老事業關係者會議報告", 老人福祉 21.

中央社會福祉審議會, 1977,『今後の老人ホームのあり方について』.

__________________, 1986, "コミュニティ形成と社會福祉", 全國社會福祉協議會 編,『社會福祉關係施策資料集1』, 全國社會福祉協議會出版部.

中央共同募金會, 1979,『施設をひらく(1000施設の社會化實態調査報告書)』.

坪山 孝, 2000, "利用者のニーズとサービス",『新・社會福祉學習双書』編集委員會,『社會福祉施設運營論』, 全國社會福祉協議會, pp. 58-79.

土屋浩伸, 1987, "障害兒(者)の感性を養う(精神薄弱兒通園施設洛西愛育園)", 京都市社會福祉施設連絡協議會・京都市社會福祉協議會編, 『福祉施設の地域福祉化への道』, 京都市社會福祉協議會, pp. 92-98.

神奈川縣ボランティア・センター 企劃委員會, 1980,『社會福祉施設における施設社會化の理念と展開(實踐へのアプロチー)』, 神奈川縣社會福祉協議會.

小松幸男, 2003,『社會福祉施設運營論(老人・身体障害者福祉施設を中心に)』, 中央法規出版.

磯村光男, 1965, "昭和39年全國老人福祉事業關係者會議", 全國養老事業協會, 老人福祉 33, pp. 7-8.

吉澤英子 外, 1978,『地域社會に機能する養護施設のあり方に關する臨床福祉學的研究』, 日本總合愛育研究所紀要 14.

__________, 1982,『施設の社會化に關する研究-養護施設を中心として(そのⅢ)』, 日本總合愛育研究所紀要 18.

錦織義宣, 1973,『老人養護』, 長浜和光園.

小林良二, 1978, "地域と施設の「社會化」(イギリスの場合)", 全國社會福祉協議會 編, 月刊福祉 61(10), pp. 16-21.

近藤孝一, 1987a, "ボランティアをめぐって(精神薄弱兒施設白川學園)", 京都市社會福祉施設連絡協議會・京都市社會福祉協議會 編,『福祉施設の地域福祉化への道』, 京都市社會福祉協議會, pp. 45-49.

________, 1987b, "機關紙づくり(精神薄弱兒通園施設)", 京都市社會福祉施設連絡協議會・京都市社會福祉協議會 編,『福祉施設の地域福祉化への道』, 京都市社會福祉協議會, pp. 58-62.

高山直樹, 2000, "組織化活動の內容と展開", 後藤卓郎 外 編,『地域福祉への招待』, (株)みらい, pp. 76-86.

高澤武司, 1979, "「施設社會化」問題の背景と今後の課題", 全國社會福祉協議會, 月刊福祉 62(1), pp. 24-30.

瀧口桂子, 1978, 施設の社會化の現狀と問題点(地域社會に機能する養護施設の實態), 社會福祉研究 23.

________, 1999, "施設と地域社會", 小笠原祐次・福島一雄・小國英夫 編,『社會福祉施設』, 有斐閣, pp. 257-274.

勅使河原伯秀, 1987, "福祉施設の 社會化と施設・行政の課題", 京都市社會福

祉施設連絡協議會・京都市社會福祉協議會 編,『福祉施設の地域福祉化への道』, 京都市社會福祉協議會, pp. 304-314.

東京都社會福祉協議會, 1975,『福祉施設と地域社會』.

__________, 1980,『施設の社會化促進のために』.

橋本正明, 2000, "社會福祉施設と地域社會", 新・社會福祉學習双書』編集委員會,『社會福祉施設運營論』, 全國社會福祉協議會, pp. 82-102.

林 智樹, 2000, "社會福祉の変遷と地域福祉",『地域福祉への招待』, 後藤卓郎 外 編, (株)みらい, pp. 31-46.

北九州市社會福祉協議會, 1984,『「施設の社會化」實態調査報告』, 1984

古川孝順・庄司洋子・村井美紀・茨木尙子, 1988, "複合施設化＝脱「施設社會化」の視点", 日本社會事業大學, 硏究紀要 34, pp. 47-77.

深谷美枝・井上浩・原久美子, 2001, "施設の社會化の戰略(社會福祉施設實踐の質的分析)", 明治學院論叢 66, pp. 197-223.

福島一雄, 1979, "養護施設の社會化の方向とファミリーグループ・ホームの導入", 全國社會福祉協議會, 月刊福祉 62(1), pp. 10-13.

庄司洋子, 1988, 地域社會における社會福祉施設の位置と機能に關する總合的硏究.

Aderibigbe, Y. A., 1997, "Deinstitutionalization and criminalization: tinkering in the interstices", Forensic Science International, 85: 127-134.

Arnstein, S. R., 1969, "Ladder of Citizen Participation", AIP Journal, July.

Bank-Mikkelsen, N. E., 1976, "The Principle of Normalization", FLASH, 39.

Barker, R., 2000, The Social Dictionary, Washington, DC: NASW Press.

Booth, T., 1985, Home truth, Gower.

Brown, H., Orlowska, D and Mansell, J., 1996, 周藤泰之 譯, 2000, "不滿の訴えから運動へ", 中園康夫, 末光 茂 監譯,『脫施設化と地域生活』, 相川書房: 256-277.

Caldock, K., 1996, "Domiciliary services and dependency: A meaningful relationship", Laczko F and Victor, C. R. ed, Social Policy and Elderly People, Ashgate Publishing Ltd: 96-111.

Castellani, P. J., 1996, 周藤泰之 譯, 2000, "ニューヨーク州における施設閉鎖", 中園康夫, 末光 茂 監譯,『脫施設化と地域生活』, 相川書房: 36-59.

Clough, R., 1981, Old age homes, Allen and Unwin.

Conroy, J, 1996, 橋本由紀子 譯, 2000, "コネティカット州における脫施設化の影響", 中園康夫, 末光 茂 監譯,『脫施設化と地域生活』, 相川書房:

175-195.

Eduard, C. L., 1921, The Community, New York: Association Press.

Emerson, E and Hatton, C., 1996, 橋本由紀子 譯, 2000, "英國の脫施設化がサービス利用者に与えた影響", 中園康夫, 末光 茂 監譯,『脫施設化と地域生活』, 相川書房: 196-211.

Ericsson, K and Mansell, J., 1996, 周藤泰之 譯, 2000, "序論: 脫施設化に向けて", 中園康夫, 末光 茂 監譯,『脫施設化と地域生活』, 相川書房: 1-20.

Ginn, J and Arber, S., 1996, "Elderly living at home: The Relation of social and material resources to service use", Laczko, F and Victor, C. R. ed, Social Policy and Elderly People, Ashgate Publishing Ltd. : 112-136.

Krieg, R. G., 2001, "An interdisciplinary look at the deinstitutionalization of mentally ill", The Social Science Journal 38: 367-380.

Lowenstein, A., 1995, "Elder Abuse in a Forming Society: Israel", Journal of Elder Abuse & Neglect.

Mandershield, R., 1985, "National Institute of Mental Health", Estimates of Patients in State and County Mental Hospital(Unpublished Data), Rockville: NIHM.

Means, R and Smith, R., 1994, Public Policy and Politics, London: Mcmillan Press Ltd.

NASW, 1995, Encyclopedia of Social Work(19th eds).

Nirje, B., 1972, "The Normalization Principle", Flynn, R. L & Nitsch, K. E., ed, Normalization, Social Integration and Community Service, Boltimore : University Park Press.

Nossman, D., 1997, "Deinstitutionalization, Homelessness, and Psychiatric Abandonment: A Structural Anthropology Perspective", Soc. Sci. Med, 44: 71-83.

Payne, M., 1995, Social Work and Community Care, Macmillan Press Ltd.

Ross, M. G., 1955, Community Organization: Theory and Principles, New York: Harper & Brothers.

Saloviite, T., 1992, Back to community: a study on deinstitutionalization of persons with mental handicap, Tampere, The Finnish League of the Association for Persons with Developmental Disabilities(in Finnish).

__________, 1996, 橋本由紀子 譯, 2000, "脫施設化がもたらす直接の心理的

효과", 中園康夫, 末光 茂 監譯, 『脫施設化と地域生活』, 相川書房: 165-173.

Shumway, D. A., 1996, 田中札子 譯, 2000, "ラコニア施設の閉鎖", 中園康夫, 末光 茂 監譯, 『脫施設化と地域生活』, 相川書房: 23-35.

Sinclair, I. ed, 1988, "The research reviewed", Wagner Report 2, HMSO.

Victor, C., 1991, Health and Health Care in Later Life, Open University Press, Milton Keynes.

________, 1996, "Do we need institutional care?", Laczko, F and Victor, C. R. ed, Social Policy and Elderly People, Ashgate Publishing Ltd: 259-275.

Wolfensberger, W and Tullman, S., 2002, "The Principle of Normalization", Bytheway B. et al. ed, Understanding CARE, WELFARE and COMMUNITY A READER, Routledge: 138-143.

〈부록 1〉 독립변수간 상관관계

구분	사회화 의식	복지사 자격	총예산	사회화 예산	직원 비율	복지사 비율	사회화 직원율	비용 종류	기능 종류	건강 수준	설비 양	시설 위치	시설 역사	참여 수준
사회화 의식	1.000													
복지사 자격	.175**	1.000												
총예산	.019	.132	1.000											
사회화 예산	.040	.020	.110	1.000										
직원 비율	.063	-.190**	.102	.022	1.000									
복지사 비율	.123	.302***	-.148*	.032	-.240***	1.000								
사회화 직원율	.126	.044	-.154*	.151*	-.031	.111	1.000							
비용 종류	-.015	-.152*	-.224**	-.138	.091	-.132*	.095	1.000						
기능 종류	.134*	-.035	.257***	.094	.493***	-.241***	-.106	-.079	1.000					
건강 수준	.052	-.060	.287***	.080	.377***	-.187**	-.012	-.001	.424***	1.000				
설비양	-.079	.133*	.065	.113	-.045	.117	.077	-.133*	-.061	-.072	1.000			
시설 위치	-.048	-.057	.107	-.046	.071	.136*	-.078	.010	.017	-.022	-.093	1.000		
시설 역사	-.091	.015	.034	-.022	-.412***	.258***	-.019	-.167*	-.396***	-.257***	.063	.103	1.000	
참여 수준	.250***	.039	.031	.079	-.059	.192**	.160*	-.299***	-.015	.024	.131*	-.044	.038	1.000

***p〈.001, **p〈.01, *p〈.05

〈부록 2〉 조 사 표

사회복지시설의 사회화에 관한 조사연구 질문지

No			

안녕하십니까? 어르신들을 보살피느라 노고가 많으십니다.

이 질문지는 요즈음 우리나라에서 논의되고 있는 시설사회화의 실태를 파악하기 위한 것입니다. 시설사회화는 노인복지시설을 비롯한 사회복지시설과 시설생활자들의 생활수준을 발전시키는 차원에서 제안되고 있습니다.

따라서 시설사회화는 연구의 가치가 매우 큰 사회복지의 논제라고 할 수 있습니다. 여러 가지로 바쁘실 줄 아오나, 시설의 개선과 발전을 위해서 꼭 필요한 것이니 응답에 협조하여 주시면 감사하겠습니다.

가능하면 귀 시설의 실정을 가장 잘 아시는 원장님께서 답변해 주시면 감사하겠습니다. 시설장님(원장님, 소장님)이 공석이거나 장기간 출장 중일 경우에는 사무국장님(총무님, 과장님)께서 질문지를 작성해 주셔도 괜찮습니다.

본 조사에서 얻은 자료는 컴퓨터로 처리하여 연구목적에만 사용할 것이며, 귀하께서 응답하신 내용에 대해서 철저하게 비밀을 보장할 것을 약속드립니다.

질문지를 작성하신 이후에 빠진 응답이 없는지 다시 한번 확인해 주시고, 의문사항이 있을 경우 아래의 연락처로 문의해 주시면 답변 드리겠습니다.

귀중한 시간을 내 주셔서 감사드리며, 귀 시설의 발전을 기원합니다.

2004년 3월

지도교수 최경석
연 구 자 이병록 올림

※ 해당번호의 앞에 √ 표를 하거나 해당하는 수치를 기입해 주십시오.

1. 귀 시설의 종류는 무엇입니까? 해당하는 것 하나에만 √ 표 해 주세요.
   ___① 무료양로시설
   ___② 무료요양시설
   ___③ 무료전문요양시설
   ___④ 실비양로시설
   ___⑤ 실비요양시설
   ___⑥ 유료양로시설
   ___⑦ 유료요양시설
   ___⑧ 유료전문요양시설

2. 귀 시설의 위치는 어디에 해당합니까?
   ___① 대도시(특별시, 광역시)   ___② 중소도시   ___③ 군단위

3. 귀 시설은 언제 개원하였습니까? ______년도 ___월

4. 귀 시설에 상근하고 있는 직원은 모두 몇 명입니까(촉탁직은 제외)? _______명

5. 귀 시설의 직원 중에서 전문자격을 소지한 상근직 직원수는 각각 몇 명입니까? 한 분이 두 가지 이상의 자격을 소지하고 있더라도 1가지로 계산하여 기입해 주십시오.
   ___① 의사 (______명)
   ___② 한의사 (______명)
   ___③ 사회복지사 (______명)
   ___④ 간호사 (______명)
   ___⑤ 간호조무사 (______명)
   ___⑥ 물리치료사 (______명)
   ___⑦ 영양사 (______명)
   ___⑧ 조리사 (______명)
   ___⑨ (치료)레크리에이션 (______명)
   ___⑩ 케어복지사 (______명)
   ___⑪ 기타(구체적으로 자격종류와 인원수를 기입해 주세요 :____자격 __명)
   ____자격 __명)

6. 귀하께서는 다음 중 어떤 자격을 가지고 계십니까? 해당하는 자격에 모두 √ 표 해 주세요.

___① 의사 (_____명)
___② 한의사 (_____명)
___③ 사회복지사 (_____명)
___④ 간호사 (_____명)
___⑤ 간호조무사 (_____명)
___⑥ 물리치료사 (_____명)
___⑦ 영양사 (_____명)
___⑧ 조리사 (_____명)
___⑨ (치료)레크리에이션 (_____명)
___⑩ 케어복지사 (_____명)
___⑪ 기타(구체적으로 자격의 종류를 기입해 주세요 :________자격 ___명)
________자격 ___명)

7. 귀 시설의 현재 입소정원은 몇 분입니까? (______명)

8. 귀 시설은 현재 몇 분의 어르신을 모시고 있습니까(현재 입소인원)? (명)

9. 귀 시설에서 생활하는 어르신들 가운데
① 현재 거동하기 어려운 어르신(와상 등)의 비율은 얼마나 됩니까? (_____%)
② 현재 타인과 대화가 어려운 어르신(치매, 언어장애, 정신장애 등)의 비율은 얼마나 됩니까? (_____%)

10. 귀하의 직위는 무엇입니까?
___① 시설장(원장, 소장) ___② 사무국장(총무, 과장)

11. 귀하의 성별은?
___① 남 ___② 여

12. 귀하의 나이는? (만 ___세)

※ 귀 시설에서 생활하고 계신 어르신들의 가족 친척 및 지역사회와의 교류에 관한 내용입니다. 해당하는 난에 √ 표 해 주십시오.

문 항	전혀 그렇지 않다	그렇지 않다	보통 이다	그렇다	매우 그렇다
13. 우리 시설의 어르신들은 가족이나 친척과 연락(전화, 편지)을 자주 하고 있다.					
14. 우리 시설의 어르신들은 가족이나 친척 이외에 친구를 비롯한 평소 알고 지내던 사람들과 연락(전화, 편지)을 자주 하고 있다.					
15. 우리 시설의 어르신들은 가족이나 친척을 자주 방문하고 있다.					
16. 우리 시설의 어르신들은 지역사회에 나가 쇼핑을 자주 하고 있다.					
17. 우리 시설의 어르신들은 지역사회의 행사(축제, 체육대회, 경연대회, 발표회 등)에 자주 참여하고 있다.					
18. 우리 시설의 어르신들은 지역사회에 나가서 종교활동을 자주 하고 있다.					

※ 귀 시설에서 생활하고 계신 어르신들의 생활에 관한 내용입니다. 해당하는 난에 √ 표 해 주십시오. 서비스를 제공하지 않을 경우에는 반드시 맨 뒤의 '해당서비스가 없음'에만 √ 표 해 주시기 바랍니다.

문 항	서비스를 제공하는 경우					해당 서비스가 없음
	전혀 그렇지 않다	그렇지 않다	보통 이다	그렇다	매우 그렇다	
19. 우리 시설에서는 어르신들의 주거환경을 개선(장애인편의시설의 설치, 보수)하고 있다.						
20. 우리 시설에서는 어르신들의 의복을 구입할 때 어르신들의 의견을 반영하고 있다.						
21. 우리 시설에서는 식단을 작성할 때 어르신들의 의견을 반영하고 있다.						
22. 우리 시설에서는 어르신들의 여가생 활을 위한 프로그램을 운영하고 있다.						

※ 귀 시설의 설비를 지역사회에 제공한 사항에 관한 내용입니다. 해당하는 난 하나에만 √ 표 해 주십시오. 해당설비가 없을 경우에는 반드시 맨 뒤의 '설비가 없음'에만 √ 표 해 주시기 바랍니다.

문 항	설비가 있는 경우					설비가 없음
	전혀 그렇지 않다	그렇지 않다	보통 이다	그렇다	매우 그렇다	
23. 우리 시설의 회의실을 지역사회주민들이 이용하도록 허락하고 있다.						
24. 우리 시설의 목욕탕을 지역사회주민들이 이용하도록 허락하고 있다.						
25. 우리 시설의 강당을 지역사회주민들이 이용하도록 허락하고 있다.						
26. 우리 시설의 주차장을 지역사회주민들이 이용하도록 허락하고 있다.						

※ 귀 시설의 전문기능을 지역사회에 제공한 사항에 관한 내용입니다. 해당하는 난에 √ 표 해 주십시오.

문 항	전혀 그렇지 않다	그렇지 않다	보통 이다	그렇다	매우 그렇다
27. 우리 시설은 지역사회주민들에게 의료(진료, 물리치료) 서비스를 제공하고 있다					
28. 우리 시설은 지역사회주민들에게 재가복지서비스(가정봉사원파견사업, 주간보호, 단기보호 등)를 제공하고 있다.					
29. 우리 시설은 지역사회주민들에게 상담서비스를 제공하고 있다.					
30. 우리 시설의 직원들이 지역사회(각종 단체, 행사)에 참여하여 도움(지도, 진행)을 주고 있다.					

※ 귀 시설의 운영에 대한 지역사회주민의 의견반영과 참여에 관한 내용입니다. 해당하는 난에 √ 표 해 주십시오.

문 항	전혀 그렇지 않다	그렇지 않다	보통 이다	그렇다	매우 그렇다
31. 우리 시설의 이사진(이사, 감사)에 본 시설과 이해관계가 없는 지역주민들이 참여하고 있다.					
32. 우리 시설은 시설운영에 당사자(시설어르신이나 그 가족)의 의견을 반영하고 있다.					
33. 우리 시설은 시설운영에 지역사회단체(후원회, 자원봉사단체)의 의견을 반영하고 있다.					
34. 우리 시설은 사무, 청소, 세탁, 행사보조, 수리 등에 자원봉사자를 활용하고 있다.					
35. 우리 시설은 말벗, 각종 지도, 종교활동, 목욕, 기저귀처리 등에 자원봉사자를 활용하고 있다					
36. 우리 시설의 행사에 지역사회주민들을 참여시키고 있다.					

※ 귀 시설의 지역사회에 대한 교육과 홍보에 관한 내용입니다. 해당하는 난에 √ 표 해 주십시오.

문 항	전혀 그렇지 않다	그렇지 않다	보통 이다	그렇다	매우 그렇다
37. 우리 시설은 자원봉사자 교육을 실시하고 있다.					
38. 우리 시설은 우리 시설을 이해시키기 위하여 지역사회주민들에게 교육을 실시하고 있다.					
39. 우리 시설은 우리 시설을 지역사회에 알리기 위하여 정기적으로 홍보지(소식지, 팜플릿)를 발행하고 있다.					
40. 우리 시설은 우리 시설을 지역사회에 알리기 위하여 언론매체를 이용하고 있다.					
·41. 우리 시설은 우리 시설의 예결산 내용을 지역사회에 공개하고 있다.					

※ 귀 시설의 행정당국과의 관계에 관한 사항입니다. 해당하는 난에 √ 표 해 주십시오.

문 항	전혀 그렇지 않다	그렇지 않다	보통 이다	그렇다	매우 그렇다
42. 우리 시설의 행사에 행정당국(시·군·구 등)의 관계자들을 초청하고 있다.					
43. 우리 시설은 행정당국의 사회복지와 관련된 행사 등에 참여하고 있다.					
44. 우리 시설은 행정당국에 우리 시설의 애로 사항을 전달하고 있다.					
45. 우리 시설의 직원들이 공공행정기관의 각종 위원회 등에 참여하고 있다.					

☞ 이후 46번부터는 다음 페이지의 시설사회화에 대한 설명을 잘 읽으시고 난 다음 해당하는 난에 √ 표시 하거나 해당하는 수치를 기입해 주십시오.

〈시설사회화에 대한 설명〉

시설사회화의 범주	내 용
처우의 사회화	시설 어르신들의 지역사회 활동, 가족 친척과 지역주민들과의 교류, 어르신들의 시설생활
기능의 사회화	시설의 설비와 전문기능의 지역사회 제공
운영의 사회화	시설운영에 대한 지역사회(시설의 어르신, 그 가족, 지역사회단체)의 의견반영, 자원봉사자의 활용, 시설행사에 지역주민의 초청 등
문제의 사회화	지역사회에 대한 교육과 홍보
공공행정과의 연계	공공행정기관과의 교류, 공공행정기관에 대한 애로사항의 전달, 공공행정기관의 각종 위원회 등에 참여

※ 귀하의 시설사회화에 대한 찬성과 필요성의 정도에 대한 항목입니다. 해당하는 난에 √ 표 해 주세요.

문 항	전혀 그렇지 않다	그렇지 않다	보통 이다	그렇다	매우 그렇다
46. 나는 시설사회화에 대해서 찬성한다.					
47. 나는 시설사회화가 필요하다고 생각한다.					

※ 귀하의 시설사회화의 실천의 영향에 대한 항목입니다. 해당하는 난에 √ 표 해 주십시오.

문 항	전혀 그렇지 않다	그렇지 않다	보통 이다	그렇다	매우 그렇다
48. 시설사회화가 시설 어르신들의 생활에 좋은 영향을 미칠 것이다.					
49. 시설사회화가 시설직원의 근무환경에 좋은 영향을 미칠 것이다.					
50. 시설사회화가 우리 시설에 대한 지역주민의 인식에 좋은 영향을 미칠 것이다.					

※ 귀 시설에 대한 주민참여의 수준은 어느 정도입니까? 해당하는 난에 √ 표 해 주십시오.

질 문	전혀 그렇지 않다	그렇지 않다	보통 이다	그렇다	매우 그렇다
51. 우리 시설은 지역사회주민들과의 협력이 잘 이루어지고 있다.					
52. 우리 시설은 지역사회주민들에게 시설의 운영사항을 결정하는 권한을 주고 있다.					

53. 귀 시설에서 시설사회화를 담당하는 직원수는 몇 명입니까?
   ① 전임 (______명) ② 겸임 (______명)

54. 귀 시설의 2003년도 총예산은 얼마입니까? 연간 _____억 ______만원

55. 귀 시설의 2003년도 시설사회화에 쓰인 예산은 얼마입니까? 연간 _____만원

※ 귀중한 시간을 내 주셔서 정말 감사합니다. 마지막으로 응답이 안 된 문항이 있는지 다시 한 번 확인해 주시고, 응답이 안 된 문항이 있으면 응답해 주시기 바랍니다.

찾아보기

저자약력 : 이병록(李秉祿)

1996년 원광대학교 사회복지학과(문학사)
1998년 중앙대학교 사회복지학과(문학석사)
2005년 중앙대학교 대학원 사회복지학과 졸업(사회복지학박사)
2001년 9월~2006년 2월 초당대학교 사회복지학과 교수
2006년 3월~현재 건양대학교 사회복지학과 교수
2000년 1월~2001년 6월 여수복지재단 남산요양원 원장
2005년~현재 한국지역사회복지학회 이사
2006년~현재 한국복지재단 청주사회복지관 자문교수
2007년 현재 남양주시동부노인복지회관 운영위원

〈저서〉

『사회복지학개론(공저, 2007)』, 양서원

〈논문〉

「사회복지시설의 사회화론에 관한 일고찰」(한국사회복지학 제56권 제1호, 2004년 2월)
「노인복지시설의 사회화에 영향을 미치는 요인에 관한 연구」(한국노년학 제24권 제3호, 2004년 8월)
「노인복지시설의 입지조건에 따른 지역사회 관계의 차이」(노인복지연구 제30권 겨울호, 2005년 12월)
「노인복지시설의 유형에 따른 시설사회화의 차이」(노인복지연구 제33권 가을호, 2006년 9월)

감수약력 : 최경석(崔京釋)

중앙대학교 사회사업학과 졸업(문학사)
중앙대학교 대학원 사회사업학과 졸업(석사)
숭실대학교 대학원 사회사업학과 졸업(박사)

1999년~2001년 중앙대학교 입학처장
1999년~2000년 서울특별시 공동모금회 배분분과 위원
1999년~2000년 서울특별시 사회복지심의 위원회 위원
2001년~2002년 한국노년학회 이사
2000년~2002년 보건복지부 통계위원회 위원
2000년~2001년 사회복지공동모금회 서울특별시지회 운영위원
2002년 4월~2003년 4월 한국사회복지학회 운영이사
2005년 3월~2007년 2월 중앙대학교 사회개발대학원장

지역사회복지와 사회복지시설

2007년 6월 20일 초판인쇄
2007년 6월 25일 초판발행

저 자 이 병 록
감 수 최 경 석
발행인 유 성 렬
발행처 청목출판사
서울특별시 영등포구 신길동 233-96
전화 (02) 849-6157(代) · 2820
FAX (02) 849-0817
등록 제318-1994-000090호

파본은 바꾸어 드립니다. 값 14,000원

http : //www.chongmok.co.kr

ISBN 978-89-5565-197-3